国际学院本科教学系列丛书

Guidance for Business Mathematics

商务数学

中国农业大学国际学院 组编
焦群英 祁力钧 马廷玺 编

中国农业大学出版社

丛书编委会

序　言

这本参考教材是与中国农业大学国际学院的商务数学课程(Business Math)教材配套的教学参考书,读者对象是中国农业大学国际学院经济、工商管理和会计等专业的本科生。

国际学院商务数学课使用的是英文教材,而且是全英语授课。多年来,商务数学课程的教材主要采用的是 Raymond A Barnett 等人所著的《大学数学》(College Mathematics)的"微积分"(Calculus)部分,该书是供商务、经济、生命科学和社会科学等专业的学生使用的,其特点是:数学概念的阐述言简意赅、条理分明,不作过多的、抽象的理论论证,在不失严密性的基础上,着重于微积分在上述各专业的实际应用。

从多年的教学实践中,我们体会到:新入学的学生数学方面的基本英语词汇比较缺乏,对数学的专业英文术语和读法不熟悉,学生在听课和理解过程中遇到比较大的挑战。另外,微积分学与初等数学不同,要求学生在思维方法上有一个转变,因此在学习的过程中,对一些较深奥的概念、运算和推理过程,难免会遇到新的困难。为了帮助学生学好微积分这门课程,对重点、难点问题有更透彻的理解,我们编写了这本参考教材。

本教材分为 2 部分,第一部分是"数学常用词中英文对照表",为读者阅读英文教材和听课提供帮助;第二部分是对重要的微积分学概念进行比较深入的中文解释,并编写了典型的例题,目的是帮助学生深入理解课程的内容,掌握分析和解题的方法。应该指出,本教学参考书不是原著的直接翻译,但又不脱离原著的体例和基本内容,希望同学与教材配合使用。对于每一章节的数学知识,首先深入浅出地介绍基本概念和解题思路,然后列举大量例题,从不同的侧面阐述理论知识和解题技巧的运用,并且在"分析点评"及"典型例题分析"中,对所学知识加以归纳、总结,突出重点。典型例题是教材例题的补充和扩展,通过典型例题的分析达到帮助学生加深基本概念,掌握解题方法的目的。典型例题的安排与教材顺序相同,题目难度逐渐提高。希望学生首先自己动手解题,然后再看步骤和结果,便于发现差距、利于迅速提高。每章之后有自测题。学生通过解题实践,提高自己分析问题和解决问题的能力。

本教学辅导教材的序言和名词解释由马廷玺教授编写,第一章和第二章由祁力钧教授编写,第三章至第六章由焦群英教授编写。马廷玺教授对全书进行统稿。

我们感谢国际学院的领导,对本教材编写工作的大力支持和关怀。历届国际学院的学生们在学习中提出的问题为我们编写教材提供了丰富的素材;王中营同学在图形绘制方面付出了艰辛的劳动,在此一并表示感谢!

编　者

2007 年 12 月

目　录

数学常用词中英文对照表

为了便于读者阅读《微积分》的英文教材，我们编写了这份"数学常用词中英文对照表"。所摘选的名词，仅限于初等函数和一部分几何名词。这样可与中学数学知识相衔接(对于一词多义者只介绍其数学含义)。读者在阅读教材时，如遇到表中未列入的名词，仍需查阅相关的字(词)典。至于"微积分学"的专用名词，将在授课过程中陆续加以介绍。

英文名词	中文意义
abscissa	横坐标
absolute value	绝对值
acute angle	锐角
analytic geometry	解析几何
approximation	近似
area	面积
area of a triangle	三角形面积
arithmetic sequence	算数数列
asymptote	渐近线
average value	平均值
axis	轴
binomial theorem	二项式定理
break-even analysis	盈亏平衡点、保本点
Cartesian coordinate	笛卡儿(直角)坐标系
circle	圆
closed interval	闭区间
combination	组合
common denominator	公分母
common factor	公因式
completing the square	配方(配成完全平方)
constant of proportionality	比例常数
contraction	收缩
convergence	收敛

conversion	转换
coordinate of an ordered pair	有序数对的坐标
coordinate plane	坐标平面
cosecant function	余割函数
cosine function	余弦函数
cost	成本
cross multiplication	十字相乘
cube	立方体
cube root	立方根
cubic function	三次函数
curve	曲线
curve sketching	绘制曲线草图
decreasing function	减函数
degree	次
denominator	分母
dependent variable	因变量
difference of two functions	两个函数的差
directed distance	有向距离
discriminat	判别式
divergence	发散
division	除法
domain	定义域
e-base of the natural logarithmic	自然对数的底
elementary function	初等函数
ellipse	椭圆
equation	方程
equation in two variables	二元方程
equilateral triangle	等边三角形
equilibrium	均衡、平衡
error	误差
even number	偶数
expansion	扩张，展开
explicit function	显函数
exponential function	指数函数
extreme	极值、最值
factoring	分解因式
fraction	分数

function notation	函数表示法
function(s)	函数
general solution	通解
geometric series	几何级数
graph	图形、图像
half-open interval	半开区间
horizontal line	水平线
horizontally translating	水平移动
hyperbolic (adj)	双曲线的
imaginary number	虚数
imaginary root	虚根
implicit function	隐函数
increasing function	增函数
independent variable	自变量
indeterminate	不定型、未定型
inequality	不等式
infinity	无穷、无限
intercept	截距
interval	区间
inverse function	反函数
irrational number	无理数
itcration	迭代
leading coefficient	前导系数(多项式中,幂次最高的变量的系数)
least squares	最小二乘方
limit	极限
linear equation	线性方程
linear function	线性函数
logarithmic function	对数函数
marginal cost	边际成本
mathematical model	数学模型
maximum	极大值
midpoint	中点
minimum	极小值
multiplication	乘法
natural logarithmic	自然对数
negative number	负数
numerator	分子

numerical method	数值方法
objective function	目标函数
obtuse angle	钝角
octant	卦限、八分之一圆
odd number	奇数
one-to-one corresponding	一一对应
open interval	开区间
operation	运算
optimization	优化
ordered pair	有序数对
ordinate	纵坐标
origin	原点
parabola	抛物线
parallel lines	平行线
parallelogram	平行四边形
particular solution	特解
percentage error	百分误差
perimeter	周长
periodic function	周期函数
permutation	排列
perpendicular line	垂直线
piecewise-defined function	分段函数
point of intersection	交点
point-plotting	逐点描绘
point-slope formula	点斜式
polynomial	多项式
positive number	正数
power function	幂函数
probability	概率
product	乘积
proportionality	比例(关系)
pythagorean theorem	勾股定理(商高定理、毕达格拉斯定理)
quadrant	象限
quadratic function	二次函数
quotient	商
radian	弧度
radical	根、根式

radius	半径
range of a function	函数的值域
rate of change	变化率
rational function	有理函数
rationalization	有理化
real line	实数轴
real number	实数
rectangle	矩形
rectangular coordinate system	直角坐标系
reducible	可约的,可化简的
reduction formula	化简公式
reflection	反射
region	区域
regression analysis	回归分析
residual	残数的
right angle	直角
right-handed system	右手坐标系
root of an equation	方程的根
secant line	割线
sequence	数列
series	级数
shift	移动
sigma notation	∑表示法
similar triangle	相似三角形
sine function	正弦函数
slope	斜率
slope-intercept formula	斜截式
solution of an inequality	不等式的解
solution set	解集
sphere	球
square root	平方根
straight line	直线
substitution	替换、换元
subtraction	减法
sum	和
surface	曲面
synthetic division	综合除法

tangent line	切线
term of a sequence	数列的项
three-dimensional coordinate system	三维坐标系
transcendental function	超越函数
transformation	变换
trapezoid	梯形(的)
triangle	三角形
trigonometric function	三角函数
truncation	截断、舍位
two-point formula	两点式
unbounded function	无界函数
variable	变量
vertex of an angle	角的顶点
vertical line	铅垂线
vertically translating	铅垂移动
volume	体积

表达式	表达式的英文读法
$a-b$	*a* subtract *b*
$a+b$	*a* plus *b*(*a* adds *b*)
$a\times b$	*a* times *b*(product of *a* and *b*)
$\sqrt{a}$	square root of *a*
a_2	*a* sub two
a^b	*a* with power *b*
a^3	*a* with power three
$\frac{a}{b}$	*a* over *b*(或 *a* is divided by *b*)
$\frac{1}{3}$	one third
$\frac{1}{4}$	one fourth
$f(x)$	*f* of *x*

第一章　导　　数

Derivative

主要内容和概念
典型例题解析
自测题及答案

代数学和微分学有什么区别呢？在代数学中，解方程得到的是变量的特解，是一个确定的值，一个静态的概念；在微分学中，更关注一个变量的变化是如何影响另一个变量变化的，是一个动态的概念。微分学在工程技术和社会科学中被广泛地应用，它是解决许多问题的有力工具。

一、主要内容和概念

本章主要介绍极限的概念、函数的连续性、导数及求导方法，同时也介绍幂函数的求导法则及一些基本的导数性质，以及导数在商业和经济领域中的应用等。

第一节 极 限

Introduction to limits

对微分的学习首先要了解"极限"这个概念。这个概念能用一种精确的方法考察一个函数 $f(x)$当 x 趋近于而不是等于定值 c 时$f(x)$的变化。本节介绍一种直观的求极限值的方法，重点放在概念的发展和理解上，而不是放在数学细节上。

1. 函数和图：简要复习(Function and graphs: brief review)

图 1-1 是$y=f(x)=x+2$的图，它由一系列的$(x,f(x))$数组组成。比如 $x=2$ 时，$f(x)=4$，而$(2,f(2))=(2,4)$是图上的一点。图上标出了$(-1,f(-1))$，$(1,f(1))$，$(2,f(2))$。注意自变量的定义域值$-1,1,2$ 与 x 轴相关，而函数值$f(-1)=1$，$f(1)=3$，$f(2)=4$ 与 y 轴相关。

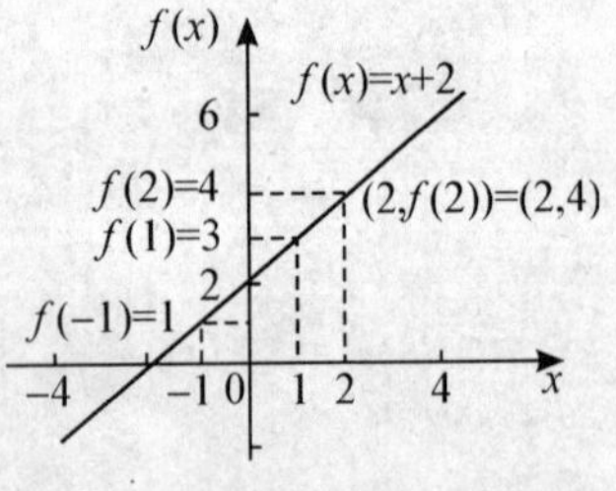

图 1-1

给定 x，有时就能直接从图 1-1 读出 $f(x)$ 的值。

2. 极限——图解方法(Limits—a graphical approach)

定义 1 将极限写成$\lim\limits_{x\to c}f(x)=L$ 或者当 $x\to c$，$f(x)\to L$，x 不管从哪个方向趋近于c，$f(x)$ 都趋近于一个唯一的实数 L。

注意：$x\to c$ 时的极限值与 $x=c$ 时 $f(x)$ 的函数值 $f(c)$ 是不一样的。

定义 2 单向极限

$\lim\limits_{x\to c^-}f(x)=K$，$K$ 为 x 从左边趋近于 c 时的极限，定义为"左极限"；

$\lim\limits_{x\to c^+} f(x)=L$，$L$ 为 x 从右边趋近于 c 时的极限，定义为“右极限”。

定理 1 左极限和右极限均存在并且相等，是 $f(x)$ 当 $x\to c$ 时极限存在的充分必要条件，也就是说：

$$\lim_{x\to c} f(x)=L\text{，当且仅当 }\lim_{x\to c^-} f(x)=\lim_{x\to c^+} f(x)=L$$

例如：$\lim\limits_{x\to 0^-}\dfrac{|x|}{x}=-1$ 而 $\lim\limits_{x\to 0^+}\dfrac{|x|}{x}=1$，因为左极限和右极限不相等，所以 $\lim\limits_{x\to 0}\dfrac{|x|}{x}$ 不存在。

3. 极限——代数方法(Limits—an algebraic approach)

图解方法在研究极限过程中是非常有用的，但是很多微积分中的极限可以通过代数简化，并用极限的基本性质来快速求解。

定理 2 极限的性质

设 f 和 g 是 2 个函数，假定 $\lim\limits_{x\to c} f(x)=L$，$\lim\limits_{x\to c} g(x)=M$，其中 L 和 M 是实数(f 和 g 极限都存在)，那么有如下关系：

(1) $\lim\limits_{x\to c}[f(x)+g(x)]=\lim\limits_{x\to c} f(x)+\lim\limits_{x\to c} g(x)=L+M$；

(2) $\lim\limits_{x\to c}[f(x)-g(x)]=\lim\limits_{x\to c} f(x)-\lim\limits_{x\to c} g(x)=L-M$；

(3) $\lim\limits_{x\to c} kf(x)=k\lim\limits_{x\to c} f(x)=kL$，$k$ 为任意常数；

(4) $\lim\limits_{x\to c}[f(x)\cdot g(x)]=[\lim\limits_{x\to c} f(x)][\lim\limits_{x\to c} g(x)]=LM$；

(5) $\lim\limits_{x\to c}\dfrac{f(x)}{g(x)}=\dfrac{\lim\limits_{x\to c} f(x)}{\lim\limits_{x\to c} g(x)}=\dfrac{L}{M}$，$M\neq 0$；

(6) $\lim\limits_{x\to c}\sqrt[n]{f(x)}=\sqrt[n]{\lim\limits_{x\to c} f(x)}=\sqrt[n]{L}$，$n$ 为偶数时，$L>0$。

将 $x\to c$ 换成 $x\to c^-$ 或 $x\to c^+$，定理 2 中的性质均成立。

定理 3 多项式函数和有理函数的极限

(1) $\lim\limits_{x\to c} f(x)=f(c)$，$f$ 是任意多项式函数；

(2) $\lim\limits_{x\to c} r(x)=r(c)$，$r$ 是任意 $x=c$ 时分母非零的有理函数。

定义 3 极限不定型式

如果 $\lim\limits_{x\to c} f(x)=0$ 且 $\lim\limits_{x\to c} g(x)=0$，那么 $\lim\limits_{x\to c}\dfrac{f(x)}{g(x)}$ 是不确定的，更特别的有 0/0 不定型。不定型的极限可能存在，也可能不存在，需具体问题具体分析。如果极限是 0/0 不定型，那就需要进一步的研究来确定极限是否存在，如果存在则求出极限值。

如果分式的分母趋近于 0，而分子趋近于非零数，那么这个分式的极限则不是不定型，事实上，它的极限是不存在的。

定理 4 分式的极限

如果$\lim\limits_{x\to c}f(x)=L, L\neq 0$ 而$\lim\limits_{x\to c}g(x)=0$，那么$\lim\limits_{x\to c}\dfrac{f(x)}{g(x)}$不存在。

4. 差商的极限(Limits of difference quotients)

假设函数 f 定义在包含 a 的开区间内。在微积分中一个最重要的极限就是差商的极限，即$\lim\limits_{h\to 0}\dfrac{f(a+h)-f(a)}{h}$，如果$\lim\limits_{h\to 0}[f(a+h)-f(a)]=0$，那么该差商的极限就是个不定型极限。

第二节 函数的连续性 Continuity

第一节定理 3 表明如果 f 是 $x=c$ 时分母不为零的多项式函数或有理函数，那么

$$\lim_{x\to c}f(x)=f(c) \tag{1-1}$$

满足式(1-1)的函数被称作在 $x=c$ 时连续。对连续函数的牢固理解在作图和分析图的时候也是非常必要的，连续性也为解不等式提供了简便有效的方法，在本书后面的章节会有介绍。

1. 连续性(Continuity)

给函数的连续性下一个非正式的定义，就是说如果在某个区间内一个函数的图能够一笔画成，则说明函数在该区间内是连续的。如果函数的图像在 $x=c$(c 为常数)时有间断点，则该函数在 $x=c$ 处不连续。很多自然现象的图是连续的，而很多商业和经济方面的图像是不连续的。图 1-2(A)表明了 24 h 内的温度变化，该变化是一个连续的自然现象。图 1-2(B)表明一周内仓库的库存情况，是一个非连续的现象。

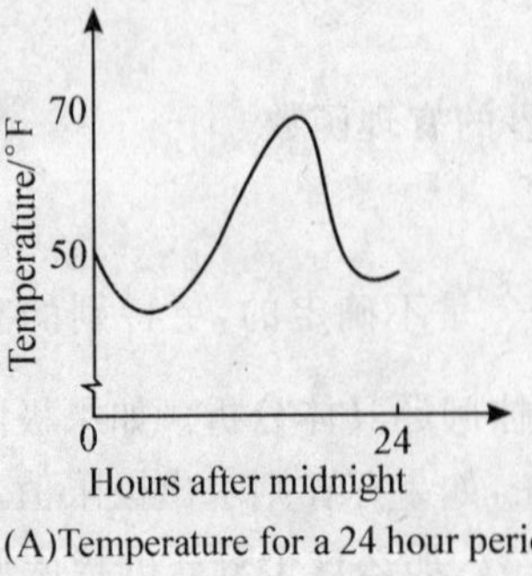

(A)Temperature for a 24 hour period

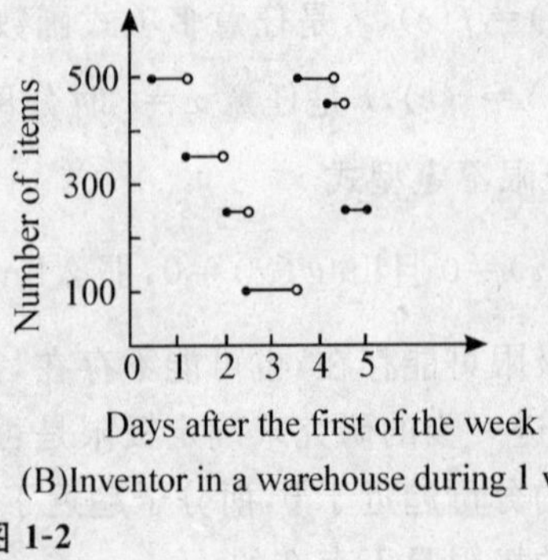

(B)Inventor in a warehouse during 1 week

图 1-2

定义　连续性

函数在 $x=c$ 点处连续需同时满足以下 3 个条件：

(1) $\lim\limits_{x\to c} f(x)$ 存在；

(2) $f(c)$ 存在(在 c 点有定义)；

(3) $\lim\limits_{x\to c} f(x)=f(c)$。

如果一个函数在开区间 (a,b) 内的每一点都连续，则该函数在开区间 (a,b) 内是连续的。

如果以上 3 个条件中有 1 个或多个不满足，则函数在 $x=c$ 处是不连续的。

2. 连续性的性质(Continuity properties)

函数有一些有用的连续性性质：

如果 2 个函数在相同的区间内连续，那么他们的和、差、积和商在该区间内也是连续的，除了 x 的取值使得分母为零的情况。

这些性质和下面的定理 1 能够帮助判断一些重要的典型函数的连续区间，而不用通过观察函数的图或者用定义中的 3 个条件来判断。

定理 1　一些特殊函数的连续性性质

(1) 常数函数 $f(x)=k$，k 是常数，则该函数在 x 为任意值时均连续，如 $f(x)=7$ 在 x 取任意值时均是连续的。

(2) 当 n 为正整数时，$f(x)=x^n$ 在 x 取任意值时均连续。

(3) 多项式函数在 x 取任意值时均是连续的。

(4) 有理函数在 x 取任意值时均是连续的，除了 x 的取值使得分母为零的情况。

(5) 当 n 是大于 1 的正奇数时，如果 $f(x)$ 总是连续的，则 $\sqrt[n]{f(x)}$ 总是连续的。

(6) 如果 n 是正偶数，当 $f(x)$ 是非负并且连续时，则 $\sqrt[n]{f(x)}$ 是连续的。

3. 用连续性性质解不等式(Solving inequalities using continuity properties)

可以用“符号图法”来简便快速地求解不等式，通过符号图法，可以知道在区间 (a,b) 内，如果 f 是连续的并且 $f(x)\neq 0$，那么 $f(x)$ 在区间 (a,b) 内将不会改变符号。

定理 2　区间 (a,b) 内的符号性质

如果 x 取区间 (a,b) 内任意值时，都有 $f(x)\neq 0$，且 $f(x)$ 连续，那么在区间 (a,b) 内 $f(x)$ 要么总是大于 0，要么总是小于 0。

定理 2 为求解多种不等式提供了简便有效的方法。

构建“符号图”的步骤：

给定函数 f。

第一步，找到所有的“分割数”，也就是说：

(1) 找到所有使得 f 不连续的数(有理函数在 x 的取值使得分母为 0 时是不连续的)；

(2)找到所有使得 $f(x)=0$ 的数[对于有理函数来说,x 的取值使得分子为 0 而分母不为 0 时则有 $f(x)=0$]。

第二步,将第一步中找到的所有分割数标在一条实数轴上,这些数将实数轴分成一些区间。

第三步,在第二步中分好的各个开区间内均选择一个测试数,并确定在取各个测试数时 $f(x)$ 的值是正还是负。

第四步,用第二步中的实数轴来作出符号图,该图会显示出 $f(x)$ 在各开区间内的符号。

注意:从符号图中,很容易看出不等式 $f(x)<0$ 或 $f(x)>0$ 的解。

第三节　导　数

Derivative

1. 变化率 (Rate of change)

定义 1　平均变化率

$y=f(x)$,那么从 $x=a$ 到 $x=a+h$ 的平均变化率如下:

$$\frac{f(a+h)-f(a)}{(a+h)-a}=\frac{f(a+h)-f(a)}{h},\ h\neq 0 \qquad (1\text{-}2)$$

式(1-2)被称作"差商",差商也被认为是平均变化率。

定义 2　瞬时变化率

$y=f(x)$,那么 $x=a$ 时的连续变化率是$\lim\limits_{h\to 0}\frac{f(a+h)-f(a)}{h}$(该极限必须是存在的)。

2. 切线的斜率(Slope of the tangent line)

到目前为止,对差商的解释都是数字化的,下面给它一个几何解释。如果$(a, f(a))$ 和$(a+h, f(a+h))$ 是函数 $y=f(x)$ 图上的 2 点,可以用斜率求解公式来计算经过这 2 点的割线的斜率(图 1-3)。

$$割线的斜率=\frac{f(a+h)-f(a)}{(a+h)-a}$$

$$=\frac{f(a+h)-f(a)}{h}(即差商)$$

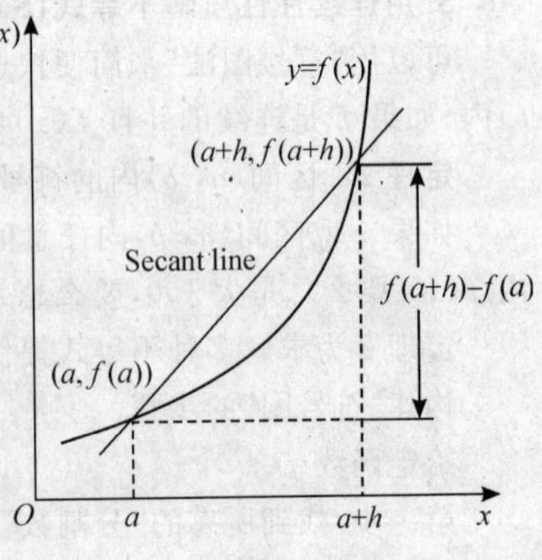

图 1-3

因此,差商可以被解释成割线的斜率。

定义 3 曲线的斜率

给定 $y=f(x)$,曲线在点$(a,f(a))$的斜率被定义成$\lim\limits_{h\to 0}\frac{f(a+h)-f(a)}{h}$,假设该极限是存在的,那么该极限就是经过点$(a,f(a))$的切线的斜率。

3. 导数(Derivative)

可以看到,差商的极限可以被认为是一个变化率、速度或者是切线的斜率。下面将介绍一些该极限涉及的术语。

定义 4 导数

$y=f(x)$,将其在 x 处的导数,记作 $f'(x)$,并且

$$f'(x)=\lim_{h\to 0}\frac{f(x+h)-f(x)}{h} \tag{1-3}$$

如果 $f'(x)$ 在开区间(a, b)内均存在,那么就说 f 在开区间(a, b)内可导。

如果分别用 $h\to 0^-$ 或 $h\to 0^+$ 来代替上式中的 $h\to 0$,那么则可以分别定义左导数和右导数。

总结:导数的含义

函数 f 的导数是一个新的函数 f',f' 的定义域是 f 的定义域的子集。导数有各种各样的应用和含义,包括下面几种:

(1)切线的斜率。对于 f' 定义域内的所有 x,$f'(x)$ 是在点$(x,f(x))$与函数 f 的图相切直线的斜率。

(2)瞬时变化率。对于 f' 定义域内的所有 x,$f'(x)$ 是 $y=f(x)$ 关于 x 的瞬时变化率。

(3)速度。如果 $f(x)$ 是某运动物体在时间 x 处的位移,那么 $v=f'(x)$ 是该物体在该时刻的瞬时速度。

步骤:求函数 f 的导数的 4 个步骤:

第一步,求出 $f(x+h)$;

第二步,求出 $f(x+h)-f(x)$;

第三步,求出$\frac{f(x+h)-f(x)}{h}$;

第四步,求出$\lim\limits_{h\to 0}\frac{f(x+h)-f(x)}{h}$。

4. 导数不存在的情况(Nonexistence of the derivative)

函数 f 在$x=a$ 处是否可导取决于$x=a$时极限是否存在,也就是 $f'(a)=\lim\limits_{h\to 0}$

$\dfrac{f(a+h)-f(a)}{h}$ 是否存在，如果该极限在 $x=a$ 处不存在，就说函数 f 在 $x=a$ 处是不可导的，或者说 $f'(a)$ 不存在。

第四节 幂函数的求导法则和基本性质

Power rule and basic differentiation properties

在前面的章节中，把 f 在 x 处的导数定义为：

$$f'(x)=\lim_{h\to 0}\frac{f(x+h)-f(x)}{h}$$

要求该极限必须是存在的，用该定义和第三节中的四步法来求解很多函数的导数。在本节和接下来的 2 节中，前人对导数进行了大量的研究并从定义中总结出了一些规律来求解更高级函数的导数，而不必每次都通过四步法来求解。

开始讲解这些规律之前，列出一些表示导数的常用符号。给定 $y=f(x)$，那么 $f'(x)$、y' 和 $\dfrac{dy}{dx}$ 均表示 f 在 x 处的导数。

1. 常数函数法则(Constant function rule)

如果 $f(x)=C$ 是一个常数函数，那么四步法能够帮助求解出 $f'(x)=0$，因此，任何常数函数的导数都是 0。

定理 1 常数函数法则

如果 $y=f(x)=C$，那么 $f'(x)=0$，也就是 $y'=0$，$\dfrac{dy}{dx}=0$，即常数函数的导数均为 0。

注意：当写成 $C'=0$ 或者 $\dfrac{d}{dx}C=0$，就意味着 $y=C$ 时 $y'=\dfrac{dy}{dx}=0$。

引申：如图 1-4 所示，$f(x)=C$ 的图是一条斜率为 0 的水平线，所以认为 $f'(x)=0$ 。

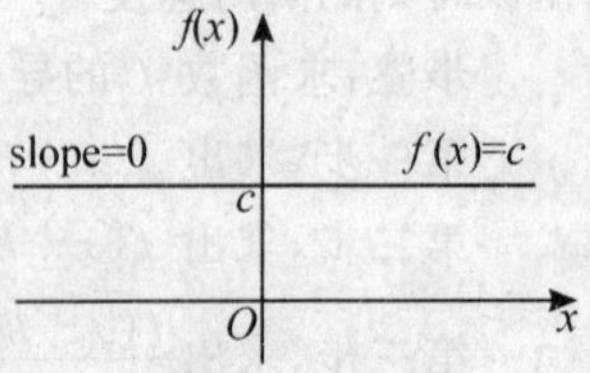

图 1-4

2. 幂函数求导法则(Power rule)

函数式为 $f(x)=x^n$，其中 n 为实数，这样的函数被称为幂函数。以下列出了幂函数的一些基本函数例子：

$$f(x)=x \qquad h(x)=x^2 \qquad m(x)=x^3$$

$$n(x)=\sqrt{x} \qquad p(x)=\sqrt[3]{x}$$

定理 2 幂法则

如果 $y=f(x)=x^n$，其中 n 是实数，那么有 $f'(x)=nx^{n-1}$，也有 $y'=nx^{n-1}$ 和

$\mathrm{d}y/\mathrm{d}x = nx^{n-1}$。

3. 常数倍数性质(Constant multiple property)

假设 $f(x)=ku(x)$，其中 k 是常数，u 在 x 处可导。用四步法，如下：

第一步，$f(x+h)=ku(x+h)$；

第二步，$f(x+h)-f(x)=ku(x+h)-ku(x)=k[u(x+h)-u(x)]$；

第三步，$\dfrac{f(x+h)-f(x)}{h}=\dfrac{k[u(x+h)-u(x)]}{h}=k\left[\dfrac{u(x+h)-u(x)}{h}\right]$；

第四步，
$$f'(x)=\lim_{h\to 0}\frac{f(x+h)-f(x)}{h}$$
$$=\lim_{h\to 0}k\left[\frac{u(x+h)-u(x)}{h}\right] \qquad \lim_{x\to c}kg(x)=k\lim_{x\to c}g(x)$$
$$=k\lim_{h\to 0}\left[\frac{u(x+h)-u(x)}{h}\right] \qquad u'(x)\text{ 的定义}$$
$$=ku'(x)。$$

因此，一个常数和可导函数的乘积的导数等于常数与该函数的导数的乘积。

定理 3 常数倍数性质

如果 $y=f(x)=ku(x)$，那么 $f'(x)=ku'(x)$，也有 $y'=ku'$ 和 $\dfrac{\mathrm{d}y}{\mathrm{d}x}=k\dfrac{\mathrm{d}u}{\mathrm{d}x}$。

4. 和差性质(Sum and difference properties)

假设 $f(x)=u(x)+v(x)$，其中 $u'(x)$ 和 $v'(x)$ 存在，通过求导数的四步法，如下：

第一步，$f(x+h)=u(x+h)+v(x+h)$；

第二步，
$$f(x+h)-f(x)=u(x+h)-v(x+h)-[u(x)+v(x)]$$
$$=u(x+h)-u(x)+v(x+h)-v(x)；$$

第三步，
$$\frac{f(x+h)-f(x)}{h}=\frac{u(x+h)-u(x)+v(x+h)-v(x)}{h}$$
$$=\frac{u(x+h)-u(x)}{h}+\frac{v(x+h)-v(x)}{h}；$$

第四步，
$$f'(x)=\lim_{h\to 0}\frac{f(x+h)-f(x)}{h}$$
$$=\lim_{h\to 0}\left[\frac{u(x+h)-u(x)}{h}+\frac{v(x+h)-v(x)}{h}\right]$$
$$\lim_{x\to c}[g(x)+h(x)]=\lim_{x\to c}g(x)+\lim_{x\to c}h(x)$$
$$=\lim_{h\to 0}\frac{u(x+h)-u(x)}{h}+\lim_{h\to 0}\frac{v(x+h)-v(x)}{h}$$
$$=u'(x)+v'(x)。$$

因此,2 个可导函数的和的导数就是他们的导数的和。

类似地,可以得出:2 个可导函数的差的导数就是他们的导数的差。

合在一起,就是导数的和差性质。

定理 4 和差性质

如果 $y=f(x)=u(x)\pm v(x)$,那么

$$f'(x)=u'(x)\pm v'(x)$$

亦即

$$y'=u'\pm v'$$

$$\frac{\mathrm{d}y}{\mathrm{d}x}=\frac{\mathrm{d}u}{\mathrm{d}x}\pm\frac{\mathrm{d}v}{dx}$$

用这个法则和前面讲到的一些法则,能够计算出所有多项式函数和其他各种函数的导数。

第五节 积和商的导数
Derivatives of products and quotients

前面章节中介绍的导数性质能够在很多实际问题中求解和应用导数。本节将介绍更多的导数性质来提高求解和应用导数的能力。这些性质均可以用导数定义证明。

1. 积的导数(Derivatives of product)

在第四节中已经知道函数的和的导数就是导数的和,那么积的导数是否是导数的积呢?答案是否定的。研究表明 2 个函数的积的导数是第 1 个函数乘上第 2 个函数的导数的积再加上第 2 个函数乘上第 1 个函数的导数的积,如定理 1 所说:

定理 1 函数积的求导法则

如果 $y=f(x)=F(x)S(x)$,且 $F'(x)$和 $S'(x)$ 均存在,那么有

$$f'(x)=F(x)S'(x)+S(x)F'(x) \tag{1-4}$$

亦即

$$y'=FS'+SF'$$

$$\frac{\mathrm{d}y}{\mathrm{d}x}=F\,\frac{\mathrm{d}S}{\mathrm{d}x}+S\,\frac{\mathrm{d}F}{\mathrm{d}x}$$

2. 商的导数(Derivatives of quotients)

跟导数的积的情况一样,2 个函数的商的导数不等于这 2 个函数的导数的商。

定理 2 函数商的求导法则

如果 $y=f(x)=\dfrac{T(x)}{B(x)}$,且 $T'(x)$和 $B'(x)$ 均存在,那么有

$$f'(x)=\frac{B(x)T'(x)-T(x)B'(x)}{[B(x)]^2}$$

亦即
$$y'=\frac{BT'-TB'}{B^2}\qquad \frac{dy}{dx}=\frac{B\frac{dT}{dx}-T\frac{dB}{dx}}{B^2}$$

第六节　幂函数的一般求导法则(链式法则)

General power rule (Chain rule)

1. 链式法则——幂函数的一般求导法则(Chain rule:power rule)

最常用的幂法则：

$$\frac{d}{dx}x^n=nx^{n-1} \tag{1-5}$$

用此来求解$[u(x)]^n$这种形式的函数的导数是否还有效呢？研究得出如下定理：

定理 1　幂函数的一般求导法则

如果 $u(x)$ 是可导函数，n 是任意实数，且有 $y=f(x)=[u(x)]^n$，那么有

$$f'(x)=n[u(x)]^{n-1}u'(x) \tag{1-6}$$

这条法则通常被简写成：

$$y'-nu^{n-1}u'$$

或者
$$\frac{d}{dx}u^n=nu^{n-1}\frac{du}{dx}$$

其中
$$u=u(x)$$

该幂函数法则是非常重要和有用的求导法则，被称作“链式法则”。链式法则能帮助我们求复合函数 $f[g(x)]$ 的导数。在第三章将会对链式法则进行深入的讨论。

2. 一般幂函数法则和其他法则结合使用(Combining rules of differentiation)

通过如下的例子介绍如何将一般幂函数法则和其他求导法则结合起来使用。

例：函数 $f(x)=x^2\sqrt{2x+12}$，求与函数 $f(x)$ 在 $x=2$ 处的切线方程。

解：$f(x)=x^2\sqrt{2x+12}=x^2\ (2x+12)^{1/2}$。

运用导数的积法则，有

$$f'(x)=x^2\ \frac{d}{dx}(2x+12)^{1/2}+(2x+12)^{1/2}\frac{d}{dx}x^2$$

$$=x^2\left[\frac{1}{2}(2x+12)^{-1/2}\right](2)+(2x+12)^{1/2}(2x)$$

$$=\frac{x^2}{\sqrt{2x+12}}+2x\sqrt{2x+12}$$

分别运用了一般幂法则来求解$(2x+12)^{1/2}$的导数和基本幂法则来求导 x^2。

$$f'(2)=\frac{4}{\sqrt{16}}+4\sqrt{16}=1+16=17$$

$f(2)=4\sqrt{16}=16$

$(x_1, y_1)=(2, f(2))=(2,16)$ 点

$m=f'(2)=17$ 斜率

$y-16=17(x-2)$ $y-y_1=m(x-x_1)$

$y=17x-18$ 切线

第七节 商业和经济学边际分析

Marginal analysis in business and economics

1. 边际成本,边际收入和边际利润(Marginal cost revenue and profit)

微积分学在商业和经济领域最重要的一个应用就是边际分析。在经济领域,边际这个词涉及到变化率,也就是导数。如果 $C(x)$是生产 x 件产品所需的总成本,那么 $C'(x)$就被称作“边际成本”。类似地,边际收入是总收入函数的导数,边际利润是总利润函数的导数。

定义 1 边际成本、边际收入和边际利润

如果 x 是在某时间段内生产出的产品数量,那么

总成本$= C(x)$

边际成本$=C'(x)$

总收入$=R(x)$

边际收入$=R'(x)$

总利润$=P(x)=R(x)-C(x)$

边际利润$=P'(x)=R'(x)-C'(x)=$边际收入$-$边际成本

开始讨论之前,将 $C(x)$设为成本函数,一定要铭记 $C(x)$代表生产 x 件产品所需的总成本,而不是生产一件产品所需的成本。即:

生产 $x+1$ 件产品所需总成本$=C(x+1)$

生产 x 件产品所需总成本$= C(x)$

生产第$(x+1)$件产品所需精确成本$=C(x+1)-C(x)$

定理 1 边际成本和精确成本

如果 $C(x)$ 是生产 x 件产品所需的总成本，边际成本函数约等于生产第 $x+1$ 件产品所需的精确成本，如

$$C'(x)\approx C(x+1)-C(x) \tag{1-7}$$

对于总收入函数和总利润函数也可以得出类似结论。

2. 应用(Application)

现在讨论价格、需求、收入、成本及利润是如何配合的。虽然在价格-需求方程中，价格和需求都能被用作独立变量，但是在实际应用中涉及边际收入，边际成本和边际利润的情况通常将需求看成独立变量。

3. 边际平均成本、边际平均收入和边际平均利润(Marginal average cost, revenue, and profit)

有时需要进行平均成本，平均收入和平均利润的边际分析，下面给出相关的定义。

定义 2 边际平均成本、边际平均收入和边际平均利润

如果 x 是某时间段内生产出的产品数量，那么

$$\text{平均成本}=\overline{C}(x)=\frac{C(x)}{x}$$

$$\text{边际平均成本}=\overline{C}'(x)=\frac{\mathrm{d}}{\mathrm{d}x}\overline{C}(x)$$

$$\text{平均收入}=\overline{R}(x)=\frac{R(x)}{x}$$

$$\text{边际平均收入}=\overline{R}'(x)=\frac{\mathrm{d}}{\mathrm{d}x}\overline{R}(x)$$

$$\text{平均利润}=\overline{P}(x)=\frac{P(x)}{x}$$

$$\text{边际平均利润}=\overline{P}'(x)=\frac{\mathrm{d}}{\mathrm{d}x}\overline{P}(x)$$

注意：

(1)求解边际平均成本函数的步骤必须是先求平均成本函数，然后再求出平均成本函数的导数，如果这 2 步次序颠倒的话，求出的将不是边际平均成本函数，而是一个没有任何经济意义的函数。

(2)边际成本函数有 2 种解释：通常的解释是将其看作连续变化率的导数，特殊的解释是将其近似看成是生产第 $x+1$ 件产品所需的精确成本。

以上结论对收入函数和利润函数都是适用的。

二、典型例题解析

1. 极限

例 1-1 图 1-5 是函数 f 的图像，讨论 x 接近(1) -1，(2) 1，(3) 2 时，$f(x)$ 的变化情况？

解：(1)如图 1-6 所示，在 $x=-1$ 的左右分别找到一些点过 x 轴作垂线，与 $f(x)$ 的图像有些交点，再通过这些交点作 y 轴平行线，得到与 y 轴的交点，从而可以得出 $f(x)$ 的值：

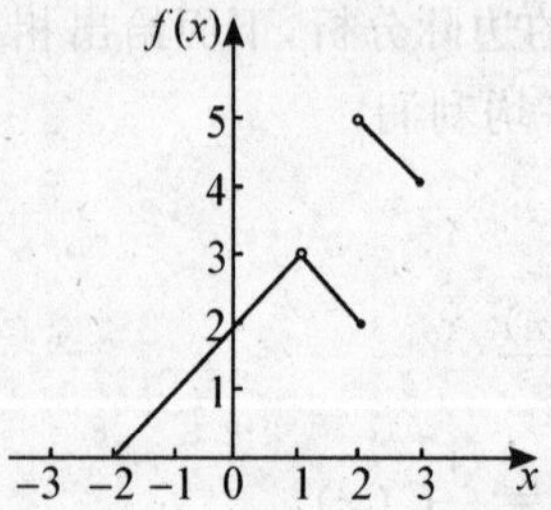

图 1-5

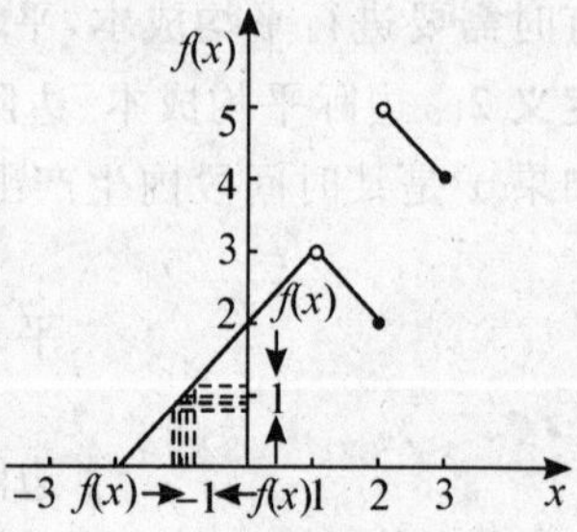

图 1-6

$$\lim_{x\to -1^-} f(x)=1$$

$$\lim_{x\to -1^+} f(x)=1$$

$$\lim_{x\to -1} f(x)=1$$

$$f(-1)=1$$

(2)同理可以作出图 1-7：

$$\lim_{x\to 1^-} f(x)=3$$

$$\lim_{x\to 1^+} f(x)=3$$

$$\lim_{x\to 1} f(x)=3$$

$f(1)$没有定义

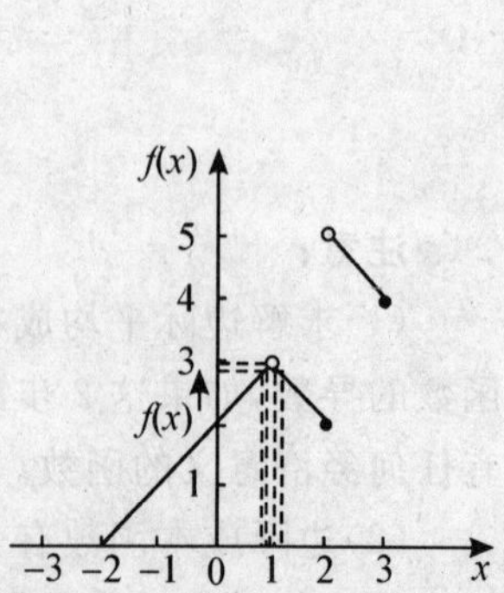

图 1-7

(3)同上也可以作出图 1-8：

$\lim\limits_{x \to 2^-} f(x) = 2$

$\lim\limits_{x \to 2^+} f(x) = 5$

$\lim\limits_{x \to 2} f(x)$不存在

$f(2) = 2$

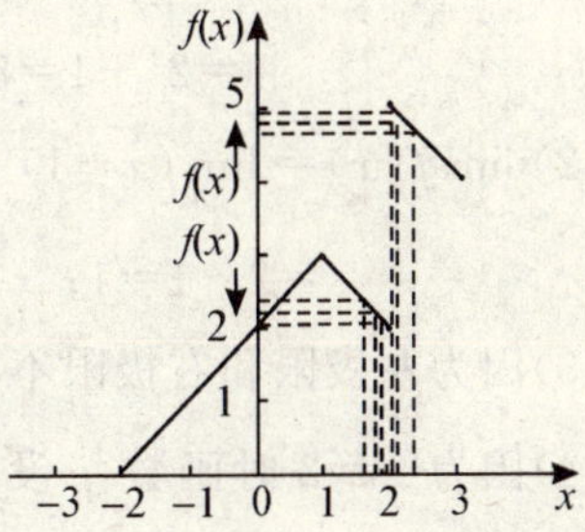

图 1-8

例 1-2 用极限的性质求解$\lim\limits_{x \to 3}(x^2 - 4x)$。

解：首先，$\lim\limits_{x \to 3} x = 3$。这个极限的意思就是说 x 趋近于 3 时，它的极限也是 3，现在运用这个极限和极限性质得到如下求解过程：

$$\lim_{x \to 3}(x^2 - 4x) = \lim_{x \to 3} x^2 - \lim_{x \to 3} 4x \qquad \text{性质 2}$$

$$= (\lim_{x \to 3} x) \cdot (\lim_{x \to 3} x) - 4 \lim_{x \to 3} x \qquad \text{性质 3 和性质 4}$$

$$= 3 \cdot 3 - 4 \cdot 3 = -3$$

经过一些实际练习之后就可以省掉上面的一些步骤，而直接写成$\lim\limits_{x \to 3}(x^2 - 4x) = 3 \cdot 3 - 4 \cdot 3 = -3$。

例 1-3 求如下极限：

(1)$\lim\limits_{x \to 2}(x^3 - 5x - 1)$； (2)$\lim\limits_{x \to -1}\sqrt{2x^2 + 3}$； (3)$\lim\limits_{x \to 4}\dfrac{2x}{3x+1}$。

解：

(1)$\lim\limits_{x \to 2}(x^3 - 5x - 1) = 2^3 - 5 \cdot 2 - 1 = -3$； 定理 3

(2)$\lim\limits_{x \to -1}\sqrt{2x^2 + 3} = \sqrt{\lim\limits_{x \to -1}(2x^2 + 3)}$ 性质 6

$= \sqrt{2(-1)^2 + 3}$ 定理 3

$= \sqrt{5}$；

(3)$\lim\limits_{x \to 4}\dfrac{2x}{3x+1} = \dfrac{2 \cdot 4}{3 \cdot 4 + 1}$ 定理 3

$= \dfrac{8}{13}$。

例 1-4 设 $f(x) = \begin{cases} x^2 + 1, x < 2 \\ x - 1, x > 2 \end{cases}$，求：

(1)$\lim\limits_{x \to 2^-} f(x)$； (2)$\lim\limits_{x \to 2^+} f(x)$； (3)$\lim\limits_{x \to 2} f(x)$； (4)$f(2)$。

解：(1) $\lim\limits_{x\to 2^-} f(x)=\lim\limits_{x\to 2^-}(x^2+1)$　　如果 $x<2, f(x)=x^2+1$

$=2^2+1=5$；

(2) $\lim\limits_{x\to 2^+} f(x)=\lim\limits_{x\to 2^+}(x-1)$　　如果 $x>2, f(x)=x-1$

$=2-1=1$；

(3)因为左极限和右极限不相等，所以 $\lim\limits_{x\to 2} f(x)$ 不存在；

(4)因为 $x=2$ 时函数 f 没有定义，f 只在 $x<2$ 和 $x>2$ 时有定义，所以 $f(2)$ 不存在。

例 1-5　求极限：

(1) $\lim\limits_{x\to 2}\dfrac{x^2-4}{x-2}$；(2) $\lim\limits_{x\to -1}\dfrac{x|x+1|}{x+1}$。

解：(1)当分子和分母都趋近于 0 的时候，代数简化是非常有用的。

$$\lim_{x\to 2}\frac{x^2-4}{x-2}=\lim_{x\to 2}\frac{(x-2)(x+2)}{x-2}=\lim_{x\to 2}(x+2)=4$$

(2)在求解绝对值函数的极限时，单向极限是非常有用的。

$\lim\limits_{x\to -1^+}\dfrac{x|x+1|}{x+1}=\lim\limits_{x\to -1^+}(x)=-1$；如果 $x>-1$，那么 $\dfrac{x|x+1|}{x+1}=1$；

$\lim\limits_{x\to -1^-}\dfrac{x|x+1|}{x+1}=\lim\limits_{x\to -1^-}(x)=1$；如果 $x<-1$，那么 $\dfrac{x|x+1|}{x+1}=-1$。

既然左极限不等于右极限，所以可以得出结论：$\lim\limits_{x\to -1}\dfrac{x|x+1|}{x+1}$ 不存在。

例 1-6　设 $f(x)=4x-5$，求解 $\lim\limits_{h\to 0}\dfrac{f(3+h)-f(3)}{h}$。

解：
$$\lim_{h\to 0}\frac{f(3+h)-f(3)}{h}=\lim_{h\to 0}\frac{[4(3+h)-5]-[4(3)-5]}{h}$$
$$=\lim_{h\to 0}\frac{12+4h-5-12+5}{h}$$
$$=\lim_{h\to 0}\frac{4h}{h}=\lim_{h\to 0}4=4。$$

例 1-7　$f(x)=\sqrt{x}$，求极限 $\lim\limits_{h\to 0}\dfrac{f(2+h)-f(2)}{h}$。

解：$\lim\limits_{h\to 0}\dfrac{f(2+h)-f(2)}{h}=\lim\limits_{h\to 0}\dfrac{\sqrt{2+h}-\sqrt{2}}{h}$　　分子有理化有助于求极限

$$=\lim_{h\to 0}\frac{\sqrt{2+h}-\sqrt{2}}{h}\cdot\frac{\sqrt{2+h}+\sqrt{2}}{\sqrt{2+h}+\sqrt{2}} \qquad (A+B)(A-B)=A^2-B^2$$

$$=\lim_{h\to 0}\frac{2+h-2}{h(\sqrt{2+h}+\sqrt{2})}$$

$$=\lim_{h\to 0}\frac{1}{(\sqrt{2+h}+\sqrt{2})}$$

$$=\frac{1}{\sqrt{2}+\sqrt{2}}=\frac{1}{2\sqrt{2}}。$$

2. 连续性

例 2-1 用连续性定义来讨论图 1-9 中函数的连续性。

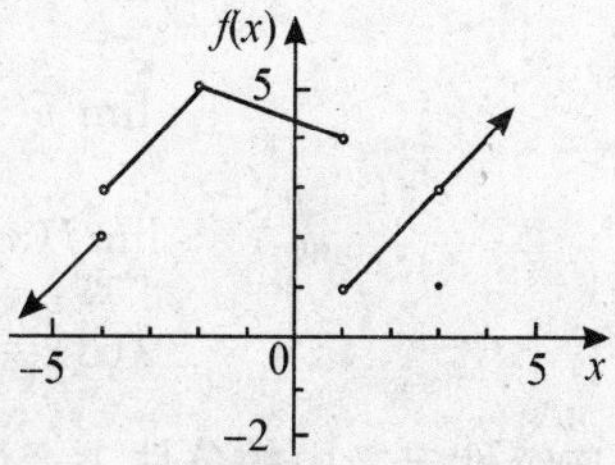

图 1-9

解:先找出图像中不连续的点,观察图像可以找出图中的空心点和断点,即 $x=-4,-2,1$ 和 3 时。现在来确定在每个点上连续性定义中的哪个条件是不满足的,并且求出每点上的函数值和函数在该点的极限值。

不连续点 $x=-4$ 时:

$$\lim_{x\to -4^-}f(x)=2$$

$$\lim_{x\to -4^+}f(x)=3$$

$\lim\limits_{x\to -4}f(x)$不存在　　　因为左、右极限不相等,所以极限不存在

$$f(-4)=3$$

因为连续性定义中的条件 1 不满足,所以 $x=-4$ 时函数 f 不连续。

不连续点 $x=-2$ 时:

$$\lim_{x\to -2^-}f(x)=5$$

$$\lim_{x\to -2^+}f(x)=5$$

$\lim\limits_{x\to -2}f(x)=5$　　　因为$(-2,5)$是空心点,所以 $f(-2)$不存在

$f(-2)$不存在

因为连续性定义中的条件 2 不满足,所以 $x=-2$ 时函数 f 不连续。

不连续点 $x=1$ 时:

$$\lim_{x\to 1^-} f(x)=4$$

$$\lim_{x\to 1^+} f(x)=1$$

$$\lim_{x\to 1} f(x)\text{不存在}$$

$$f(1)\text{不存在}$$

因为连续性定义中的条件 1,2 均不满足,所以 $x=1$ 时函数 f 不连续。

不连续点 $x=3$ 时:

$$\lim_{x\to 3^-} f(x)=3$$

$$\lim_{x\to 3^+} f(x)=3$$

$$\lim_{x\to 3} f(x)=3$$

$$f(3)=1 \qquad \text{图上的实点}(3,1)\text{表明 } f(3)=1$$

连续性定义中的条件 1,2 满足,但 3 不满足,所以 $x=3$ 时函数 f 不连续。

因此可以得出结论:f 在 $x=-4,-2,1$ 和 3 以外的点均连续。也可用区间的形式来表示,那么 f 的连续区间是:

$$(-\infty,-4)\cup(-4,-2)\cup(-2,1)\cup(1,3)\cup(3,\infty)$$

例 2-2 根据连续性定义讨论下列函数在给定点的连续性:

(1) $f(x)=x+2$,在 $x=2$ 点处;

(2) $g(x)=\dfrac{x^2-4}{x-2}$,在 $x=2$ 点处;

(3) $h(x)=\dfrac{|x|}{x}$,在 $x=0$ 和 $x=1$ 处。

解:(1)因为 $\lim\limits_{x\to 2} f(x)=4=f(2)$,所以函数 f 在 $x=2$ 处连续。

(2) $g(2)=\dfrac{0}{0}$ 没有定义,所以函数 g 在 $x=2$ 处不连续。

(3)因为 $h(0)=\dfrac{|0|}{0}$ 是没有定义的,且 $\lim\limits_{x\to 0} h(x)$ 不存在,所以函数 h 在 $x=0$ 处不连续。因为 $\lim\limits_{x\to 1}\dfrac{|x|}{x}=1=h(1)$,所以函数 h 在 $x=1$ 处连续。

例 2-3 利用定理 1 和一般连续性性质来确定下列函数在何处是连续的:

(1) $f(x)=x^2-2x+1$; (2) $f(x)=\dfrac{x}{(x+2)(x-3)}$;

(3) $f(x)=\sqrt[3]{x^2-4}$；　　　(4) $f(x)=\sqrt{x-2}$。

解：

(1)因为 f 是多项式函数，所以对于所有的 x 函数 f 均连续；

(2)因为 f 是有理函数，所以除了 $x=-2$，$x=3$ 时 f 均连续；

(3)多项式函数 x^2-4 对所有 x 均连续，且 $n=3$ 是奇数，所以对于所有的 x 函数 f 均连续；

(4)因为多项式函数 $x-2$ 对所有 x 均连续，且 $x\geqslant 2$ 时非负，而 $n=2$ 是偶数，所以 $x\geqslant 2$ 时 f 连续，即 f 的连续区间为 $[2,\infty)$。

例 2-4　求解不等式 $\frac{x+1}{x-2}>0$。

解：先取不等式的左边构成函数 $f(x)=\frac{x+1}{x-2}$。

有理函数 f 在 $x=2$ 处不连续，且 $x=-1$ 时 $f(x)=0$，因此 $x=2$ 和 $x=-1$ 不满足不等式，在实数轴上标出点 $x=2$ 和 $x=-1$，称这 2 点为分割点。这 2 个分割点把实数轴分成 3 个区间，即 $(-\infty,-1)$，$(-1,2)$ 和 $(2,+\infty)$，函数 f 在这 3 个区间内是连续并且非零的。从定理 2 可以知道 $f(x)$ 在其中任一个区间内均不会改变符号，因此可以在 3 个区间中各选择测试数并求解 x 取测试数时 $f(x)$ 的值，从而可以确定 $f(x)$ 在该区间内的符号。选择的测试数是 -2，0 和 3，并算出对应的 $f(x)$ 的值及确定其符号，如表 1-1 所示。

因为 $f(x)$ 取测试数时的符号和取该测试数所在区间的任何值时的符号一样，根据这个信息，作出 $f(x)$ 的符号图如图 1-10 所示。

表 1-1

x	$f(x)$
-2	$\frac{1}{4}$ (+)
0	$-\frac{1}{2}$ (−)
3	4 (+)

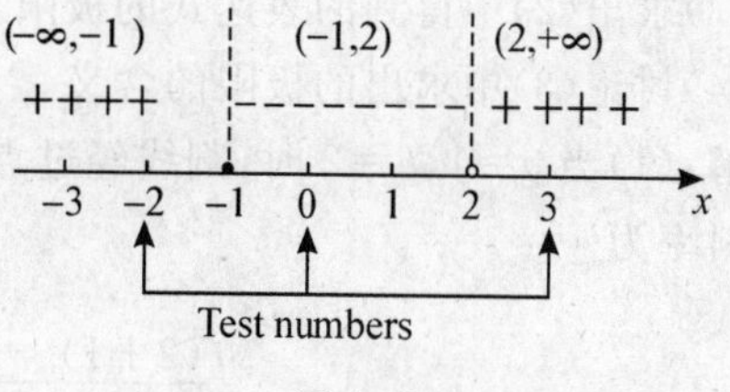

图 1-10

根据符号图，可以写出已知不等式的答案：

$f(x)>0$ 的解为：$x<-1$ 或 $x>2$　　　不等式表示法

$(-\infty,-1)\cup(2,+\infty)$　　　区间表示法

3. 导数

例 3-1　销售塑料播种筒 x 的收入（单位是美元）函数是 $R(x)=20x-0.02x^2$，$0\leqslant x\leqslant 1\,000$，如图 1-11 所示。

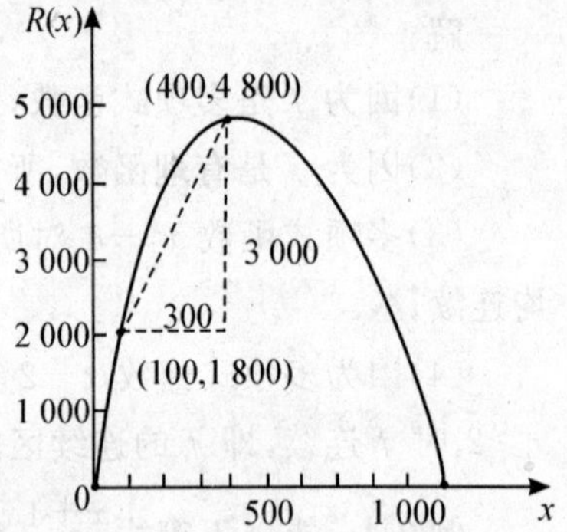

图 1-11

(1)如果塑料播种筒的生产量从 100 增加到 400，那么收入的变化是多少？

(2)该生产量的变化所引起的收入的平均变化是多少？

解：

$$(1)R(400)-R(100)=20(400)-0.02(400)^2-[20(100)-0.02(100)^2]=4\,800-1\,800=3\,000\text{(美元)}。$$

塑料播种筒的生产量从 100 增加到 400，收入会增加 3 000 美元。

(2)为了求得收入的平均变化，用收入的变化量来除以塑料播种筒生产量的变化量，即

$$\frac{R(400)-R(100)}{400-100}=\frac{3\,000}{300}=10\text{(美元)}$$

因此，当生产量从 100 增加到 400 时，收入的平均变化是 10 美元。

例 3-2　已知函数 $f(x)=x^2$。

(1)当 $a=1$，h 分别为 2 和 1 时，求解这 2 条割线的斜率，并且画出 $y=f(x)$ 及这 2 条割线的图。

(2)求解并简化 $a=1$，h 为任何非零数时割线的斜率。

(3)求出(2)中得到的表达式的极限。

(4)讨论(3)中求出的极限的含义。

解：(1)当 $a=1$，$h=2$ 时，割线经过点 $(1,f(1))=(1,1)$ 和 $(3,f(3))=(3,9)$，所以它的斜率为

$$\frac{f(2+1)-f(1)}{2}=\frac{3^2-1^2}{2}=4$$

当 $a=1$，$h=1$ 时，割线经过点 $(1,f(1))=(1,1)$ 和 $(2,f(2))=(2,4)$，所以它的斜率为

$$\frac{f(1+1)-f(1)}{1}=\frac{2^2-1^2}{1}=3$$

函数 $y=f(x)$ 和 2 条割线如图 1-12 所示。

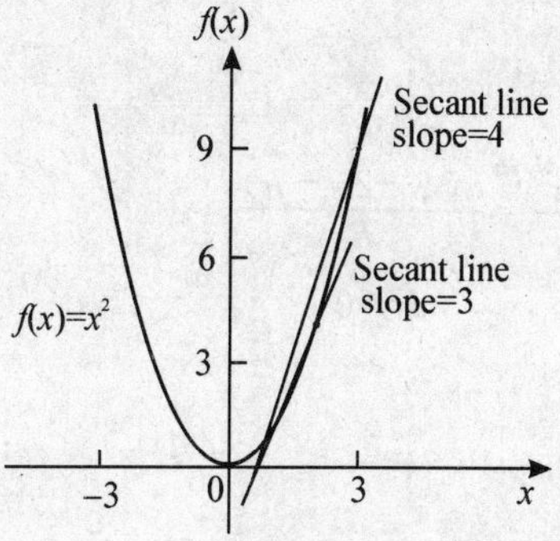

图 1-12

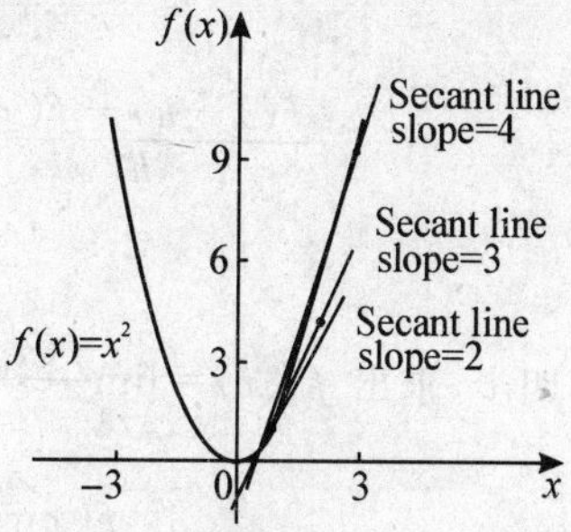

图 1-13

(2)当 $a=1,h$ 为任何非零数时,割线经过点 $(1,f(1))=(1,1)$ 和 $(1+h,f(1+h))=(1+h,(1+h)^2)$,所以它的斜率为

$$\begin{aligned}\frac{f(1+h)-f(h)}{h}&=\frac{(1+h)^2-1^2}{h}\\&=\frac{1+2h+h^2-1}{h}\\&=\frac{h(2+h)}{h}\\&=2+h \qquad h\neq 0\end{aligned}$$

(3)极限为 $\lim\limits_{h\to 0}\frac{f(1+h)-f(h)}{h}=\lim\limits_{h\to 0}(2+h)=2$。

(4)在(3)中可以看到,经过点 $(1,f(1))$ 的割线的斜率的极限是 2。在坐标轴上画出将经过点 $(1,f(1))$ 且斜率为 2 的直线如图 1-13 所示。

可见这条线就是这些割线的极限,即经过点 $(1,f(1))$ 斜率为 2 的切线。

例 3-3 $f(x)=4x-x^2$,求 $f'(x)$。

解:用四步法来求解该极限。

第一步,求出 $f(x+h)$。

$$\begin{aligned}f(x+h)&=4(x+h)-(x+h)^2\\&=4x+4h-x^2-2xh-h^2\end{aligned}$$

第二步，求出 $f(x+h)-f(x)$。

$$f(x+h)-f(x)=4x+4h-x^2-2xh-h^2-(4x-x^2)$$
$$=4h-2xh-h^2$$

第三步，求出$\frac{f(x+h)-f(x)}{h}$。

$$\frac{f(x+h)-f(x)}{h}=\frac{4h-2xh-h^2}{h}=\frac{h(4-2x-h)}{h}$$
$$=4-2x-h \qquad h\neq 0$$

第四步，求出 $f'(x)=\lim\limits_{h\to 0}\frac{f(x+h)-f(x)}{h}$。

$$f'(x)=\lim_{h\to 0}\frac{f(x+h)-f(x)}{h}=\lim_{h\to 0}(4-2x-h)=4-2x$$

因此，$f(x)=4x-x^2$ 的导数 $f'(x)=4-2x$，f' 是从 f 得出的一个新函数。

例 3-4 $f(x)=\sqrt{x}+2$，求导数 $f'(x)$。

解：用四步法。

第一步，求出 $f(x+h)$。

$$f(x+h)=\sqrt{x+h}+2$$

第二步，求出 $f(x+h)-f(x)$。

$$f(x+h)-f(x)=\sqrt{x+h}+2-(\sqrt{x}+2)=\sqrt{x+h}-\sqrt{x}$$

第三步，求出$\frac{f(x+h)-f(x)}{h}$。

$$\frac{f(x+h)-f(x)}{h}=\frac{\sqrt{x+h}-\sqrt{x}}{h}\cdot\frac{\sqrt{x+h}+\sqrt{x}}{\sqrt{x+h}+\sqrt{x}} \qquad \text{进行分子有理化}$$
$$=\frac{x+h-x}{h(\sqrt{x+h}+\sqrt{x})}$$
$$=\frac{h}{h(\sqrt{x+h}+\sqrt{x})}$$
$$=\frac{1}{\sqrt{x+h}+\sqrt{x}} \qquad h\neq 0$$

第四步，求出 $f'(x)=\lim\limits_{h\to 0}\frac{f(x+h)-f(x)}{h}$。

$$\lim_{h\to 0}\frac{f(x+h)-f(x)}{h}=\lim_{h\to 0}\frac{1}{\sqrt{x+h}+\sqrt{x}}$$

$$=\frac{1}{\sqrt{x}+\sqrt{x}}=\frac{1}{2\sqrt{x}}\qquad x>0$$

因此，$f(x)=\sqrt{x}+2$ 的导数是 $f'(x)=1/(2\sqrt{x})$，f 的定义域是$[0,\infty)$，因为$f'(0)$没有定义，所以 f' 的定义域是$(0,\infty)$，是 f 的定义域的一个子集。

4. 幂法则和基本的求导公式

例 4-1 求常数函数的导数：

(1) $f(x)=3$，那么 $f'(x)=0$； (2) $y=-1.4$，那么 $y'=0$；

(3) $y=\pi$，那么$\frac{dy}{dx}=0$； (4) $\frac{d}{dx}23=0$。

例 4-2 求幂函数的导数：

(1) $f(x)=x^5$，那么 $f'(x)=5x^{5-1}=5x^4$；

(2) $y=x^{25}$，那么 $y'=25x^{25-1}=25x^{24}$；

(3) $y=t^{-3}$，那么$\frac{dy}{dt}=-3t^{-3-1}=-3t^{-4}=-\frac{3}{t^4}$；

(4) $\frac{d}{dx}x^{5/3}=\frac{5}{3}x^{(5/3)-1}=\frac{5}{3}x^{2/3}$。

例 4-3 求幂函数的导数：

(1)如果 $f(x)=1/x^4$，可以改写成 $f(x)=x^{-4}$，那么导数

$$f'(x)=-4x^{-4-1}=-4x^{-5}\text{或者}-\frac{4}{x^5}$$

(2) $y=\sqrt{u}$，可以改写成 $y=u^{\frac{1}{2}}$，导数 $y'=\frac{1}{2}u^{(1/2-1)}=\frac{1}{2}u^{-1/2}$ 或者$\frac{1}{2\sqrt{u}}$；

(3) $\frac{d}{dx}\frac{1}{\sqrt[3]{x}}=\frac{d}{dx}x^{-1/3}=-\frac{1}{3}x^{(-1/3)-1}=-\frac{1}{3}x^{-4/3}$或者$-\frac{1}{3\sqrt[3]{x^4}}$。

例 4-4 求解常数与函数乘积的导数：

(1) $f(x)=3x^2$，那么 $f'(x)=3\cdot 2x^{2-1}=6x$；

(2) $y=\frac{t^3}{6}=\frac{1}{6}t^3$，那么$\frac{dy}{dt}=\frac{1}{6}\cdot 3t^{3-1}=\frac{1}{2}t^2$；

(3) $y=\frac{1}{2x^4}=\frac{1}{2}x^{-4}$，那么 $y'=\frac{1}{2}(-4x^{-4-1})=-2x^{-5}$或者$-\frac{2}{x^5}$；

(4) $\frac{\mathrm{d}}{\mathrm{d}x}\frac{0.4}{\sqrt{x^3}}=\frac{\mathrm{d}}{\mathrm{d}x}\frac{0.4}{x^{3/2}}=\frac{\mathrm{d}y}{\mathrm{d}x}0.4x^{-3/2}=0.4\left[-\frac{3}{2}x^{(-3/2)-1}\right]=-0.6x^{-5/2}$ 或者 $-\frac{0.6}{\sqrt{x^5}}$。

例 4-5 求解函数的和、差的导数：

(1) $f(x)=3x^2+2x$，那么 $f'(x)=(3x^2)'+(2x)'=3(2x)+2(1)=6x+2$；

(2) $y=4+2x^3-3x^{-1}$，那么 $y'=(4)'+(2x^3)'-(3x^{-1})'=0+2(3x^2)-3(-1)x^{-2}=6x^2+3x^{-2}$；

(3) $y=\sqrt[3]{w}-3w$，那么 $\frac{\mathrm{d}y}{\mathrm{d}w}=\frac{\mathrm{d}}{\mathrm{d}w}w^{1/3}-\frac{\mathrm{d}}{\mathrm{d}w}3w=\frac{1}{3}w^{-2/3}-3=\frac{1}{3w^{2/3}}=6x^2+3x^{-2}$；

(4) $\frac{\mathrm{d}}{\mathrm{d}x}\left(\frac{5}{3x^2}-\frac{2}{x^4}+\frac{x^3}{9}\right)=\frac{\mathrm{d}}{\mathrm{d}x}\frac{5}{3}x^{-2}-\frac{\mathrm{d}}{\mathrm{d}x}2x^{-4}+\frac{\mathrm{d}}{\mathrm{d}x}\frac{1}{9}x^3=\frac{5}{3}(-2)x^{-3}-2(-4)x^{-5}+\frac{1}{9}\cdot 3x^2$

$$=-\frac{10}{3x^3}+\frac{8}{x^5}+\frac{1}{3}x^2。$$

例 4-6 已知一物体沿着 y 轴方向运动，它在时间 x 的位移(距离单位是 in，时间单位是 s)是 $f(x)=x^3-6x^2+9x$。

(1)求瞬时速度函数 v；

(2)求出 $x=2$ s 和 $x=5$ s 时的速度；

(3)求出何时物体的速度为 0。

解：(1) $v=f'(x)=(x^3)'-(6x^2)'+(9x)'=3x^2-12x+9$；

(2) $f'(2)=3(2)^2-12(2)+9=-3(\text{in/s})$，

$f'(5)=3(5)^2-12(5)+9=24(\text{in/s})$；

(3) $v=f'(x)=3x^2-12x+9=0$，

$3(x^2-4x+3)=0$，

$3(x-1)(x-3)=0$，

$x=1,3$。

因此，$x=1$ s 和 $x=3$ s 时，速度 $v=0$。

例 4-7 $f(x)=x^4-6x^2+10$，求：

(1) $f'(x)$；

(2)求 $x=1$ 时的切线方程；

(3)求 x 的值使得切线为水平线(即斜率为 0)。

解：

(1) $f'(x)=(x^4)'-(6x^2)'+(10)'=4x^3-12x$；

(2) $y-y_1=m(x-x_1)$，$y_1=f(x_1)=f(1)=(1)^4-6(1)^2+10=5$，$x_1=1$

$y-5=-8(x-1)$，$m=f'(x_1)=f'(1)=4(1)^3-12(1)=-8$

$y=-8x+13$ 为 $x=1$ 时的切线方程；

(3)水平线的斜率为 0,先求解 $f'(x)=0$ 时 x 的值:

$$f'(x)=4x^3-12x=0$$
$$4x(x^2-3)=0$$
$$4x(x+\sqrt{3})(x-\sqrt{3})=0$$

$x=0,-\sqrt{3}$和$\sqrt{3}$,因此,$x=0,-\sqrt{3}$和$\sqrt{3}$时切线是水平线。

5. 函数的积、商的导数

例 5-1 $f(x)=2x^2(3x^4-2)$,用 2 种方法求解 $f'(x)$。

解一:利用本节定理 1 的法则:

$$\begin{aligned}f'(x)&=2x^2(3x^4-2)'+(3x^4-2)(2x^2)'\\&=2x^2(12x^3)+(3x^4-2)(4x)\\&=24x^5+12x^5-8x\\&=36x^5-8x\end{aligned}$$

解二:先求出乘积,再求导数:

$$f(x)=2x^2(3x^4-2)=6x^6-4x^2$$
$$f'(x)=36x^5-8x$$

例 5-2 $f(x)=(2x-9)(x^2+6)$,求:

(1)求在 $x=3$ 时与函数 $f(x)$的图相切的切线方程;

(2)当切线为水平线时求 x 的值。

解:

(1)首先求 $f'(x)$:

$$\begin{aligned}f'(x)&=(2x-9)(x^2+6)'+(x^2+6)(2x-9)'\\&=(2x-9)(2x)+(x^2+6)(2)\end{aligned}$$

然后求 $f(3)$和 $f'(3)$:

$$f(3)=-45$$
$$f'(3)=12$$

最后求解 $x=3$ 时的切线方程:

$$y-y_1=m(x-x_1) \qquad y_1=f(x_1)=f(3)=-45$$
$$y-(-45)=12(x-3) \qquad m=f'(x_1)=f'(3)=12$$
$$y=12x-81 \qquad x=3\text{ 时的切线方程}$$

(2)切线水平即切线的斜率为 0,即 $f'(x)=0$,所以

$$f'(x)=(2x-9)2x+(x^2+6)2=0$$
$$6x^2-18x+12=0$$
$$x^2-3x+2=0$$
$$(x-1)(x-2)=0$$
$$x=1,2$$

$x=1$ 和 $x=2$ 时切线为水平线。

例 5-3 求解函数的商的导数:

(1) $f(x)=\dfrac{x^2}{2x-1}$,求 $f'(x)$; (2) $y=\dfrac{t^2-t}{t^3+1}$,求 y';

(3)分别用函数商的导数性质和把一个分式拆分成 2 个分式的方法来求解 $\dfrac{\mathrm{d}}{\mathrm{d}x}\dfrac{x^2-3}{x^2}$。

解:

(1) $$f'(x)=\frac{(2x-1)(x^2)'-x^2(2x-1)'}{(2x-1)^2}=\frac{(2x-1)(2x)-x^2(2)}{(2x-1)^2}$$
$$=\frac{4x^2-2x-2x^2}{(2x-1)^2}=\frac{2x^2-2x}{(2x-1)^2}$$

(2) $$y'=\frac{(t^3+1)(t^2-t)'-(t^2-t)(t^3+1)'}{(t^3+1)^2}=\frac{(t^3+1)(2t-1)-(t^2-t)(3t^2)}{(t^3+1)^2}$$
$$=\frac{2t^4-t^3+2t-1-3t^4+3t^3}{(t^3+1)^2}=\frac{-t^4+2t^3+2t-1}{(t^3+1)^2}$$

(3)解一:

$$\frac{\mathrm{d}}{\mathrm{d}x}\frac{x^2-3}{x^2}=\frac{x^2\dfrac{\mathrm{d}}{\mathrm{d}x}(x^2-3)-(x^2-3)\dfrac{\mathrm{d}}{\mathrm{d}x}x^2}{(x^2)^3}=\frac{x^2(2x)-(x^2-3)2x}{x^4}$$
$$=\frac{2x^3-2x^3+6x}{x^4}=\frac{6}{x^3}$$

解二:

$$\frac{x^2-3}{x^2}=\frac{x^2}{x^2}-\frac{3}{x^2}=1-3x^{-2}$$

$$\frac{\mathrm{d}}{\mathrm{d}x}(1-3x^{-2})=0-3(-2)x^{-3}=\frac{6}{x^3}$$

比较 2 种方法可以知道，在用求导公式前经常要先将代数表达式做一些简化，以便于求解。

例 5-4 一种新的家庭影像游戏在投入市场进行销售 t 个月后，总销售量为 S，且 S 和 t 有如下关系：$S(t)=\dfrac{125t^2}{t^2+100}$。求：

(1)$S'(t)$；

(2)$S(10)$和 $S'(10)$，对求出的结果作简要解释；

(3)用(2)的结果来预测 11 个月后的总销售量。

解：

$$(1)S'(t)=\frac{(t^2+100)(125t^2)'-125t^2(t^2+100)'}{(t^2+100)^2}$$

$$=\frac{(t^2+100)(250t)-125t^2(2t)}{(t^2+100)^2}$$

$$=\frac{250t^3+25\,000t-250t^3}{(t^2+100)^2}$$

$$=\frac{25\,000t}{(t^2+100)^2}。$$

$$(2)S(10)=\frac{125(10)^2}{10^2+100}=62.5，S'(10)=\frac{25\,000(10)}{(10^2+100)^2}=6.25。$$

10 个月后的总销售量是 62 500 个游戏，销售量以每个月 6 250 个游戏的增长率增长。

(3)下一个月总销售量会增长约 6 250 个游戏，因此预测 11 个月后的总的销售量为 62 500＋6 250＝68 750 个游戏。

6. 一般幂法则（链式法则）

例 6-1 用一般幂法则求解导数：

(1)$f(x)=(3x+1)^4$，求 $f'(x)$；　　(2)$y=(x^3+4)^7$，求 y'；

(3)$\dfrac{\mathrm{d}}{\mathrm{d}t}\dfrac{1}{(t^2+t+4)^3}$；　　(4)$h(w)=\sqrt{3-w}$，求$\dfrac{\mathrm{d}h}{\mathrm{d}w}$。

解：

(1)$f(x)=(3x+1)^4$　　设 $u=3x+1,n=4$

$f'(x)=4(3x+1)^3(3x+1)'$　　$nu^{n-1}\dfrac{\mathrm{d}u}{\mathrm{d}x}$

$=4(3x+1)^3 3$

$=12(3x+1)^3$；　　$\dfrac{\mathrm{d}u}{\mathrm{d}x}=3$

(2) $y=(x^3+4)^7$ 设 $u=x^3+4, n=7$

$$y'=7(x^3+4)^6(x^3+4)' \qquad nu^{n-1}\frac{du}{dx}$$

$$=7(x^3+4)^6 3x^2$$

$$=21x^2(x^3+4)^6 \qquad \frac{du}{dx}=3x^2$$

(3) $\frac{d}{dt}\frac{1}{(t^2+t+4)^3}$

$$=\frac{d}{dt}(t^2+t+4)^{-3} \qquad 设\ u=t^2+t+4, n=-3$$

$$=-3(t^2+t+4)^{-4}(t^2+t+4)' \qquad nu^{n-1}\frac{du}{dt}$$

$$=-3(t^2+t+4)^{-4}(2t+1) \qquad \frac{du}{dt}=2t+1$$

$$=\frac{-3(2t+1)}{(t^2+t+4)^4}$$

(4) $h(w)=\sqrt{3-w}=(3-w)^{1/2}$ 设 $u=3-w, n=\frac{1}{2}$

$$\frac{dh}{dw}=\frac{1}{2}(3-w)^{1/2}(3-w)' \qquad nu^{n-1}\frac{du}{dw}$$

$$=\frac{1}{2}(3-w)^{1/2}(-1) \qquad \frac{du}{dw}=-1$$

$$=-\frac{1}{2(3-w)^{1/2}}或者-\frac{1}{\sqrt{3-w}}。$$

例 6-2 函数 $f(x)=x^2\sqrt{2x+12}$，求与函数 $f(x)$ 在 $x=2$ 处相切的切线的方程。

解：

$$f(x)=x^2\sqrt{2x+12}=x^2(2x+12)^{1/2}$$

运用导数的积法则，有

$$f'(x)=x^2\frac{d}{dx}(2x+12)^{1/2}+(2x+12)^{1/2}\frac{d}{dx}x^2$$

$$=x^2\left[\frac{1}{2}(2x+12)^{-1/2}\right](2)+(2x+12)^{1/2}(2x)$$

$$=\frac{x^2}{\sqrt{2x+12}}+2x\sqrt{2x+12}$$

分别运用了一般幂法则来求解$(2x+12)^{1/2}$的导数和基本幂法则来求导 x^2。

$$f'(2)=\frac{4}{\sqrt{16}}+4\sqrt{16}=1+16=17$$

$f(2)=4\sqrt{16}=16$

$(x_1,y_1)=(2,f(2))=(2,16)$ 点的坐标

$m=f'(2)=17$ 斜率

$y-16=17(x-2)$ $y-y_1=m(x-x_1)$

$y=17x-18$ 为函数 $f(x)$ 在 $x=z$ 处的切线的方程

例 6-3 $f(x)=\dfrac{x^3}{(2-3x)^5}$，把 $f(x)$ 写成 2 个函数的乘积形式，再求导。

解：

$$f(x)=\frac{x^3}{(2-3x)^5}=x^3(2-3x)^{-5}$$

$$\begin{aligned}f'(x)&=x^3\frac{\mathrm{d}}{\mathrm{d}x}(2-3x)^{-5}+(2-3x)^{-5}\frac{\mathrm{d}}{\mathrm{d}x}x^3\\&=x^3(-5)(2-3x)^{-6}(-3)+(2-3x)^{-5}3x^2\\&=15x^3(2-3x)^{-6}+3x^2(2-3x)^{-5}\end{aligned}$$

到这一步，得到的是没有简化的 $f'(x)$，要求解方程 $f'(x)=0$，必须对这结果进行代数简化：

$$\begin{aligned}f'(x)&=\frac{15x^3}{(2-3x)^6}+\frac{3x^2}{(2-3x)^5}=\frac{15x^3}{(2-3x)^6}+\frac{3x^2(2-3x)}{(2-3x)^6}\\&=\frac{15x^3+3x^2(2-3x)}{(2-3x)^6}=\frac{3x^2(5x+2-3x)}{(2-3x)^6}\\&=\frac{3x^2(2x+2)}{(2-3x)^6}=\frac{6x^2(1+x)}{(2-3x)^6}\end{aligned}$$

例 6-4 $f(x)=\dfrac{4}{(x^2+9)^3}$，用 2 种方法求 $f'(x)$。

解一：用函数的商的求导法则：

$$\begin{aligned}f'(x)&=\frac{(x^2+9)^3\dfrac{\mathrm{d}}{\mathrm{d}x}4-4\dfrac{\mathrm{d}}{\mathrm{d}x}(x^2+9)^3}{[(x^2+9)^3]^2}\\&=\frac{(x^2+9)^3(0)-4[3(x^2+9)^3(2x)]}{(x^2+9)^6}\\&=\frac{-24x(x^2+9)^2}{(x^2+9)^6}=\frac{-24x}{(x^2+9)^4}\end{aligned}$$

解二：把函数写乘积的形式，再用一般幂法则求解

$$f(x)=\frac{4}{(x^2+9)^3}=4(x^2+9)^{-3}$$

$$f'(x)=4(-3)(x^2+9)^{-4}(2x)=\frac{-24x}{(x^2+9)^4}$$

这 2 种方法，你更喜欢更习惯哪个呢？

7. 商业和经济学边际分析

例 7-1 一家生产汽车用油箱的厂家，每周生产 x 件产品所需的总成本为 $C(x)$，且 $C(x)=10\,000+90x-0.05x^2$，求：

(1)边际成本函数；

(2)每周生产 500 件产品的情况下的边际成本，并对结果作出解释；

(3)生产第 501 件产品所需的精确成本。

解：

(1) $$C'(x)=90-0.1x$$

(2) $$C'(500)=90-0.1(500)=40(\text{美元})$$

在每周生产 500 件产品的情况下，总的生产成本以 40 美元/件的增长率增长。

(3)
$$C(501)=10\,000+90(501)-0.05(501)^2$$
$$=42\,539.95(\text{美元})\qquad \text{每周生产 501 件产品所需总成本}$$
$$C(500)=10\,000+90(500)-0.05(500)^2$$
$$=42\,500.00(\text{美元})\qquad \text{每周生产 500 件产品所需总成本}$$
$$C(501)-C(500)=42\,539.95-42\,500.00$$
$$=39.95(\text{美元})$$

生产第 501 件产品所需的精确成本。

例 7-2 成本分析：一个生产用于石油工业的钻头的机械工厂，厂长预计一天生产 x 个钻头所需的总成本是 $C(x)$，且 $C(x)=1\,000+25x-0.1x^2$，求：

(1) $\overline{C}(x)$ 和 $\overline{C}'(x)$；

(2) $\overline{C}(10)$ 和 $\overline{C}'(10)$，并解释；

(3)在生产水平为一天生产 11 个钻头的情况下，用(2)中的结果来预测生产下一个钻头的平均成本。

解：

(1)
$$\overline{C}(x)=\frac{C(x)}{x}=\frac{1\,000+25x-0.1x^2}{x}$$
$$=\frac{1\,000}{x}+25-0.1x\qquad \text{平均成本函数}$$

$$\overline{C}'(x)=\frac{d}{dx}\overline{C}(x)=-\frac{1\,000}{x^2}-0.1 \quad \text{边际平均成本函数}$$

(2)
$$\overline{C}(10)=\frac{1\,000}{10}+25-0.1(10)=124\ (\text{美元})$$

$$\overline{C}'(10)=-\frac{1\,000}{10^2}-0.1=-10.10\ (\text{美元})$$

在生产水平为一天生产 10 个钻头的情况下，生产一个钻头的平均成本是 124 美元，并且这个成本以 10.10 美元/个的速率递减；

(3)由(2)可以知道如果生产量增加一件，则生产一个钻头的平均成本会减少约 10.10 美元，因此，在生产水平为一天生产 11 个钻头的情况下生产一个钻头的平均成本大约为 124 美元−10.10 美元=113.90 美元。

三、自测题及答案

自测题

1. If $\lim\limits_{x\to 1} f(x)=2$ and $\lim\limits_{x\to 1} g(x)=4$, find:

(A) $\lim\limits_{x\to 1}[5f(x)+3g(x)]$;　(B) $\lim\limits_{x\to 1}[f(x)g(x)]$;

(C) $\lim\limits_{x\to 1}\frac{g(x)}{f(x)}$;　(D) $\lim\limits_{x\to 1}[5+2x-3g(x)]$.

2. Use the grapgh of f shown below to estimate the indicated limits and function values.

(A) $\lim\limits_{x\to 1^-} f(x)$;　(B) $\lim\limits_{x\to 1^+} f(x)$;　(C) $\lim\limits_{x\to 1} f(x)$;　(D) $f(1)$.

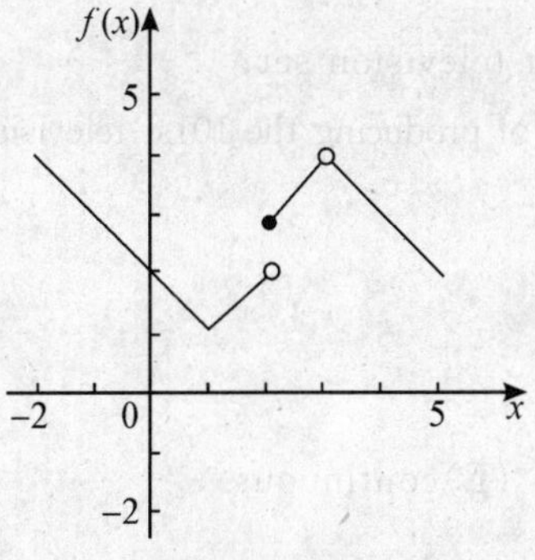

Figure for problem 2

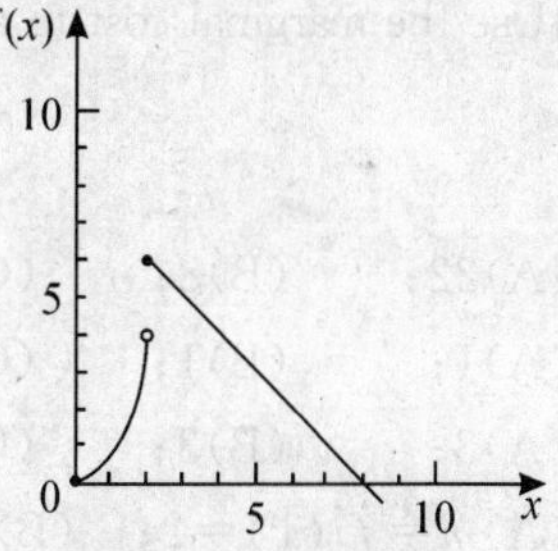

Figure for problem 3

3. $f(x)=\begin{cases} x^2 & 0\leqslant x<2 \\ 8-x & x\geqslant 2 \end{cases}$, the figure as below:

find: (A) $\lim\limits_{x\to 5^-} f(x)$; (B) $\lim\limits_{x\to 5^+} f(x)$; (C) $\lim\limits_{x\to 5} f(x)$;

(D) $f(5)$; (E) is f continuous at $x=5$.

4. For $y=f(x)=x^2+4$, find:

(A) The slope of the graph at $x=1$;

(B) The equation of the tangent line at $x=1$ in the form $y=mx+b$.

5. Find the value of x where the tangent line is horizontal for the finction $f(x)=(x+3)(x^2-45)$.

6. Determine where $f(x)=\dfrac{x+4}{x^2+3x-4}$ is continuous. Express the answer in interval notation.

7. $f(x)=\dfrac{x^2-x-2}{x^2-7x+10}$, find: (A) $\lim\limits_{x\to -1} f(x)$; (B) $\lim\limits_{x\to 2} f(x)$; (C) $\lim\limits_{x\to 5} f(x)$.

8. $f(x)=\dfrac{x^5}{(2x+1)^4}$, find $f'(x)$ and simplify.

9. Let $f(x)=1-|x-1|\ (0\leqslant x\leqslant 2)$, see the figure, find:

(A) $\lim\limits_{x\to 0^-}\dfrac{f(1+h)-f(1)}{h}$; (B) $\lim\limits_{x\to 0^+}\dfrac{f(1+h)-f(1)}{h}$;

(C) $\lim\limits_{x\to 0}\dfrac{f(1+h)-f(1)}{h}$; (D) Does $f'(1)$ exist?

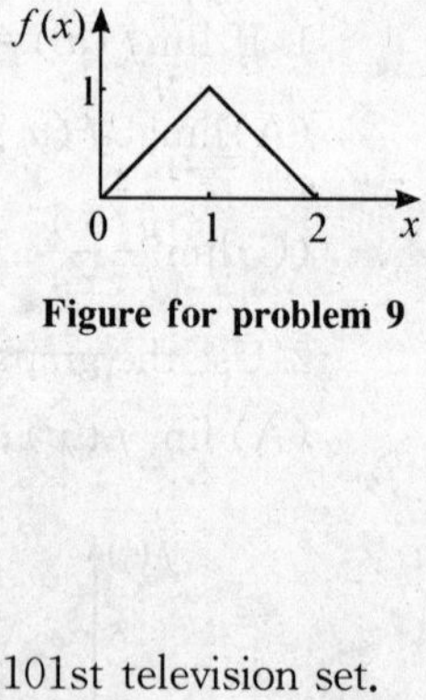

Figure for problem 9

10. Cost analysis. The total cost (in dollars) of producing x television sets is

$$C(x)=10\,000+200x-0.1x^2$$

(A) Find the exact cost of producing the 101st television set;

(B) Use the marginal cost to approximate the cost of producing the 101st television set.

答案

1. (A) 22; (B) 8; (C) 2; (D) -5.
2. (A) 1; (B) 1; (C) 1; (D) 1.
3. (A) 3; (B) 3; (C) 3; (D) 3; (E) continuous.
4. (A) $m=f'(1)=2$; (B) $y=2x+3$.
5. $x=-5$, $x=3$.

6. $(-\infty,-4)\cup(-4,1)\cup(1,\infty)$.

7. (A)0; (B)−1; (C)does not exist.

8. $\dfrac{(2x+1)^4(5x^4)-x^5(4)(2x+1)^3(2)}{(2x+1)^8}=\dfrac{x^4(2x+1)}{(2x+1)^5}$.

9. (A)1; (B)−1; (C)does not exist; (D)does not exist.

10. (A) $ 179 90; (B) $ 180.

建议: 这是一套基本要求的题目,希望读者能在 120 分钟内完成。

第二章　作函数简图的方法和优化

Graphing and Optimization

主要内容和概念

典型例题解析

自测题及答案

一、主要内容和概念

本章主要介绍利用一阶导数和二阶导数绘制多项式函数和有理函数的图、确定函数局部极大值、局部极小值以及绝对极大值、绝对极小值的方法。另外还将介绍如何确定函数图形的水平渐近线、垂直渐近线，以及最优化问题的求解和应用。

第一节　一阶导数和图形

First derivative and graphs

因为函数的导数与函数图形在某点的斜率相关，因此导数与函数图形的其他性质有密切的联系。在本节和下节内容中，函数的导数会揭示很多函数图形的重要信息。除此之外，函数的导数还提供了一些在不作函数图的情况下确定函数的绝对最大值和绝对最小值的方法。利用这些方法制造企业可以确定最小化成本和最大化利润的生产计划，药理学家也可以根据这些方法来进行配药，使得药物有最大的安全性。

1. 增函数和减函数(Increasing and decreasing functions)

函数的增减性是在一定的区间上来说的，同一个函数在一个区间是递增的，而在另一个区间可能是递减的。如果函数 $f(x)$ 在一个区间上随自变量 x 增大而增大，那么函数 $f(x)$ 在这个区间上是增函数，反之是减函数。因此，正确划分区间是研究函数增减性的基础。

定理1　在区间 (a,b) 内，函数 $f(x)$ 的一阶导数 $f'(x)$ 存在，且一阶导数值大于零，那么，函数 $f(x)$ 在区间 (a,b) 内是增函数，它的图形是上升的。如果一阶导数值小于零，那么，函数 $f(x)$ 在区间 (a,b) 内是减函数，它的图形是下降的(表2-1)。

表 2-1

$f'(x)$	$f(x)$	f 的图形	例子
+	递增	上升	
−	递减	下降	

定义 临界点

在 f 的定义域内使得 $f'(x)=0$ 或 $f'(x)$ 不存在的 x 值是 f 的临界点。

注意：f 的临界点总是在 f 的定义域内，并且也是 f' 的分隔数，但是 f' 的分隔数却不一定都是临界点。如果 f 是多项式，那么 f' 的分隔数和 f 的临界点都是 $f'(x)=0$ 的解。

2. 局部极值(Local extrema)

当一个连续函数的图形从升变为降的时候，会产生一个局部极大值点；当一个连续函数的图形从降变为升的时候，会产生一个局部极小值点。图 2-1 中极大值点出现在 c_3 和 c_6，极小值点出现在 c_2 和 c_4。通常，如果区间 (m,n) 内的 c 使得 $f(x)\leqslant f(c)$ 对于区间 (a,b) 内的所有 x 均满足，就把 $f(c)$ 称作局部极大值。

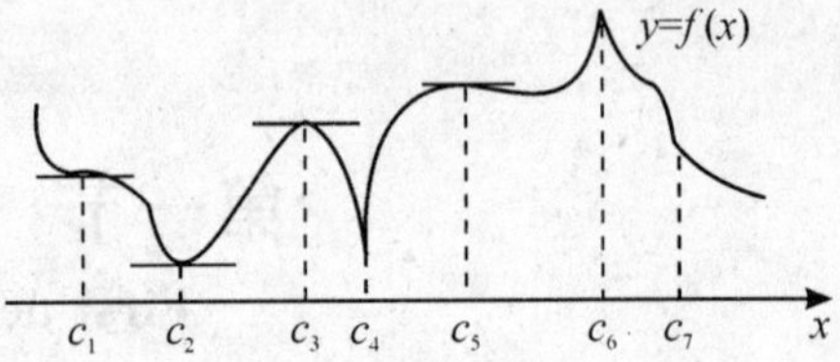

图 2-1

如果区间 (m,n) 内的 c 使得 $f(x)\geqslant f(c)$ 对于区间 (a,b) 内的所有 x 均满足，就把 $f(c)$ 称作局部极小值。

局部极大值和局部极小值统称为局部极值。函数图形上局部极值产生的点被称为转折点。因此图 2-1 中的 c_2,c_3,c_4,c_6 均是转折点，也要注意到 $f(c_3)$ 不是图形中的最大值点。在以后的章节中还会讨论求解图形中的最大值点和最小值点的问题，本节只讨论局部极值。

定理 2 局部极值的存在

如果 f 在区间 (a,b) 内是连续的，c 是 (a,b) 内的数，并且 $f(c)$ 是局部极值，那么 $f'(c)$ 有 2 种情况，即 $f'(c)=0$ 或 $f'(c)$ 不存在（没有定义）。

定理 2 说明局部极值只出现在临界点，但是那不代表每个临界值点都会产生局部极值。在图 2-1 中 c_1 和 c_5 是临界值点，但是函数在这 2 点没有产生局部极大值或局部极小值。

求解局部极值首先找出函数 f 的所有临界值点，并分别检验每个临界值点是否是局部极大值点、局部极小值点，或者均不是。

3. 利用一阶导数求解函数的局部极值(First-derivative test)

如果 $f'(x)$ 在临界点 c 的两边均存在，那么利用 $f'(x)$ 的符号能确定点 $(c,f(c))$ 是否是局部极值点。各种可能性如表 2-2 所示。

表 2-2

$f'(c)=0$：函数的图形有水平切线

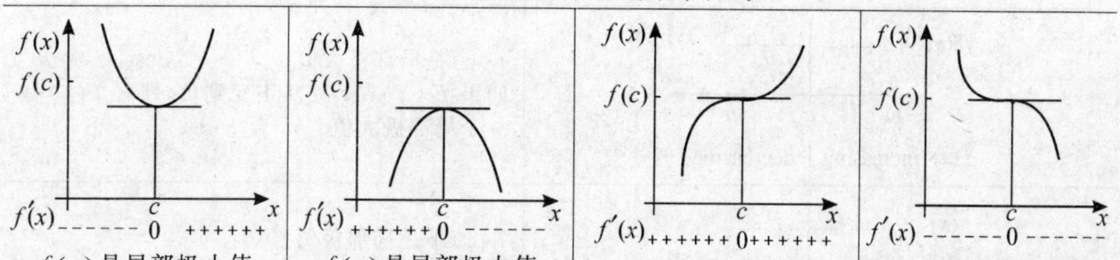

$f(c)$是局部极小值	$f(c)$是局部极大值	$f(c)$不是局部极值	$f(c)$不是局部极值

$f'(c)$没有定义，但是 $f(c)$有定义

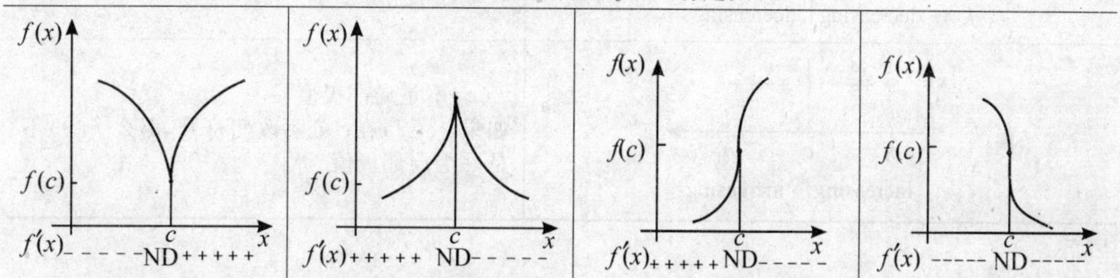

$f(c)$是局部极小值	$f(c)$是局部极大值	$f(c)$不是局部极值	$f(c)$不是局部极值

步骤 一阶导数法求解局部极值

假设 c 是 f 的临界点[$f(c)$有定义且 $f'(c)=0$ 或 $f'(c)$没有定义]，构建趋近于 c 并且在 c 的两边的 $f'(x)$的符号图。

定理 3 多项式函数与 x 轴的交点（截距）和局部极值：如果 $f(x)=a_nx^n+a_{n-1}x^{n-1}+\cdots+a_1x+a_0$，$a_n\neq 0$ 是一个 n 阶多项式，那么 f 最多有 n 个与 x 轴的交点和最多 $n-1$ 个局部极值。

定理 3 不保证每个 n 阶多项式都有 $n-1$ 个局部极值；它是说不可能超过 $n-1$ 个局部极值。

4. 经济领域的应用(Applications to economics)

除了为作图提供信息外，导数也是分析图形和讨论函数及其变化率之间相互影响的重要工具(表 2-3)，随后的例题会说明该方法在经济领域的应用。

表 2-3

符号图	$f(c)$
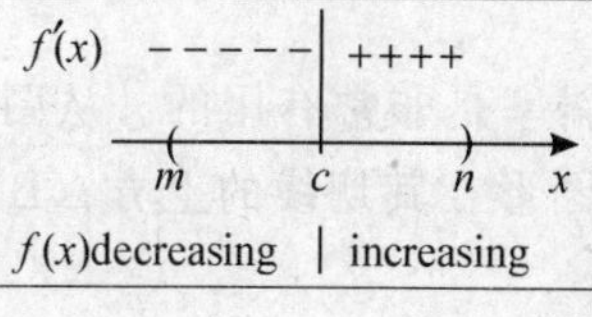	$f(c)$是局部极小值 如果 $f'(x)$在 c 处从负变到正，那么 $f(c)$是一个局部极小值

续表 2-3

符号图	$f(c)$
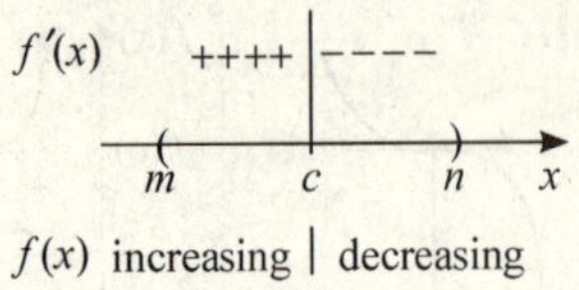	$f(c)$是局部极大值 如果 $f'(x)$在 c 处从正变到负，那么 $f(c)$是一个局部极大值
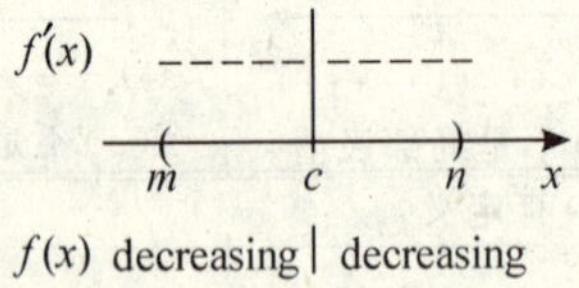	$f(c)$不是局部极值 如果 $f'(x)$在 c 处不改变符号，那么 $f(c)$不是一个局部极值
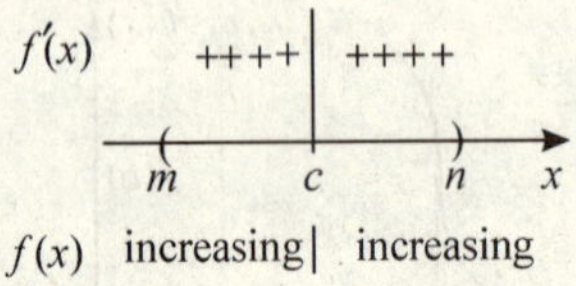	$f(c)$不是局部极值 如果 $f'(x)$在 c 处不改变符号，那么 $f(c)$不是一个局部极值

第二节　函数的二阶导数及在绘制函数图形中的应用

Second derivative and graphs

本节将介绍二阶导数(导数的导数)能提供哪些关于函数图形形状的信息。

1. 凸凹性(Concavity)

在区间 $(0,+\infty)$内有函数 $f(x)=x^2$，$g(x)=\sqrt{x}$，因为在区间 $(0,+\infty)$内 $f'(x)=2x>0$，$g'(x)=\dfrac{1}{2\sqrt{x}}>0$，所以这 2 个函数在区间 $(0,+\infty)$上均是递增的。

用术语“凹向上的”来描述开口向上的图形，用“凹向下的”来描述开口向下的图形。因此，图 2-2(A)中的图形是凹向上的，(B)中的图形是凹向下的。找到计算凹凸性的数学公式能够帮助画图和分析图形。

研究 f 和 g 在它们各自图形上的各个点处的斜率是非常有用的。从图 2-2 中可以观察到 2 点：在(A)中 $f'(x)$是递增的且 $f(x)$的图形在其切线的上方；(B)中 $g'(x)$是递减的且 $f(x)$的图形在其切线的下方。

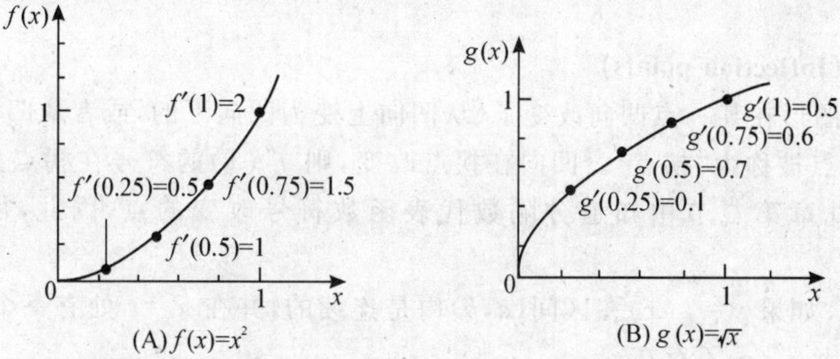

图 2-2

定义 如果 $f'(x)$ 在区间 (a,b) 内是递增的，那么函数 f 的图形在区间 (a,b) 内是凹向上的；如果 $f'(x)$ 在区间 (a,b) 内是递减的，那么函数 f 的图形在区间 (a,b) 内是凹向下的。

从几何学的角度来讲，如果在区间 (a,b) 内 f 的图形在其切线的上方，那么函数 f 的图形在区间 (a,b) 内是凹向上的；如果在区间 (a,b) 内 f 的图形在其切线的下方，那么函数 f 的图形在区间 (a,b) 内是凹向下的。

怎样确定 $f'(x)$ 是递增还是递减的呢？本章第一节中讲到用函数的导数来确定函数是递增还是递减的，因此，用 $f'(x)$ 的导数来确定 $f'(x)$ 是递增还是递减的，函数的导数的导数被称为函数的二阶导数。二阶导数的各种表示符号：

$y=f(x)$，假设它的二阶导数存在，则有 $f''(x)=\frac{d}{dx}f'(x)$。

其他二阶导数的表示符号有：$\frac{d^2y}{dx^2}$，y''。

总结 凹凸性

在区间 (a,b) 内，如果二阶导数 $f''(x)>0$，则 $f'(x)$ 是递增的且 f 的图形是凹向上的；如果二阶导数 $f''(x)<0$，则 $f'(x)$ 是递减的且 f 的图形是凹向下的（表 2-4）。

表 2-4

$f''(x)$	$f'(x)$	$y=f(x)$ 的图形	举例
+	递增	凹向上	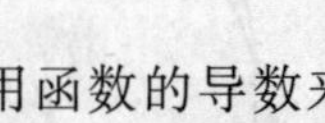
−	递减	凹向下	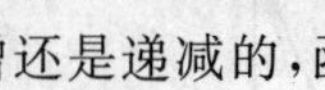

注意：不要把凹向与递增、递减搞混淆了，在某个区间内凹向上的图形可能是递增的，也可能是递减的，还可能包含递增和递减，凹向下的图形也有一样的

结论。

2. 拐点(Inflection points)

函数的图形在某一点凹向改变了(从凹向上变为凹向下的,或者从凹向下变为凹向上的),这点被称为“拐点”。凹向在拐点改变,则 $f''(x)$ 的符号在拐点处肯定也会改变,从第九章第二节中知道分隔数代表函数符号改变的点,因此,得到如下的定理:

定理 1 如果 $y=f(x)$ 在区间 (a,b) 内是连续的,并在 $x=c$ 处有一个拐点,则有 $f''(c)=0$ 或者 $f''(c)$ 不存在。

注意拐点只能在 f'' 的分隔数处产生,但不是所有的 f'' 的分隔数处都会产生拐点,分隔数处要产生拐点必须满足 2 个条件:

(1) $f''(x)$ 在 c 处改变符号;

(2) c 必须在 f 的定义域内。

图 2-3 列出了几种典型的情况。

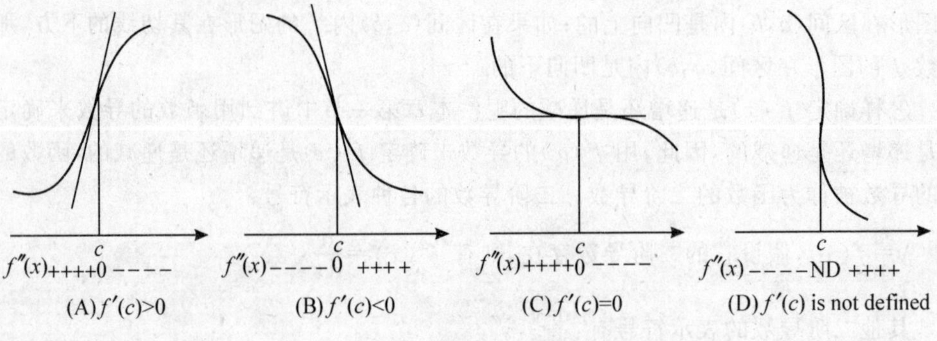

图 2-3

如果 $f'(c)$ 存在且 $f''(x)$ 在 c 处改变符号,那么经过拐点 $(c,f(c))$ 的切线在凹向上的一边曲线的下面,在凹向下的一边曲线的上面。

3. 分析图形(Analyzing graphs)

下面的例子当中,把递增递减性质和凹向性质结合起来分析函数的图形。

例: 图 2-4 为函数 f 的导数的图形,根据这个图形来探讨 f 的图形,并画出 f 可能的图形。

解: 导数的符号决定原函数是递增还是递减,导数的递增/递减属性决定原函数的凹度,从 f' 的图形获得的相关信息总结如表 2-5 所示,f 可能的图形如图 2-5 所示。

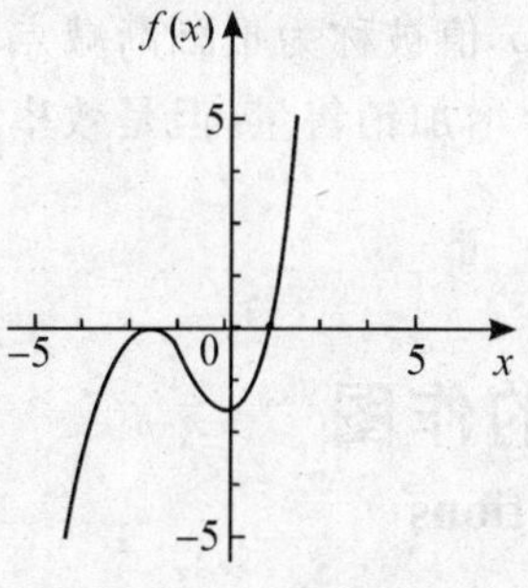

图 2-4

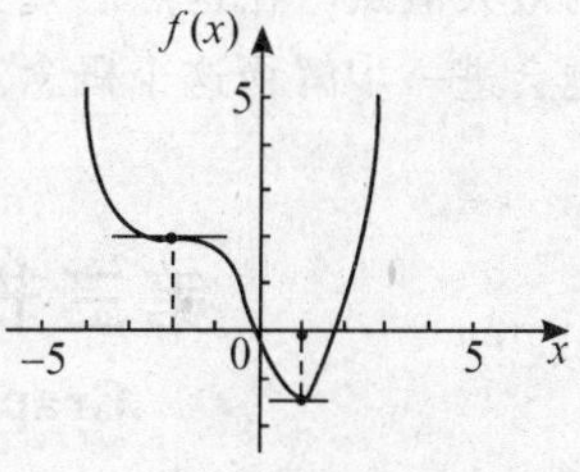

图 2-5

表 2-5

x	$f'(x)$	$f(x)$
$-\infty<x<-2$	负数且递增	递减且凹向上的
$x=-2$	局部极大值	拐点
$-2<x<0$	负数且递减	递减且凹向下的
$x=0$	局部极小值	拐点
$0<x<1$	负数且递增	递减且凹向上的
$x=1$	x 向截距	局部极小值
$1<x<+\infty$	正数且递增	递增且凹向上的

4. 用图形方法来求解多项式函数(A graphing strategy for polynomial functions)

如果 $y=f(x)$是多项式函数，那么对于任何实数 x 均有 $f(x)$，$f'(x)$，$f''(x)$存在。实际上，$f(x)$的临界点，$f'(x)$的分隔数和 $f'(x)=0$ 的解都涉及到一系列相同的 x 值。类似地，有可能是拐点的点，$f''(x)$的分隔数和 $f''(x)=0$ 的解也涉及一系列相同的 x 值。有了这些关系，把用图形方法求解多项式总结如下：

步骤　图形方法求解多项式函数 $y=f(x)$

第一步，分析 $f(x)$，找到截距，如果截距存在，则 x 轴上的截距是 $f(x)=0$ 的解，y 轴上的截距是 $f(0)$。

第二步，分析 $f'(x)$，求出 $f'(x)$为 0 的解，构建 $f'(x)$的符号图，确定 $f(x)$的递增和递减区间，并求出局部极大值点和局部极小值点。

第三步，分析 $f''(x)$，求出 $f''(x)=0$ 的解，构建 $f''(x)$的符号图，确定 f 的凹向上的区间和凹向下的区间，并求出所有拐点。

第四步，画出函数 f 的图形。

5. 报酬渐减点(Point of diminishing returns)

如果一个公司增加了广告开支，他们也希望销售量会增加。首先，随着广告费用的增加销售量会以较快的速率增长，然后增长率会逐渐降下来。销售量变化率(注意是销售量的变化率而不是销售量本身)从递增到递减时的 x 值被称为报酬渐减点。这也是变化率的最大值点。在这点后开支的广告费虽然还会增加销售量,但是效率较低。随后的例题会进一步解释这个概念。

第三节 有理函数的作图
Graphing rational functions

本节将把第一节、第二节中学到的作图技巧应用到有理函数上,目的是找出可以用于所有有理函数的通用作图方法。

1. 有理函数(Rational functions)

函数的商通常被用作数学模型,例如,如果 $C(x)=500+0.1x^2$ 是生产 x 单位产品所需的总成本,那么 $\bar{C}(x)=\dfrac{C(x)}{x}=\dfrac{500+0.1x^2}{x}$ 就是生产每个产品的平均成本。由 2 个多项式函数的商构成的函数被称为有理函数,就像由 2 个整数的商构成的数被称为有理数一样。

定义 能够被写成 $f(x)=\dfrac{n(x)}{d(x)}$,$d(x)\neq 0$ 形式的任何函数被称为有理函数,其中 $n(x)$ 和 $d(x)$ 是多项式,f 的定义域是满足 $d(x)\neq 0$ 的所有实数。

2. 垂直渐近线(Vertical asymptotes)

在 c 附近有理函数的分母为 0 时有理函数的图形会是怎么样的呢?以简单有理函数 $f(x)=\dfrac{1}{x}$ 为例,当 x 从右边趋近于 0 时,$f(x)$ 的值将变得越来越大,也就是说,$f(x)$ 无穷增大,可以写成:当 $x\to 0^+$,$f(x)\to +\infty$。

而且把直线 $x=0$(y 轴)称为函数 f 图形的垂直渐近线。

如果 x 从左边趋近于 0,$f(x)$ 的值是负的并且绝对值变得越来越大,也就是说 $f(x)$ 向负方向无穷减小,可以写成:当 $x\to 0^-$,$f(x)\to -\infty$。

定义 垂直渐近线

如果 $x\to a^+$ 或 $x\to a^-$ 时有 $f(x)\to +\infty$ 或者 $f(x)\to -\infty$,那么垂线 $x=a$ 被称为 $y=f(x)$ 的图形的垂直渐近线。

定理 1 确定有理函数的垂直渐近线:如果 $f(x)=n(x)/d(x)$ 是有理函数,$d(c)=0$ 且 $n(c)\neq 0$,那么直线 $x=c$ 是 f 的图形的垂直渐近线。

如果 $f(x)=n(x)/d(x)$ 且 $d(c)=0$,$n(c)=0$,那么当 x 趋近于 c 时 $f(x)$ 的极限变成不定型极限,此时定理 1 将不再适用:

$$\lim_{x\to c} f(x)=\lim_{x\to c}\frac{n(x)}{d(x)},\quad \frac{0}{0}\text{不定型}$$

在这种情况下,代数简化是非常有用的。

3. 水平渐近线(Horizontal asymptotes)

用特殊符号∞来表示函数值无穷增大或无穷减小,现在用这个符号来表示变量 x 无穷增大($x\to+\infty$)或无穷变小($x\to-\infty$)。

定义 水平渐近线

如果 $\lim\limits_{x\to+\infty} f(x)=b$ 或者 $\lim\limits_{x\to-\infty} f(x)=b$,那么直线 $y=b$ 是 $y=f(x)$ 的图形的水平渐近线。

定理 2 幂函数的极限

如果 $p>0$ 且 k 是任意常数,那么 $\lim\limits_{x\to+\infty}\frac{k}{x^p}=0$ 且 $\lim\limits_{x\to-\infty}\frac{k}{x^p}=0$,当 x 为负值时假设 x^p 是一个实数。

定理 3 有理函数的水平渐近线

$f(x)=\dfrac{a_m x^m+a_{m-1}x^{m-1}+\cdots+a_1x+a_0}{b_n x^n+b_{n-1}x^{n-1}+\cdots b_1x+b_0}(a_m\neq0,b_n\neq0)$,有如下结论:

如果 $m<n$,那么 $y=0$(x 轴)是 $f(x)$ 的水平渐近线。

如果 $m=n$,那么直线 $y=a_m/b_n$ 是 $f(x)$ 的水平渐近线。

如果 $m>n$,那么 $f(x)$ 则没有水平渐近线。

因此,多项式函数最多能有一条水平渐近线。

4. 有理函数的作图方法(A graphing strategy for rational functions)

步骤 有理函数 $y=f(x)$ 的作图方法

第一步,分析 $f(x)$,求出 f 的定义域,求出截距,找渐近线。

第二步,分析 $f'(x)$,求出 $f'(x)=0$ 的解。构建 $f'(x)$ 的符号图,确定 $f(x)$ 的递增和递减区间,并求出局部极大值点和局部极小值点。

第三步,分析 $f''(x)$,求出 $f''(x)=0$ 的解,构建 $f''(x)$ 的符号图,确定 f 的凹向上的区间和凹向下的区间,并求出所有拐点。

第四步,画出 f 的图形。画出渐近线和定位截距,局部极值和拐点,把从第一步到第三步获得的信息都画上,不确定的地方用点点连线的方法来完成图形。

5. 有理函数——平均成本(Rational functions—average cost)

见本章典型例题部分例 3-6 的讲解。

第四节 绝对极大值和绝对极小值

Absolute maxima and minima

本节将介绍如何用导数来求解函数的绝对极大值和绝对极小值。

1. 绝对极大值和绝对极小值(Absolute maxima and minima)

定义 如果在函数 f 定义域内的所有 x 均有 $f(c)\geqslant f(x)$，那么 $f(c)$ 被称为 f 的绝对极大值；如果在 f 定义域内的所有 x 均有 $f(c)\leqslant f(x)$，那么 $f(c)$ 被称为 f 的绝对极小值。图 2-6 给出了几个典型的例子：

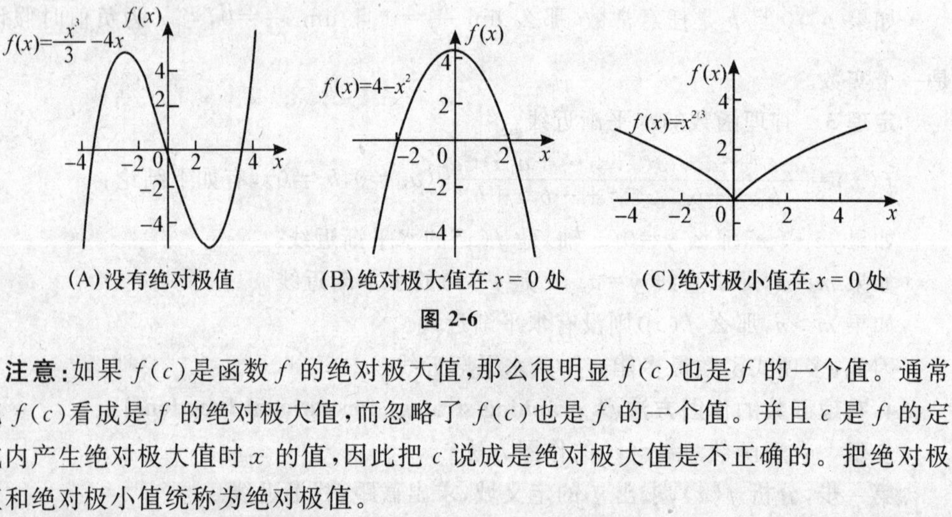

(A)没有绝对极值　(B)绝对极大值在 $x=0$ 处　(C)绝对极小值在 $x=0$ 处

图 2-6

注意：如果 $f(c)$ 是函数 f 的绝对极大值，那么很明显 $f(c)$ 也是 f 的一个值。通常只把 $f(c)$ 看成是 f 的绝对极大值，而忽略了 $f(c)$ 也是 f 的一个值。并且 c 是 f 的定义域内产生绝对极大值时 x 的值，因此把 c 说成是绝对极大值是不正确的。把绝对极大值和绝对极小值统称为绝对极值。

定理 1 极值定理

如果函数 f 在闭区间 $[a,b]$ 上连续，那么它在该区间上既有绝对极大值，又有绝对极小值。

绝对极值取决于函数 f 和区间 $[a,b]$，图 2-7 列出了 $f(x)=x^3-21x^2+135x-170$ 在各闭区间上的绝对极值的 4 种情况。

图 2-7 中描述的 4 种情况的绝对极大值和绝对极小值都放生在临界点或端点，且绝对极大值和绝对极小值都是独一无二的，但是在某个区间内绝对极大值或绝对极小值都可能发生在多于一点的地方[图 2-7(D)]。

定理 2 求解绝对极值

绝对极值(如果存在)必须发生在临界点或端点。

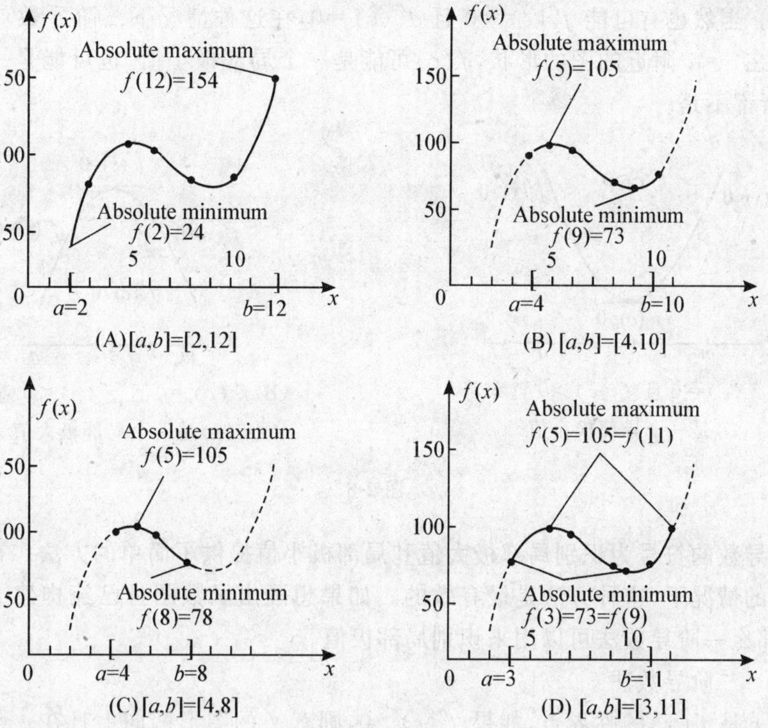

图 2-7

因此,为了求解连续函数在一个闭区间上的绝对极大值和绝对极小值,先求出这个区间上的端点和临界点,并求解在这些点上的函数值,然后在这些值中选择最大值和最小值。

步骤　在一个闭区间上求解绝对极值

第一步,确定函数 f 在闭区间 $[a,b]$上是连续的。

第二步,找出区间$[a,b]$上的临界点。

第三步,求解函数 f 在端点 a 和 b 以及第二步中找出的临界点处的函数值。

第四步,$f(x)$在区间$[a,b]$上的绝对极大值就是第三步中求出的值中的最大值。

第五步,$f(x)$在区间$[a,b]$上的绝对极小值就是第三步中求出的值中的最小值。

2. 二阶导数和极值(Second derivative and extrema)

二阶导数可以用来求解函数的局部极值,假设 f 是满足 $f'(c)=0$ 和 $f''(c)>0$ 的函数。首先注意到如果 $f''(c)>0$,那么它就满足在包含 c 的区间(m,n)上 $f''(c)>0$ 的极限性质,因此函数 f 的图形在该区间上是凹向上的。这也意味着 $f'(x)$在该区间上是递增的,因为 $f'(c)=0$,因此 $f'(x)$在 $x=c$ 处的符号从负变为正,且 $f(c)$是一个局部极小值(图 2-8)。同理,可以得出如果 $f'(c)=0$ 且 $f''(c)<0$,那么 $f(c)$是一个局

部极大值。当然也有可能 $f'(c)=0$ 且 $f''(c)=0$，在这种情况下二阶导数就不能用来确定函数在 $x=c$ 附近的图的形状，$f(c)$可能是一个局部极小值，也可能是一个局部极大值，或者都不是。

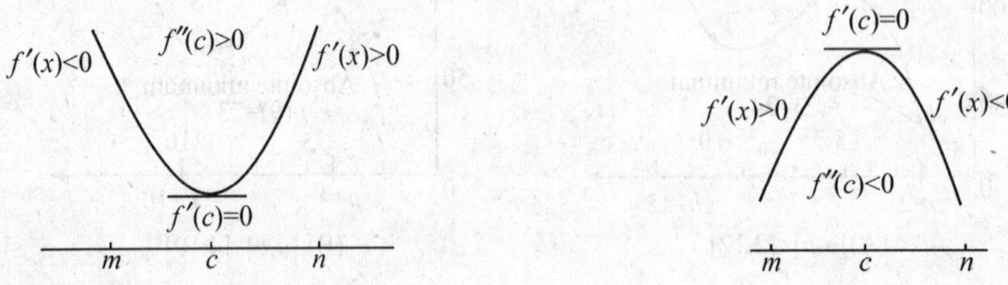

(A) $f'(c)=0$ 且 $f''(c)>0$ 意味着 $f(c)$是一个局部极小值

(B) $f'(c)=0$ 且 $f''(c)<0$ 意味着 $f(c)$是一个局部极大值

图 2-8

二阶导数的符号为识别局部极大值和局部极小值提供了简单的方法。在不需要画出函数图的情况下，这种方法是最有效的。如果想画出函数图且已经构建了 $f'(x)$的符号图，那么一阶导数法可以用来识别局部极值。

结论　二阶导数法

假设 c 是 $f(x)$的临界点，如果 $f''(c)>0$，则有 f 的图形凹向上且在 c 点有局部极小值；如果 $f''(c)<0$，则有 f 的图形是凹向下且在 c 点有局部极大值；如 $f''(c)=0$，则无法确定函数的凹凸性(表 2-6)。

表 2-6

$f'(c)$	$f''(c)$	f 的图形	$f(c)$	例子
0	+	凹向上	局部极小值	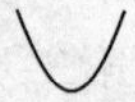
0	−	凹向下	局部极大值	
0	0	?	该方法不适合	

定理 3　二阶导数法求绝对极值

假设 f 在只有一个临界点 c 的区间 I 上连续：

如果 $f'(c)=0$ 且 $f''(c)>0$，那么 $f(c)$是 f 在区间 I 上的绝对极小值。如果 $f'(c)=0$ 且 $f''(c)<0$，那么 $f(c)$是 f 在区间 I 上的绝对极大值(图 2-9)。

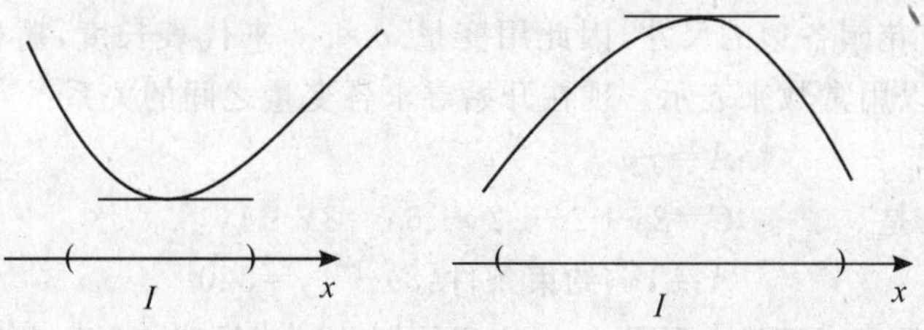

图 2-9

因为二阶导数法不能运用于 $f''(c)=0$ 或 $f''(c)$ 不存在的情况，因此定理 3 没有提到这种情况。

第五节 最优化
Optimization

本节运用微积分工具来解决最优化问题，即求解函数的绝对极大值和绝对极小值的问题。

1. 面积和周长(Area and perimeter)

通过下面这个例子来说明求解最优化问题的技巧：

例：最大化面积。一个房主想用 320 美元来修建一个环绕矩形花园的栅栏，栅栏的三边将用铁丝来修建，成本是 2 美元/in，为了不让邻居看到自家，栅栏的第四边将用木头来修建，成本是 6 美元/in，如果将 320 美元全用来修建栅栏，求出能够被栅栏围绕的花园的尺寸和最大面积。

解：首先，画出花园的草图(图 2-10)，引进变量，并寻找这些变量之间的关系。

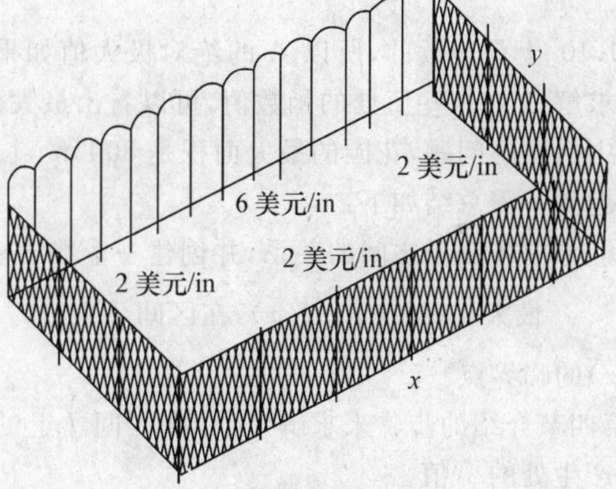

图 2-10

因为不知道花园各边的尺寸，因此用变量 x 和 y 来代表长度，栅栏每英尺所需成本是固定的，所以用常数来表示。现在开始寻求各变量之间的关系：

花园的面积　　$A=xy$

栅栏的成本是　　$C=2y+2x+2y+6x=8x+4y$

最大化：　　$A=xy$，约束条件：$8x+4y=320$

在用微积分方法求解最大面积 A 之前，必须把 A 写成只有一个变量的函数形式。即：

$$8x+4y=320$$
$$4y=320-8x$$
$$y=80-2x$$
$$A=xy=x(80-2x)=80x-2x^2$$

现在考虑 x 可能的取值。因为 x 是矩形的尺寸，所以 x 必须满足条件：

$$x\geqslant 0\text{（长度总是非负的）}$$

因为 $y=80-2x$ 也是矩形的尺寸，所以 y 必须满足条件：

$$y=80-2x>0\text{（宽度总是非负的）}$$
$$x\leqslant 40$$

总结前面的讨论，可以得到如下最优化问题模型：

最大化：　　$A(x)=80x-2x^2$，其中 $0\leqslant x\leqslant 40$

接下来求解 A 的临界点：

$$A'(x)=80-4x=0$$
$$x=\frac{80}{4}=20 \qquad \text{临界点}$$

因为 A 在区间$[0,40]$上是连续的，所以 A 的绝对极大值如果存在的话，将会出现在临界点或端点处。求解 A 在这些值处的函数值，可以看出最大面积是 800 in^2。

最终必须回答题中提出的问题，花园的最大面积是 800 in^2，长 40 in，宽 20 in。

将求解最优化问题的步骤总结如下：

第一步，引进变量，寻求各变量之间的关系，并创建一个数学模型如下：

最大化（最小化）$f(x)$，在区间 I 上

第二步，找到 $f(x)$的临界点。

第三步，用本章第四节介绍的步骤来求解 $f(x)$在区间 I 上的绝对极大值（或极小值），并求出绝对极值产生处的 x 值。

第四步，用数学模型的答案来回答题中提出的所有问题。

2. 最大化利润和收入(Maximizing revenue and profit)

例:一家提供办公用品的公司,每年都会以每支 P(美元)的价格售出 x 支自动铅笔。铅笔的价格需求等式是:$P=10-0.001x$,那么每支铅笔售价多少美元这家公司才会获得最大的收入?最大收入是多少?

解: 收入=价格×需求

$$R(x)=(10-0.001x)x=10x-0.001x^2$$

价格和需求都是非负的,所以

$$x\geqslant 0 \text{ 且 } P=10-0.001x\geqslant 0$$

求出 $x\leqslant 10\,000$。

该问题的数学模型是:

最大化 $R(x)=10x-0.001x^2 \qquad 0\leqslant x\leqslant 10\,000$

$$R'(x)=10-0.002x$$

$$10-0.002x=0$$

$$10=0.002x$$

$$x=\frac{10}{0.002}=5\,000 \qquad \text{临界点}$$

用二阶导数法求绝对极值:

$R''(x)=-0.002<0$ 因此,对于所有 x,R 有极大值。

最大化 $R(x)=R(5\,000)=25\,000$ 美元

当需求 $x=5\,000$ 时,价格是 $10-0.001(5\,000)=5$ 美元,$P=10-0.001x$。

当每支铅笔售价 5 美元时,这家公司将会实现最大收入 25 000 美元。

3. 存货管理(Inventory control)

例:唱片公司预计在下一年将会需要 20 000 张 CD,如果将一张 CD 存放一年将花掉公司 0.5 美元的管理费,但如果存货不够需要制作额外的 CD 时,每次要花掉 200 美元的调试设备费用。那么这家公司每次制作多少张 CD 才能最小化总的存储量和调试成本?

解:这类问题被称为库存管理问题。这类问题中的一个基本假设就是假设单位时间内的需求是相同的。例如,如果一年有 250 个工作日,那么日需求量是 20 000÷250=80 张。如果公司决定在年初就将 20 000 张 CD 都生产出来,这将导致很大的存储成本。另一个极端是,每天生产 80 张 CD,这将最小化存储成本,但导致很大的调试成本。在这 2 个极端之间将会找到最小化总存储量和设备成本的最优答案。

假设每次作业生产出的 CD 数为 x；生产作业次数为 y，很容易知道每年总的设备成本是 $200y$，但是总的存储成本是什么呢？如果需求是相同的，那么每次生产作业期间存储的 CD 数将从 x 减到 0，且每天的平均存储数是 $x/2$。结果如图 2-11 所示：

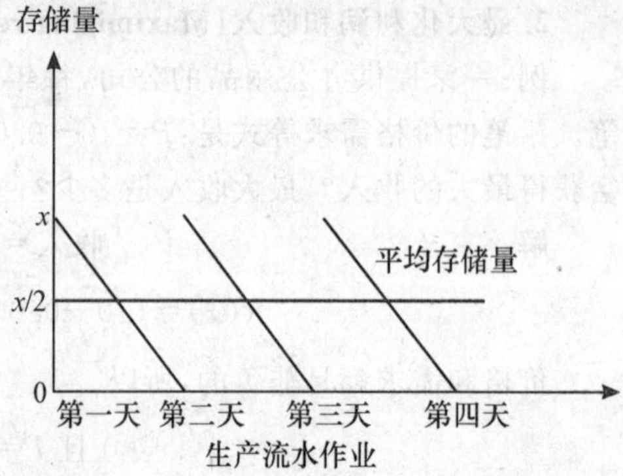

图 2-11

因为存储一张 CD 一年需要 0.50 美元，所以总的存储成本是 $0.5(x/2)=0.25x$，且

总成本＝调试成本＋存储成本

$$C=200y+0.25x$$

为了把总成本写成只有一个自变量的函数，必须找到 x 和 y 之间的关系，如果公司每次作业生产 x 张 CD，需要 y 次作业，那么总的 CD 数就是 xy，因此

$$xy=20\,000, \quad y=\frac{20\,000}{x}$$

x 必须至少为 1 且不能超过 20 000，因此：

最小化 $\quad C(x)=200\left(\frac{20\,000}{x}\right)+0.25x \quad (1\leqslant x\leqslant 20\,000)$

$$C(x)=\frac{4\,000\,000}{x}+0.25x$$

$$C'(x)=-\frac{4\,000\,000}{x^2}+0.25$$

$$-\frac{4\,000\,000}{x^2}+0.25=0$$

$$x^2=\frac{4\,000\,000}{0.25}$$

$$x^2=16\,000\,000$$

$-4\,000$ 不是临界点，因为 $1\leqslant x\leqslant 20\,000$，所以

$$x=4\,000$$

$$C''(x)=\frac{8\,000\,000}{x^3}>0, \quad x\in[1,20\,000]$$

因此，最小化 $C(x)=C(4\,000)=2\,000$，$y=\frac{20\,000}{4\,000}=5$。

公司在一年内分 5 次生产这些 CD，每次生产 4 000 张 CD，这样将会最小化成本。

二、典型例题解析

1. 一阶导数及其图形

例 1-1 求函数的递增、递减区间。函数 $f(x)=8x-x^2$，

求：(1)与水平切线对应的 x 值是什么？(2) $f(x)$ 的递增、递减区间是什么？(3)画出 $f(x)$ 的图，并画一条它的水平切线。

解：

(1) $f'(x)=8-2x=0, x=4$。

因此，水平切线仅在 $x=4$ 处存在。

(2)将构建 $f'(x)$ 的符号图来确定 x 取什么值时 $f'(x)>0$，取什么值时 $f'(x)<0$。因为函数的分隔数是函数值为 0 的点或者函数不连续的点，因此在构建 $f'(x)$ 的符号图时，也要将 $f'(x)=0$ 或 $f'(x)$ 不连续的点标出来。从(1)中知道 $x=4$ 时 $f'(x)=0$，又因为 $f'(x)=8-2x$ 是多项式函数，它对于所有 x 值都是连续的，所以 4 是唯一的分隔数。构建 $f'(x)$ 在区间 $(-\infty,4)$ 和 $(4,+\infty)$ 上符号图，选择测试数 3 和 5，得到图 2-12 的结果。

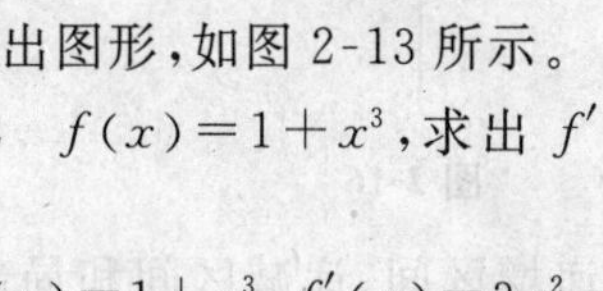

x	$f'(x)$
3	3(+)
5	−2(−)

图 2-12

因此，$f(x)$ 的递增区间是 $(-\infty,4)$，递减区间是 $(4,+\infty)$。

(3)画出图形，如图 2-13 所示。

例 1-2 $f(x)=1+x^3$，求出 f' 的分隔数，f 的临界点，并确定 f 的递增和递减区间。

解： $f(x)=1+x^3, f'(x)=3x^2=0, x=0$。

f' 唯一的分隔数是 $x=0$。因为 0 在 f 的定义域内，所以 $x=0$ 也是 f 唯一的临界点。

所以 $f'(x)=3x^2$ 的符号图(分隔数为 0)如图 2-14 所示。

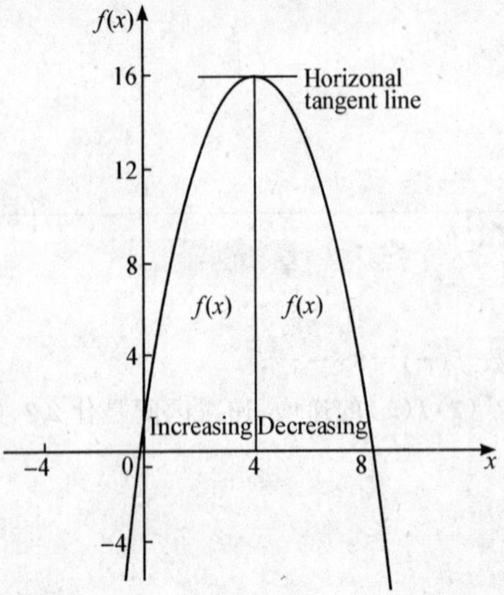

图 2-13

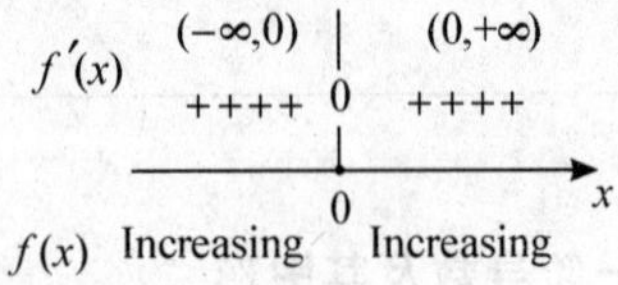

x	$f'(x)$
-1	3(＋)
1	3(＋)

图 2-14

符号图表明 $f(x)$在区间$(-\infty,0)$和$(0,+\infty)$上递增。因为 f 在 $x=0$ 时连续，所以 $f(x)$对于所有 x 均递增。f 的图形如图 2-15 所示。

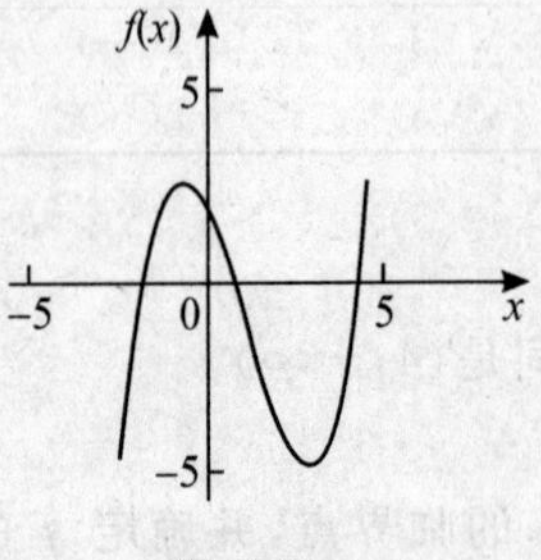

图 2-15

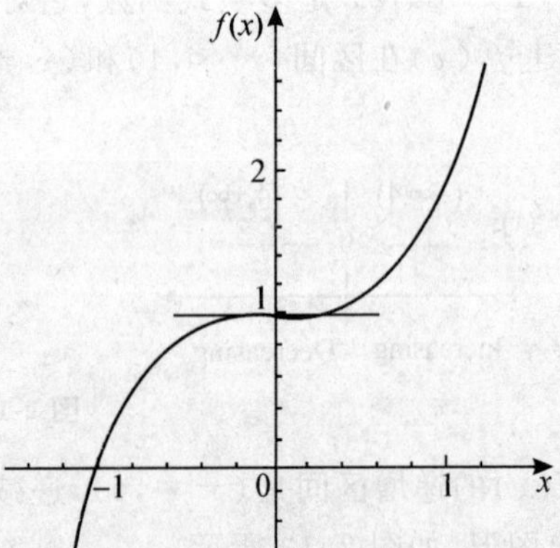

图 2-16

例 1-3 分析图。根据图 2-16 的图求解 f 的递增区间、递减区间和局部极大值、局部极小值。

解：函数 f 递增表现在图上就是曲线是上升的，函数 f 递减表现在图上就是曲线是下降的，所以 f 的递增区间是$(-\infty,-1)$和$(3,+\infty)$，递减区间是$(-1,3)$。因为函数从升变为降是在 $x=-1$ 处，所以 $f(-1)=3$ 是局部极大值；图从降变为升是在

$x=3$ 处，所以 $f(3)=-5$ 是局部极小值。

例 1-4 局部极值。已知函数 $f(x)=x^3-6x^2+9x+1$，求：(1) f 的临界点；(2)局部极大值和局部极小值；(3)画出 f 的图。

解：(1)

$$f'(x)=3x^2-12x+9=0$$

$$3(x^2-4x+3)=0$$

$$3(x-1)(x-3)=0 \quad x=1 \text{ 或 } x=3$$

$f'(x)$ 对于所有 x 均存在，临界点是 $x=1$ 和 $x=3$。

(2)用一阶导数法求局部极大值和局部极小值最简单的方法就是构建 $f'(x)$ 的符号图。$f'(x)$ 的分隔数是 $x=1$ 和 $x=3$(也是 f 的临界点)。$f'(x)=3(x-1)(x-3)$ 的符号图如图 2-17 所示。

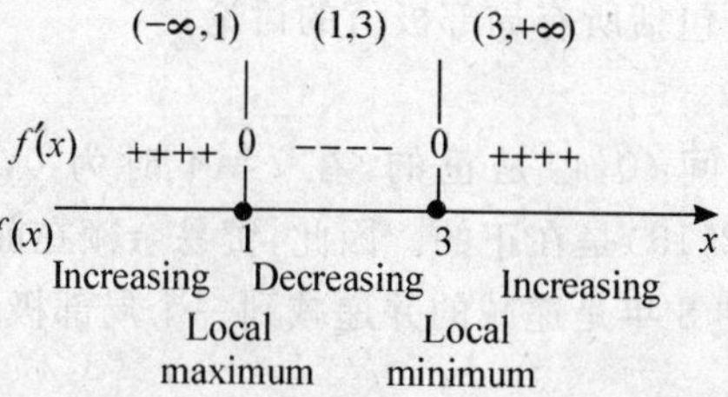

x	$f'(x)$
0	9(+)
2	−3(+)
4	9(+)

图 2-17

符号图表明 f 在$(-\infty,1)$上递增，局部极大值发生在 $x=1$ 处，在$(1,3)$上递减，局部极小值发生在 $x=3$ 处，f 在区间$(3,+\infty)$上递增。总结如表 2-7 所示。

表 2-7

x	$f(x)$	$f(x)$	$f(x)$的图
$(-\infty,1)$	+	递增	上升
1	0	局部极大值	水平切线
$(1,3)$	−	递减	下降
3	0	局部极小值	水平切线
$(3,+\infty)$	+	递增	上升

(3)用从(B)中获得的信息来画 f 的图，也可通过点点连线的方法来作图，如图 2-18 所示。

例 1-5 农业出口和进口。在过去的几十年，美国出口的农产品比进口的多，在这个领域里保持着贸易顺差，但是在这段时间内贸易余额也总会波动。图 2-19 大致表示出了 15 年内贸易余额的变化率，其中 $B(t)$ 是贸易余额，t 是时间。

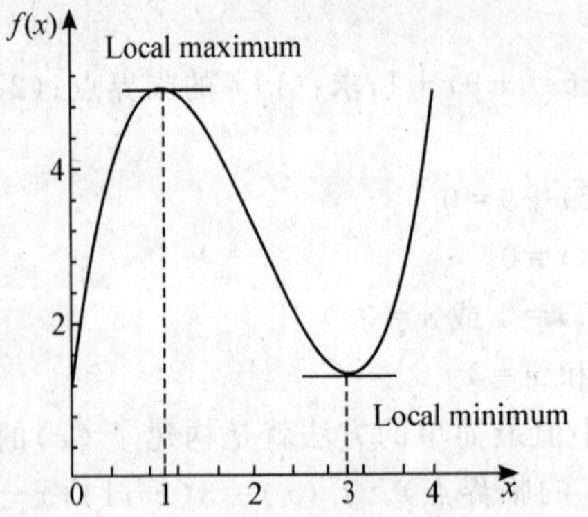

图 2-18

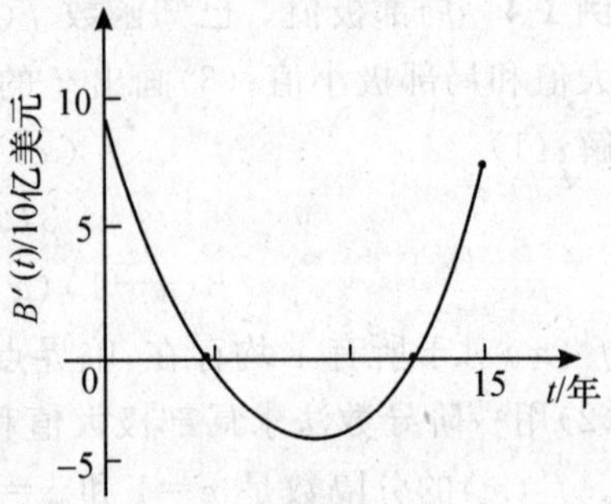

图 2-19

求:(1)对 $y=B(t)$的图作简要的描述,包括所有局部极值的讨论;

(2)画出 $y=B(t)$可能的图形。

解:(1)从图中可以看出 $B'(t)$在区间(0,4)是正的,在 $t=4$ 时为 0,在区间(4,12)是负的,在 $t=12$ 时为 0,在区间(12,15)是在正的。因此,贸易余额在前 4 年是递增的且递增到一个局部极大值,接下来的 8 年是递减的并递减到一个局部极小值,然后在最后 3 年是递增的。

(2)没有关于 $y=B(t)$的实际值信息,就不能画出正确的图形。但是,可以画出描述函数重要特征可能的图形,如图 2-20 所示。y 轴上没有刻度的原因就是缺乏 $y=B(t)$的数据。

例 1-6 收入分析:销售 x 个书架的总收入 $R(x)$的图如图 2-21 所示,请对边际收入函数 $y=R'(x)$的图作简要描述,包括 x 截距的讨论;作出 $y=R'(x)$可能的图形。

解:

(1)$y=R(x)$的图表明 $R(x)$在区间(0,550)上递增,局部极值在 $x=550$ 处产生,在区间(550,1 000)上递减。因此,边际收入函数 $R'(x)$在区间(0,550)上肯定是正的,在 $x=550$ 时为 0,在区间(550,1 000)上是负的。

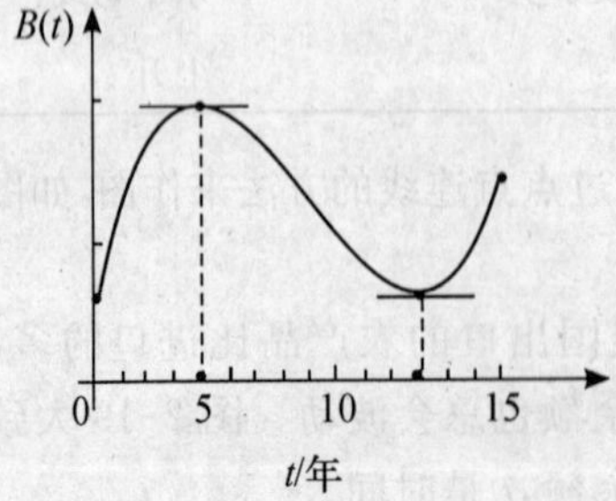

图 2-20

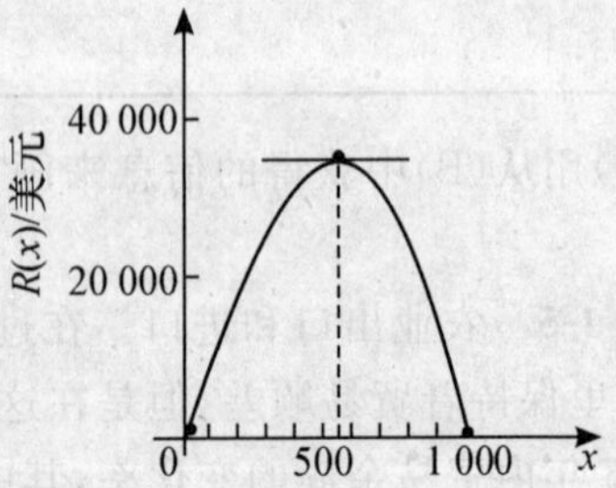

图 2-21

(2)根据(1)中得到的信息，画出 $y=R'(x)$ 大致的图形如图 2-22 所示。

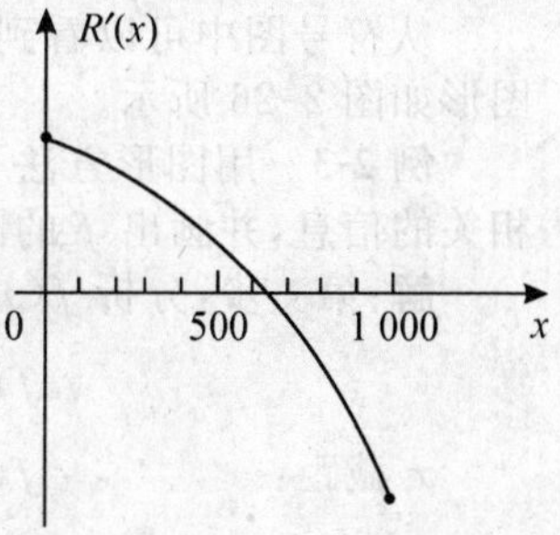

图 2-22

2. 二阶导数及其图形

例 2-1　确定图形的凹向。函数 $f(x)=x^3$，求解 f 的图形在哪个区间上是凹向上的，在哪个区间上是凹向下的，并画出 f 的图形。

解：为了确定凹向，先要确定 $f''(x)$ 的符号。

$f(x)=x^3$，$f'(x)=3x^2$，$f''(x)=6x$，$f''(x)=6x$(分隔数是 0)的符号图如图 2-23 所示。

x	$f''(x)$
-1	$-6(-)$
1	$6(+)$

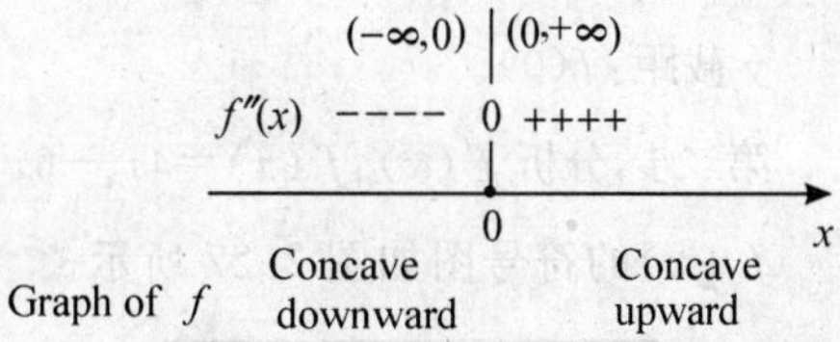

图 2-23

因此，f 的图形在区间$(0,+\infty)$上是凹向上的，在区间$(-\infty,0)$上是凹向下的。函数 f 的图形(未表示出其他图形细节)如图 2-24 所示。

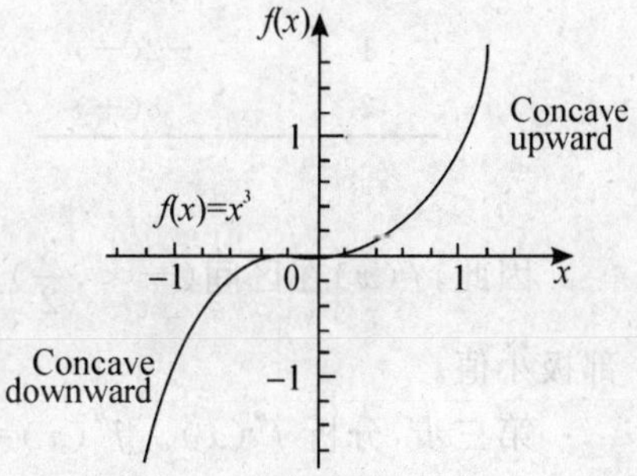

图 2-24

例 2-2　求出函数 $f(x)=x^3-6x^2+9x+1$ 的拐点。

解：因为拐点发生在使得 $f''(x)$改变符号的 x 值处，因此创建 $f''(x)$的符号图。

$$f(x)=x^3-6x^2+9x+1$$

$$f'(x)=3x^2-12x+9$$

$$f''(x)=6x-12=6(x-2)$$

$f''(x)=6(x-2)$(分隔数为 2)的符号图如图 2-25 所示。

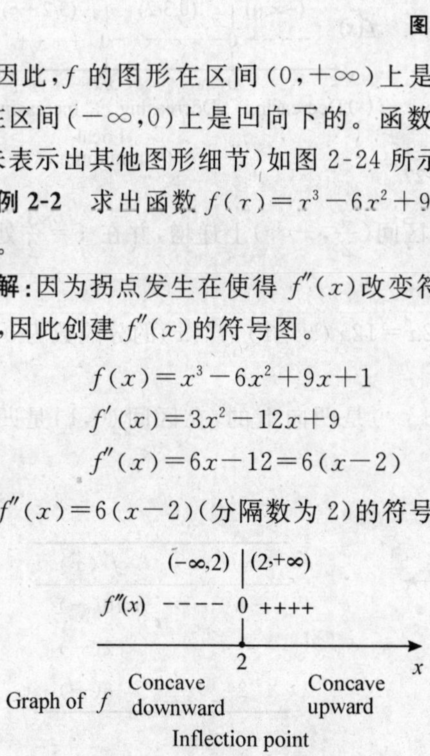

Test numbers

x	$f''(x)$
1	$-6(-)$
3	$6(+)$

图 2-25

从符号图中可以看到函数 f 的图形的拐点在 $x=2$ 处，f 的图形如图 2-26 所示。

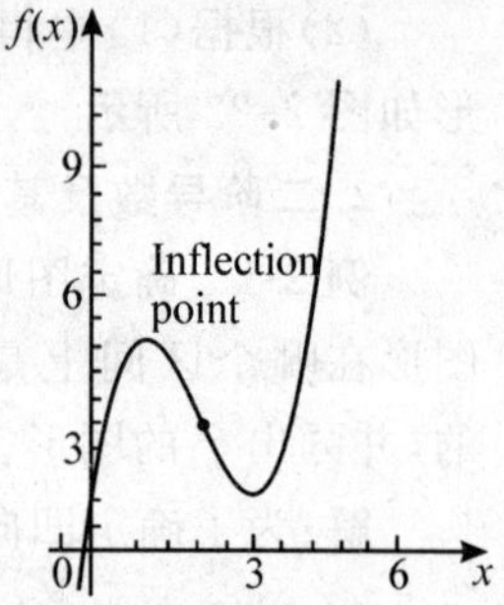

图 2-26

例 2-3 用图形方法分析函数 $f(x)=x^4-2x^3$，阐述所有相关的信息，并画出 f 的图形。

解：第一步，分析 $f(x)$。

$$f(x)=x^4-2x^3$$

x 截距：

$$f(x)=0$$

$$x^4-2x^3=0$$

$$x^3(x-2)=0$$

$$x=0,2$$

y 截距：$f(0)$。

第二步，分析 $f'(x)$：$f'(x)=4x^3-6x^2=4x^2\left(x-\dfrac{3}{2}\right)$，使得 $f'(x)$ 为 0 的 x 值是 0 和 $\dfrac{3}{2}$。

$f'(x)$ 的符号图如图 2-27 所示。

x	$f'(x)$
-1	$-10(-)$
1	$-2(-)$
2	$8(+)$

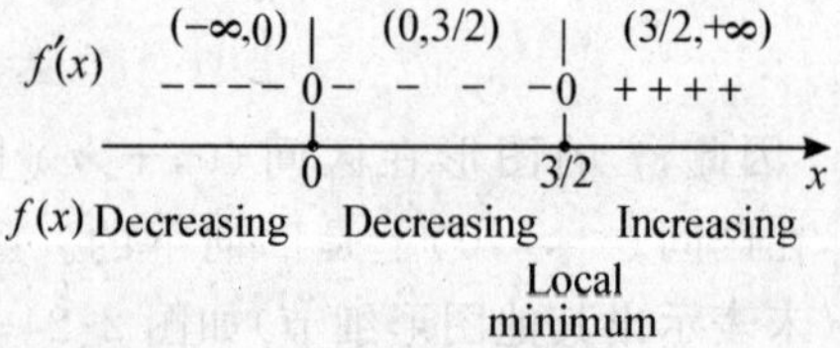

图 2-27

因此，$f(x)$ 在区间 $\left(-\infty,\dfrac{3}{2}\right)$ 上递减，在区间 $\left(\dfrac{3}{2},+\infty\right)$ 上递增，并在 $x=\dfrac{3}{2}$ 处有局部极小值。

第三步，分析 $f''(x)$。$f''(x)=12x^2-12x=12x(x-1)$，$f''(x)$ 的分隔数为 0 和 1，$f''(x)$ 的符号图如图 2-28 所示。

因此，f 的图形在区间 $(-\infty,0)$ 和 $(1,+\infty)$ 是凹向上的，在区间 $(0,1)$ 是凹向下的，且在 $x=0$ 和 $x=1$ 处有拐点。

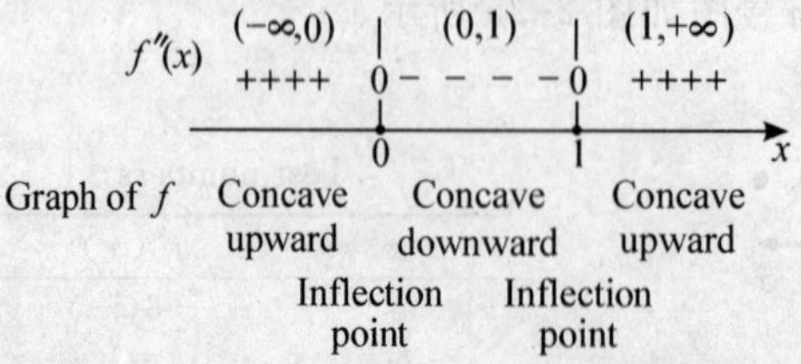

x	$f'(x)$
-1	$-10(-)$
1	$-2(-)$
2	$8(+)$

图 2-28

第四步，画出函数 f 的图形，如图 2-29 所示。

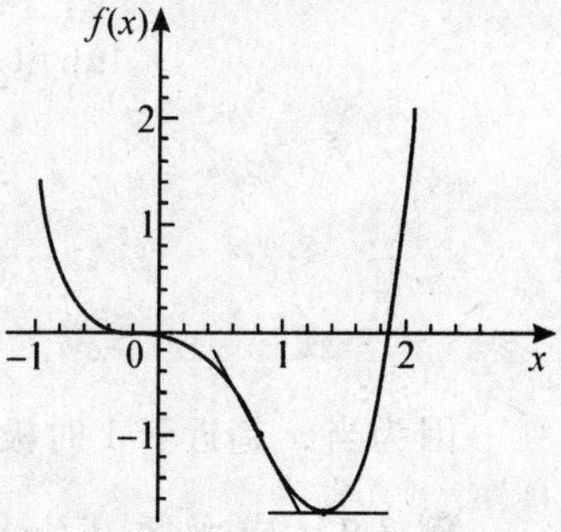

图 2-29

例 2-4 最大变化率。一家折扣店每月售出 200 台大屏电视。如果该店投资 $x/(10^3$ 美元)来做广告，广告公司预计销售量会增加到 $N(x)=3x^3-0.25x^4+200$ $(0\leqslant x\leqslant 9)$，求出什么时候销售量的变化率是递增的，什么时候是递减的？哪点是报酬减少的点及销售量的最大变化率？在同一个坐标系中画出 N 和 N' 的图形？

解：销售量相对于广告开支的变化率是

$$N'(x)=9x^2-x^3=x^2(9-x)$$

为了确定 $N'(x)$ 是递增区间和递减区间，先求出 $N''(x)$：

$$N''(x)=18x-3x^2=3x(6-x)$$

通过分析 $N'(x)$ 和 $N''(x)$ 所得到的信息总结如表 2-8 所示。

表 2-8

x	$N''(x)$	$N'(x)$	$N'(x)$	$N(x)$
$0<x<6$	+	+	递增	递增，凹向上
$x=6$	0	+	局部极大值	拐点
$6<x<9$	−	+	递减	递减，凹向下

从表 2-8 可以看出，$N'(x)$ 在区间 $(0,6)$ 上递增，在区间 $(6,9)$ 上递减。报酬减少点发生在 $x=6$ 处，最大变化率是 $N'(6)=108$，注意到 $N'(x)$ 在 $x=6$ 有局部极大值，且 $N(x)$ 在 $x=6$ 处有拐点，在同一个坐标系中画出 N 和 N' 的图形如图 2-30 所示。

3. 画有理函数的图形

例 3-1 找到函数 $f(x)=\dfrac{x^2+x-2}{x^2-1}$ 的所有垂直渐近线。

解：设 $n(x)=x^2+x-2$，$d(x)=x^2-1$，分解分母，可以得到：

$$d(x)=x^2-1=(x-1)(x+1)$$

因为 $d(-1)=0$ 且 $n(-1)=-2\neq 0$，因此从定理 1 可以知道直线 $x=-1$ 是垂直渐近线。另一方面，$d(1)=0$ 但 $n(1)=0$，所以定理 1 在 $x=1$ 处不适用。用代数简化的方法来研究函数在 $x=1$ 处的变化：

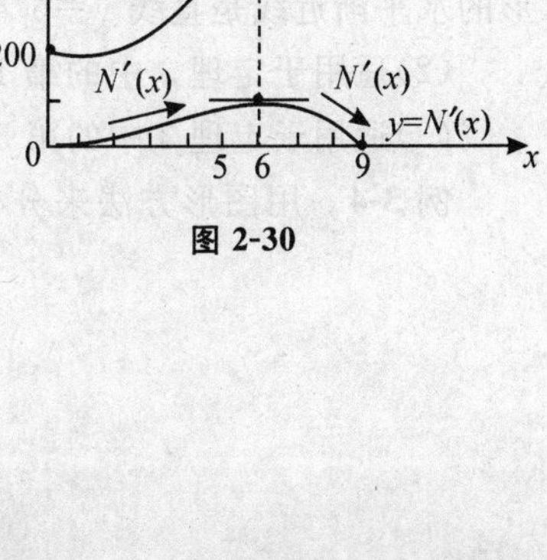

图 2-30

$$\lim_{x\to 1}f(x)=\lim_{x\to 1}\frac{x^2+x-2}{x^2-1}\qquad \frac{0}{0}\text{不定型}$$
$$=\lim_{x\to 1}\frac{(x-1)(x+2)}{(x-1)(x+1)}$$
$$=\lim_{x\to 1}\frac{x+2}{x+1}=1.5$$

因为当 x 趋近于 1 时极限存在，所以 f 在 $x=1$ 处没有垂直渐近线（图 2-31）。

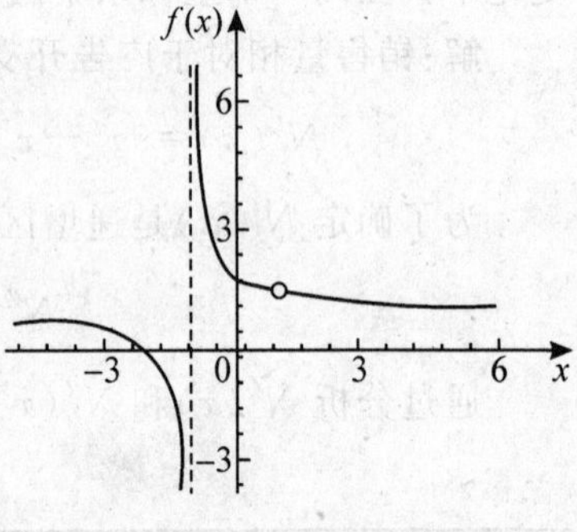

图 2-31

例 3-2 求函数 $f(x)=\dfrac{3x^2-5x+9}{2x^2+7}$ 的水平渐近线。

解：因为 x^2 是函数 $f(x)$ 中 x 的最高幂项，所以首先将函数 $f(x)$ 的分子分母的各项都除以 x^2：

$$\frac{3x^2-5x+9}{2x^2+7}=\frac{\frac{3x^2}{x^2}-\frac{5x}{x^2}+\frac{9}{x^2}}{\frac{2x^2}{x^2}+\frac{7}{x^2}}=\frac{3-\frac{5}{x}+\frac{9}{x^2}}{2+\frac{7}{x^2}}$$

根据定理 2，可以得到：

$$\lim_{x\to\infty}f(x)=\frac{3-0+0}{2+0}=\frac{3}{2}=1.5\qquad \lim_{x\to\infty}\frac{k}{x^p}=0$$

且 $$\lim_{x\to-\infty}f(x)=\frac{3-0+0}{2+0}=\frac{3}{2}=1.5\qquad \lim_{x\to-\infty}\frac{k}{x^p}=0$$

因此，直线 $y=1.5$ 是 $f(x)$ 唯一的水平渐近线。$y=f(x)$ 的图形如图 2-32 所示。

例 3-3 求出如下有理函数的水平渐近线：

(1) $f(x)=\dfrac{5x^3-2x^2+1}{4x^3+2x-7}$；

(2) $f(x)=\dfrac{3x^4-x^2+1}{8x^6-10}$；

(3) $f(x)=\dfrac{2x^5-x^3-1}{6x^3+2x^2-7}$。

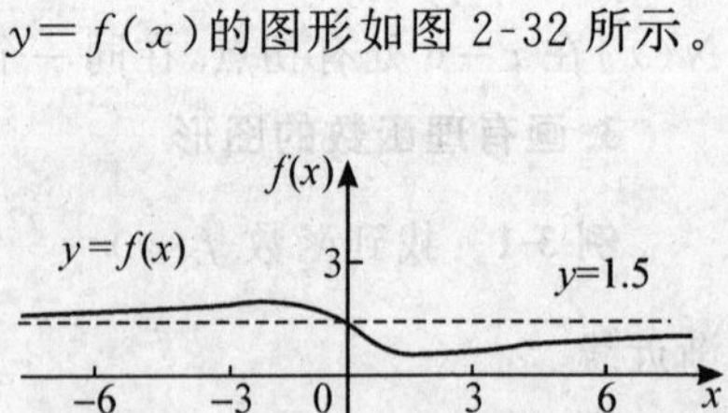

图 2-32

解：(1)适用于定理 3 中的第 2 种情况。f 的图形的水平渐近线是直线 $y=5/4$；

(2)适用于定理 3 中的第 1 种情况。f 的图形的水平渐近线是直线 $y=0$；

(3)适用于定理 3 中的第 3 种情况。f 的图形没有水平渐近线。

例 3-4 用图形方法来分析函数 $f(x)=(x-1)/(x-2)$，阐述所有相关的信息，

并画出 f 的图形。

解:第一步,分析 $f(x)$。

$$f(x)=\frac{x-1}{x-2}$$

定义域:除了 $x=2$ 的所有 x。

y 截距:$f(0)=\frac{0-1}{0-2}=\frac{1}{2}$;

x 截距:当分子是 0 且分母不是 0 的时候分式为 0,所以 x 截距是 $x=1$。

水平渐近线:$\frac{a_m x^m}{b_n x^n}=\frac{x}{x}=1$,因此,直线 $y=1$ 是水平渐近线。

垂直渐近线:$x=2$ 时分母为 0,分子不为 0,因此直线 $x=2$ 是垂直渐近线。

第二步,分析 $f'(x)$。

$$f'(x)=\frac{(x-2)(1)-(x-1)(1)}{(x-2)^2}=\frac{-1}{(x-2)^2}$$

$f(x)$的临界点:不存在。

$f'(x)$的分隔数:$x=2$,$f'(x)$的符号图如图 2-33 所示。

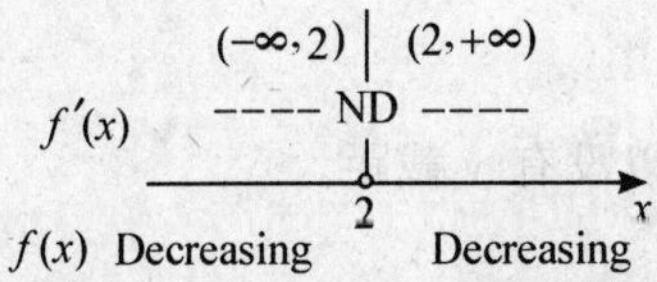

x	$f'(x)$
1	$-1(-)$
3	$-1(-)$

图 2-33

因此,$f(x)$在区间$(-\infty,2)$和$(2,+\infty)$上递减,不存在局部极值。

第三步,分析 $f''(x)$。

$$f''(x)=\frac{2}{(x-2)^3}$$

$f''(x)$的分隔数是:$x=2$,$f''(x)$的符号图如图 2-34 所示。

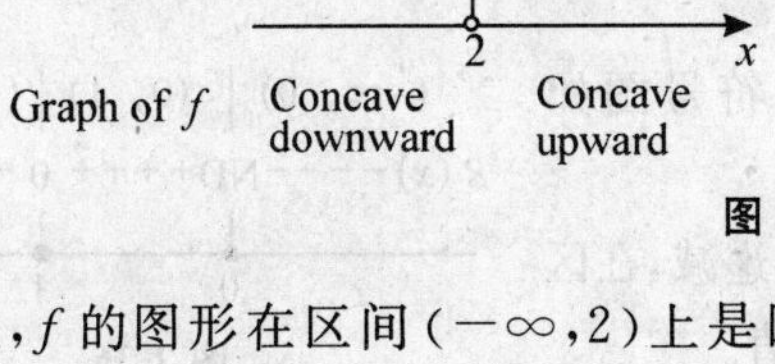

x	$f''(x)$
1	$-2(-)$
3	$2(+)$

图 2-34

因此,f 的图形在区间$(-\infty,2)$上是凹向下的,在区间$(2,+\infty)$上是凹向上的。

因为 $f(2)$ 没有定义，所以在 $x=2$ 处没有拐点，虽然 $f''(x)$ 在 $x=2$ 处改变符号。

第四步，画出 f 的图形，如图 2-35 所示。

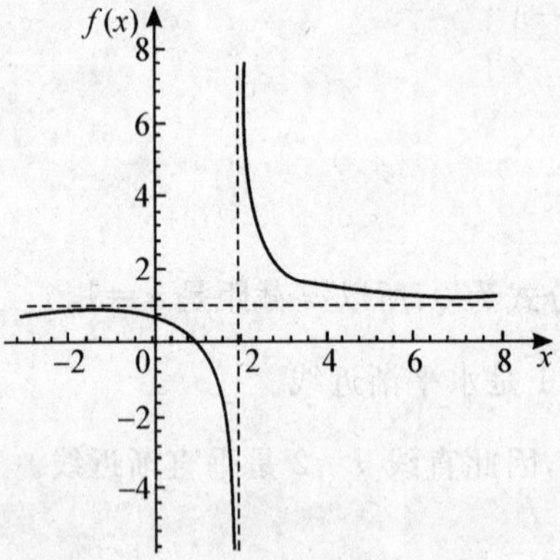

x	$f'(x)$
−2	0.75
0	0.5
1	0
1.5	−1
2.5	3
3	2
4	1.5

图 2-35

例 3-5 作图形方法来分析函数 $g(x)=\dfrac{2x-1}{x^2}$，阐述相关的信息并画出 $g(x)$ 的图形。

解：第一步，分析 $g(x)$。

定义域：除了 $x=0$ 的所有 x。

x 截距：$x=0.5$。

y 截距：因为 0 不在 $g(x)$ 的定义域内，所以没有 y 截距。

水平渐近线：$y=0$（x 轴）。

垂直渐近线：在 $x=0$ 处 $g(x)$ 的分母为 0，而分子不为 0。所以直线 $x=0$（y 轴）是垂直渐近线。

第二步，分析 $g'(x)$。

$$g(x)=\frac{2x-1}{x^2}=\frac{2}{x}-\frac{1}{x^2}=2x^{-1}-x^{-2}$$

$$g'(x)=-2x^{-2}+2x^{-3}=-\frac{2}{x^2}+\frac{2}{x^3}=\frac{-2x+2}{x^3}$$

$$=\frac{2(1-x)}{x^3}$$

$g(x)$ 的临界点：$x=1$。

$g'(x)$ 的分隔数：$x=0$，$x=1$。$g'(x)$ 的符号图如图 2-36 所示。

图 2-36

函数 $g(x)$ 在区间 $(-\infty,0)$ 和 $(1,+\infty)$ 上递减，在区间 $(0,1)$ 上递增，且在 $x=1$ 处有一个局部极大值。

第三步，分析 $g''(x)$。

$$g'(x)=-2x^{-2}+2x^{-3}$$

$$g''(x)=4x^{-3}-6x^{-4}=\frac{4}{x^3}-\frac{6}{x^4}=\frac{4x-6}{x^4}=\frac{2(2x-3)}{x^4}$$

$g''(x)$的分隔数是：$x=0$，$x=\frac{3}{2}=1.5$，$g''(x)$的符号图如图 2-37 所示。

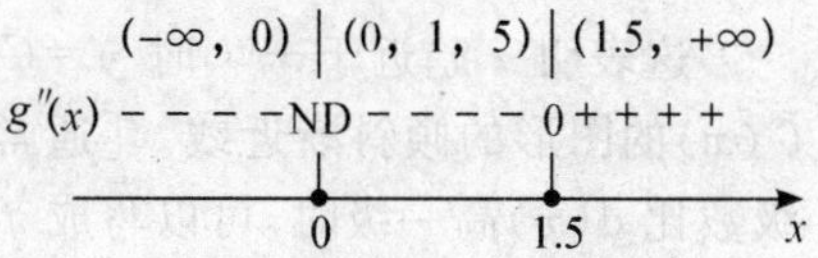

图 2-37

函数 $g(x)$在区间$(-\infty,0)$和$(0,1.5)$上是凹向下的，在区间$(1.5,+\infty)$上是凹向上的，并且在 $x=1.5$ 处有一个拐点。

第四步，画出 g 的图形。列出关键点，注意到坐标轴是渐近线，画出图形如图 2-38 所示。

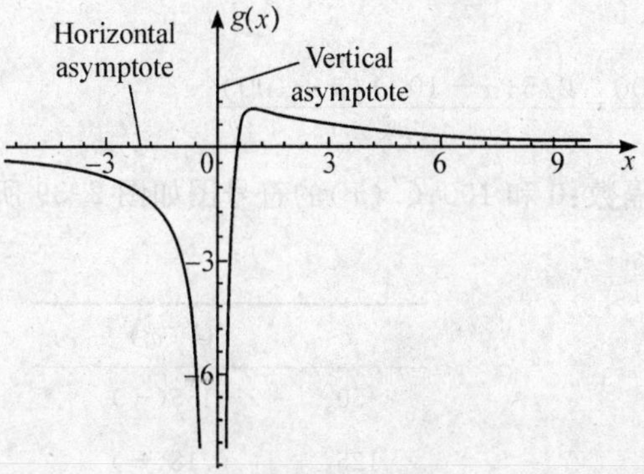

x	$g(x)$
-10	-0.21
-1	-3
0.5	0
1	1
1.5	0.89
10	0.19

图 2-38

例 3-6 成本函数 $C(x)=5\,000+0.5x^2$，x 是生产的产品数，用图形法来分析平均成本函数的图形。阐述出相关的信息并画出平均成本函数的图形。求出边际成本函数并在相同的坐标系中画出它的图形。

解：平均成本函数是 $\overline{C}(x)=\frac{5\,000+0.5x^2}{x}=\frac{5\,000}{x}+0.5x$。

第一步，分析 $\overline{C}(x)$。

定义域：对于本题来说 x 的负值是没有意义的，且 $\overline{C}(0)$没有定义，所以定义域是一系列正实数。

截距：没有。

水平渐近线：$\frac{a_m x^m}{b_n x^n}=\frac{0.5x^2}{x}=0.5x$，因此，没有水平渐近线。

垂直渐近线：因为 $x=0$ 时分母为 0 而分子不为 0，所以直线 $x=0$ 是垂直渐近线。

倾斜渐近线：如果 x 趋近于 $+\infty$ 或 $-\infty$ 时，函数图形趋近于一条既不水平又不垂直的直线，那么这条直线被称为倾斜渐近线。如果 x 是一个大的正数，那么 $5\,000/x$ 是很小的，所以 $\overline{C}(x)=\frac{5\,000}{x}+0.5x\approx0.5x$，也就是说

$$\lim_{x\to\infty}[\overline{C}(x)-0.5x]=\lim_{x\to\infty}\frac{5\,000}{x}=0$$

这表明 x 趋近于 $+\infty$ 时 $y=\overline{C}(x)$ 的图形趋近于直线 $y=0.5x$，这条直线是 $y=\overline{C}(x)$ 的图形的倾斜渐近线。[通常，当 $f(x)=n(x)/\mathrm{d}(x)$ 是有理函数，并且 $n(x)$ 的级数比 $\mathrm{d}(x)$ 高一级时，可以写成 $f(x)=mx+b+r(x)/\mathrm{d}(x)$ 的形式，其中 $r(x)$ 的级数比 $\mathrm{d}(x)$ 的低。直线 $y=mx+b$ 就是 $y=f(x)$ 的图形的倾斜渐近线。

第二步，分析 $\overline{C}'(x)$。

$$\overline{C}'(x)=-\frac{5\,000}{x^2}+0.5$$

$$=\frac{0.5x^2-5\,000}{x^2}=\frac{0.5(x-100)(x+100)}{x^2}$$

$\overline{C}(x)$ 的临界点：100；$\overline{C}'(x)$ 的分隔数：0 和 100；$\overline{C}'(x)$ 的符号图如图 2-39 所示。

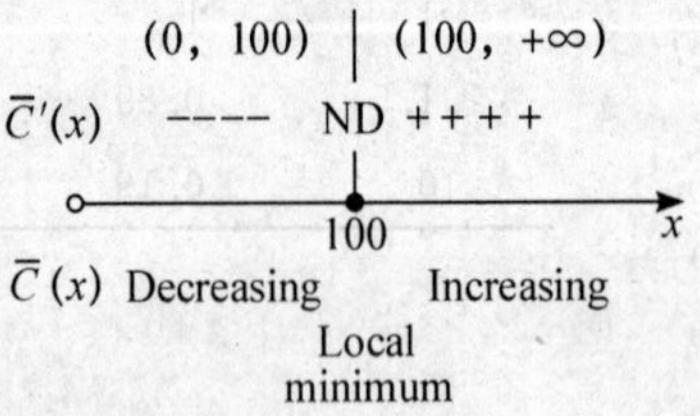

x	$\overline{C}'(x)$
50	$-1.5(-)$
125	$0.18(-)$

图 2-39

因此，$\overline{C}(x)$ 在区间 $(0,100)$ 上递减，在区间 $(100,\infty)$ 上递增，并在 $x=100$ 处有一个局部极小值。

第三步，分析 $\overline{C}''(x)$。

$$\overline{C}''(x)=\frac{10\,000}{x^3}$$

$\overline{C}''(x)$ 对于所有正数 x 都是正的，所以 $y=\overline{C}(x)$ 的图形在区间 $(0,+\infty)$ 上是凹向上的。

第四步，画出 $\overline{C}$ 的图形，如图 2-39 所示。

边际成本函数 $C'(x)=x$，它的图形如图 2-40 所示。图 2-39 中的图形阐述了一个很重要的经济学原理：边际成本和平均成本相等处就是最小平均成本处。

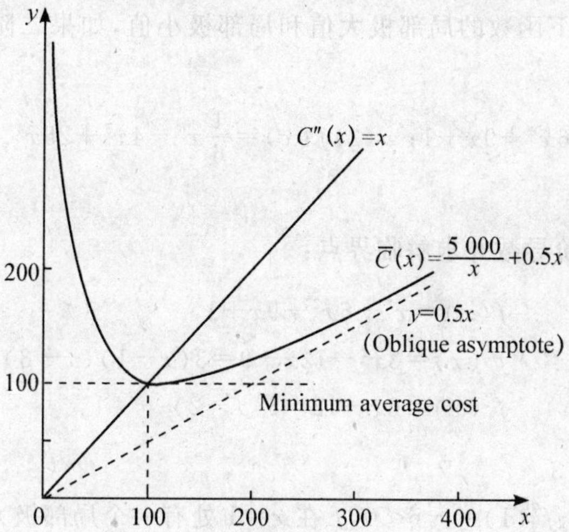

图 2-40

4. 绝对极大值和绝对极小值

例 4-1 求函数 $f(x)=x^3+3x^2-9x-7$ 在下列区间上的绝对极大值和绝对极小值。

(1)[−6,4]； (2)[−4,2]； (3)[−2,2]。

解:(A)函数 $f(x)$ 对于所有的 x 值都是连续的。

$$f'(x)=3x^2+6x-9=3(x-1)(x+3)$$

因此,$x=-3$,$x=1$ 是区间(−6,4)内的临界点。求 f 在临界点和两端点的值(−6,−3,1,4),从这些值中选出最大值和最小值：

$f(-6)=-61$ 绝对极小值

$f(-3)=20$;$f(1)=-12$;$f(4)=69$ 绝对极大值

(2)对区间[−4,2],如表 2-9 所示,20 是绝对极大值,−12 是绝对极小值；

(3)对区间[−2,2],如表 2-10 所示,15 是绝对极大值,−12 是绝对极小值。临界点 $x=-3$ 不在区间[−2,2]中,所以表中没有计算 $x=-3$ 时的 $f(x)$ 值。

表 2-9

x	$f(x)$
−4	13
−3	20
1	−12
2	−5

表 2-10

x	$f(x)$
−2	15
1	−12
2	−5

例 4-2　求解以下函数的局部极大值和局部极小值，如果二阶导数法适用的话就用二阶导数法求解：

(1) $f(x)=x^3-6x^2+9x+1$；　(2) $f(x)=\frac{1}{6}x^6-4x^5+25x^4$。

解：

(1)求一阶和二阶导数并求解临界点：

$$f(x)=x^3-6x^2+9x+1$$
$$f'(x)=3x^2-12x+9=3(x-1)(x-3)$$
$$f''(x)=6x-12=6(x-2)$$

临界点是：$x=1, x=3$。

$$f''(1)=-6<0, f \text{ 在 } x=1 \text{ 处有一个局部极大值}$$
$$f''(3)=6>0, f \text{ 在 } x=3 \text{ 处有一个局部极小值}$$

(2) $f(x)=\frac{1}{6}x^6-4x^5+25x^4$

$$f'(x)=x^5-20x^4+100x^3=x^3(x-10)^2$$
$$f''(x)=5x^4-80x^3+300x^2$$

临界点是：$x=0, x=10$。

$f''(0)=0$，二阶导数法对两个临界点都不适用，所以用一阶导数法

$f''(10)=0$

$f'(x)=x^3(x-10)^2$（分隔数是 0 和 10）的符号图如图 2-41 所示。

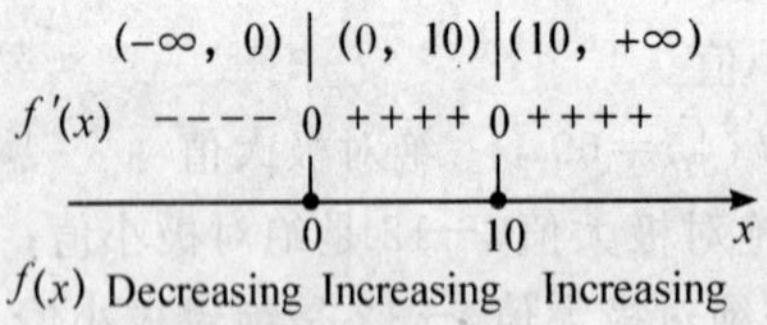

x	$f'(x)$
−1	−121(−)
1	81(+)
11	1 331(+)

图 2-41

从符号图可以看出，$f(x)$在 $x=0$ 处有一个局部极小值，在 $x=10$ 处没有极值。

例 4-3　求函数 $f(x)=x+\frac{4}{x}$ 在区间 $(0,+\infty)$ 上的绝对极小值。

解：

$$f'(x)=1-\frac{4}{x^2}=\frac{x^2-4}{x^2}=\frac{(x-2)(x+2)}{x^2}$$

$$f''(x)=\frac{8}{x^3}$$

在区间(0,+∞)上唯一的临界点是 $x=2$。因为 $f''(2)=1>0$,因此 $f(2)=4$ 是 f 在区间(0,+∞)上的绝对极小值。

5. 最优化

例 5-1 最大化面积。

见第五节最优化面积和周长例题。

例 5-2 最小化周长。和例 5-1 中相似,房主觉得 800 in^2 的花园太小,打算增加到 1 250 in^2。那么要建一道栅栏来围绕 1 250 in^2 的花园最小成本是多少呢?花园的尺寸是多少呢?假设栅栏的原料成本与例 5-1 一样。

解:要画的简图与图 2-41 一样。考虑以最小的成本围 1 250 in^2 的花园的栅栏,可以表示成:

最小化:$C=8x+4y$,其中 $xy=1\,250$。

因为 x 和 y 代表距离,所以 $x\geqslant 0$ 且 $y\geqslant 0$,但是它们都不可能等于 0,因为它们的乘积必须是 1 250。

$$xy=1\,250,\quad y=\frac{1\,250}{x}$$

$$C(x)=8x+4\,\frac{1\,250}{x}=8x+\frac{5\,000}{x}\qquad x>0$$

该问题的模型是:

最小化 $\qquad C(x)=8x+\dfrac{5\,000}{x}\qquad$ 当 $x>0$

$$=8x+5\,000x^{-1}$$

$$C'(x)=8-5\,000x^{-2}=8-\frac{5\,000}{x^2}=0$$

$$8=\frac{5\,000}{x^2},\quad x^2=\frac{5\,000}{8}=625$$

$$x=\sqrt{625}=25(\text{负值舍去,因为 } x>0)$$

用二阶导数法来确定 $x=25$ 处 $C''(25)$的值。

$$C'(x)=8-5\,000x^{-2},\ C''(x)=0+10\,000x^{-3}=\frac{10\,000}{x^3}$$

$$C''(25)=\frac{10\,000}{25^3}=0.64>0$$

二阶导数的检验方法表明 $C(x)$在 $x=25$ 处有局部极小值,因为 $x=25$ 是 $x>0$ 时唯一的临界点，所以 $C(25)$ 肯定是 $C(x)$ 在 $x>0$ 的情况下的绝对极小值。当 $x=25$ 时，成本是：

$$C(25)=8(25)+\frac{5\,000}{25}=200+200=400$$

$$y=\frac{1\,250}{25}=50$$

建一道栅栏来围绕 1 250 in^2 的花园的最小成本是 400 美元，且尺寸是 50 in 乘以 25 in，有一边长 25 in 栅栏是用木头来建造的。

例 5-3 最大化收入。

见本章第五节的 2。

例 5-4 最大化利润。例 5-3 中生产 x 支自动铅笔每年的成本是 $C(x)=5\,000+2x$，公司的最大利润是多少？为了获得最大利润每支铅笔的售价是多少？应该生产多少支铅笔？

解：根据第五节 2 的收入模型，可以得到：

$$\begin{aligned}&\text{利润}=\text{收入}-\text{成本}\\&P(x)=R(x)-C(x)\\&\quad=10x-0.001x^2-5\,000-2x\\&\quad=8x-0.001x^2-5\,000\end{aligned}$$

利润的数学模型是：

$$\text{最大化 } P(x)=8x-0.001x^2-5\,000 \qquad 0\leqslant x\leqslant 10\,000$$

（对 x 的限制来自第五节 2 的解，收入模型）

$$P'(x)=8-0.002x=0$$

$$x=\frac{8}{0.002}=4\,000 \qquad \text{临界点}$$

$$P''(x)=-0.002<0 \qquad \text{对所有 } x \text{ 成立}$$

因为 $x=4\,000$ 是唯一的临界点且 $P''(x)<0$，所以

$$\text{最大化} \qquad P(x)=P(4\,000)=11\,000$$

当 $x=4\,000$ 时应用例 5-3 中的价格-需求等式，可以得到：

$$P=10-0.001(4\,000)=6, \quad P=10-0.001x$$

因此,每年生产 4 000 支铅笔,每支铅笔售价 6 美元,可以实现最大利润 11 000 美元。

由例 5-3 和例 5-4 中的结果知道最大收入和最大利润发生在不同的生产水平下,当 $P'(x)=R'(x)-C'(x)=0$ 即边际收入和边际成本相等时,利润最大。

例 5-5 最大化利润。政府决定向例 5-4 中的生产铅笔的厂家收税,每支笔收 2 美元的税。考虑到这个额外的成本,这家工厂每周应该生产多少支铅笔才能最大化利润?每周的最大化利润是多少?每支铅笔售价多少才能实现每周的最大化利润?

解: 每支笔 2 美元的税收改变了上例中的成本等式:

$$\begin{aligned} C(x) &= \text{原始成本}+\text{税收} \\ &= 5\,000+2x+2x \\ &= 5\,000+4x \end{aligned}$$

新的利润函数是:

$$\begin{aligned} P(x) &= R(x)-C(x) \\ &= 10x-0.001x^2-5\,000-4x \\ &= 6x-0.001x^2-5\,000 \end{aligned}$$

因此,必须解决下面的问题:

最大化 $P(x)=6x-0.001x^2-5\,000 \quad 0\leqslant x\leqslant 10\,000$

$P'(x)=6-0.002x$

$6-0.002x=0$

$x=3\,000$ 临界值

$P''(x)=-0.002<0$ 对所有 x 均成立

最大化 $P(x)=P(3\,000)=4\,000$

$x=3\,000$ 时,根据例 5-3 中的价格-需求等式,可以得到:

$$P=10-0.001(3\,000)=7, P=10-0.001x$$

因此,该工厂每周生产 3 000 支铅笔,以每支铅笔 7 美元的售价,可以实现每周的最大利润是 4 000 美元。

例 5-6 最大化收入。一家管理培训公司举办一次讲解管理技巧的培训班,如果参加培训班的人每人交 400 美元培训费的话,将有 1 000 人参加这个培训班,如果减少 5 美元的培训费,公司预计将会多 20 个人参加培训班。那么为了最大化收入,公司应该收取每人多少培训费?最大收入是多少?

解:设 x 代表减少 5 美元的次数,那么

$400-5x$=每人交的培训费

$1\,000+20x$=参加培训的人数

收入=(每人交的培训费)×(参加培训的人数)

$$R(x)=(400-5x)\times(1\,000+20x)$$

因为培训费不能是负的,所以

$$400-5x\geqslant 0$$

$$400\geqslant 5x$$

$$x\leqslant 80$$

最大化 $R(x)=(400-5x)\times(1\,000+20x) \quad 0\leqslant x\leqslant 80$

$$R(x)=400\,000+3\,000x-100x^2$$

$$R'(x)=3\,000-200x=0$$

$$3\,000=200x$$

$x=15$ 临界点

因为 $R(x)$ 在区间 $[0,80]$ 是连续的,可以构建一个表来确定图形的变化。表 2-11 表明 $R(15)=422\,500$ 美元是绝对最大收入。$x=15$ 时,培训费是 $400-5(15)=325$ 美元。因此,公司为了实现最大化收入 422 500 美元,应向每人收取 325 美元的培训费。

例 5-7 最大化收入。经过分析,例 5-6 的管理培训公司觉得他们对参加培训的人数估计过高,所以他们新的预计是:培训费每减少 5 美元就会多 10 人参加培训班。其他条件保持不变,在这种情况下为了最大化收入,公司应该每人收取多少培训费?新的最大收入是多少?

解:在新的假设下,模型变成:

最大化 $R(x)=(400-5x)\times(1\,000+10x) \quad 0\leqslant x\leqslant 80$

$$=400\,000-1\,000x-50x^2$$

$$R'(x)=-1\,000-100x=0$$

$$-1\,000=100x$$

$x=-10$ 临界点

注意到 $x=-10$ 不在区间 $[0,80]$ 内,因为 $R(x)$ 在区间 $[0,80]$ 是连续的,可以用一个表来找到绝对最大值。表 2-12 表明最大收入是 $R(0)=400\,000$ 美元,公司应该保持每人收 400 美元培训费,培训费减少会导致收入下降。

表 2-11

x	$R(x)$
0	400 000
15	422 500
80	0

表 2-12

x	$R(x)$
0	400 000
80	0

三、自测题及答案

自测题

1. $f(x)=x^4+5x^3$, find $f''(x)$.

2. $f(x)=x^3-18x^2+81x$, summarize all the pertinent information obtained by applying the graphing strategy for polynomials and sketch the graph of f.

3. Use the graph of $y=f'(x)$ to discuss the graph of $y=f(x)$. Organize your conclusion in a table. Sketch a possible graph of $y=f(x)$.

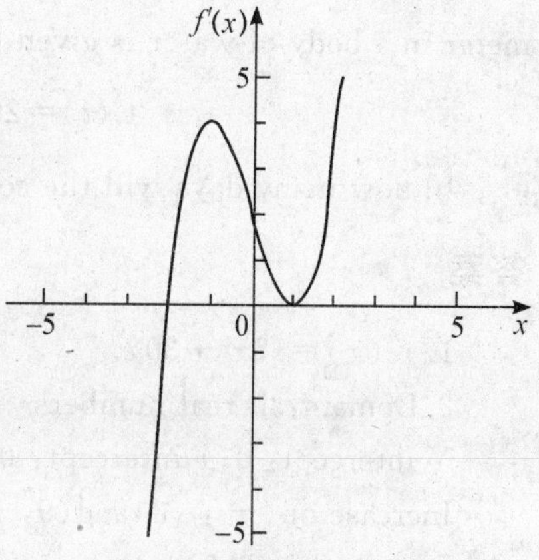

Figure for problem 3

4. Use the second-derivative test to find any local extrema for $f(x)=x^3-6x^2-15x+12$.

5. Find the absolute maximum and minimum, if either exists, for $y=f(x)=x^3-12x+12$, $-3\leqslant x\leqslant 5$.

6. Discuss the difference between a partition number for $f'(x)$ and a critical value for $f(x)$, and illustrate with examples.

7. Maximum revenue and profit. A company manufactures and sells x electric stoves per month. The monthly cost and price-demand equation are:

$$C(x)=350x+50\,000$$

$$p=500-0.025x \quad 0\leqslant x\leqslant 20\,000$$

find: (A) the maximum revenue.

(B) How many stoves should the company manufacture each month to maximize its profit? What is the maximum monthly profit? How much should the company charge for each stove?

(C)If the government decide to tax the company \$20 for each stove it produces, how many stoves should the company manufacture each month to maximize its profit? How much should the company charge for each stove?

8. Inventory control. A company store sells 7 200 boxes of floppy disks annually. It costs the store \$0.2 to store a box of disks for one year. Each time it reorders disks, the store must pay a \$5 service charge for processing the order. How many times during the year should the store order disks to minimize the total storage and reorder costs?

9. Average cost. The total cost of producing x garbage disposals per day is given:

$$C(x)=4\,000+10x+0.1x^2$$

Find the minimum average cost. Graph the average cost and the marginal cost functions on the same coordinate system. Include any oblique asymptotes.

10. Bacteria control. If t days after a treatment, the bacteria count per cubic centimeter in a body of water is given by:

$$C(t)=20t^2-120t+800,\quad 0\leqslant t\leqslant 9$$

In how many days will the count be a minimum?

答案

1. $f''(x)=12x^2+30x$.

2. Domain: all real numbers

Y intercept: 0; x intercept: 0 and 9.

Increase on $(-\infty,3)$ and $(9,+\infty)$,

Decrease on $(3,9)$.

Local maximum at $x=3$,

Local minimum at $x=9$.

Concave upward on $(6,+\infty)$,

Concave downward on $(-\infty,6)$.

Inflect point at $x=6$.

Show as the right figure.

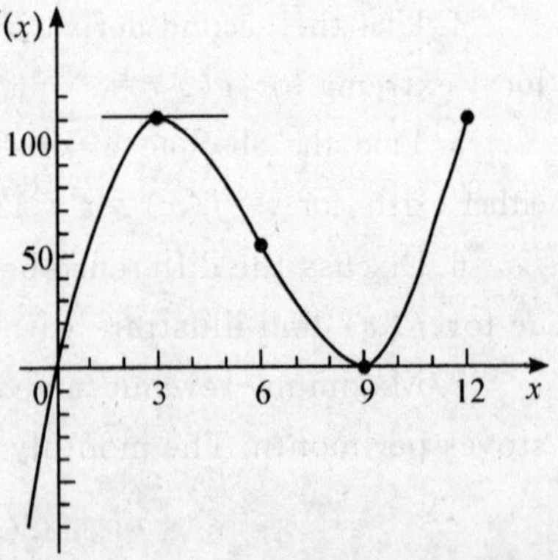

Figure for problem 2

3.

x	$f'(x)$	$f(x)$
$-\infty<x<-2$	Negative and increasing	Decreasing and concave upward
$x=-2$	x intercept	Local minimum

续表

x	$f'(x)$	$f(x)$
$-2<x<-1$	Positive and increasing	Increasing and concave upward
$x=-1$	Local maximum	Inflection point
$-1<x<1$	Positive and decreasing	Increasing and concave downward
$x=1$	Local minimum	Inflection point
$1<x<\infty$	Positive and increasing	Increasing and concave upward

Possible figure as the left figure on next page.

4. Local maximum at $x=-1$, local minimum at $x=5$.

5. Min $f(x)=f(2)=-4$; Max $f(x)=f(5)=77$.

6. A critical value for $f(x)$ is a partition number for $f'(x)$ that is also in the domain of f For example, if $f(x)=x^{-1}$, then 0 is a partition number for $f'(x)=-x^{-2}$, but 0 is not in the domain of $f(x)$.

7. (A) Max $R(x)=R(10\,000)=\$2\,500\,000$.

(B) Maximum profit is \$175 000 when 3 000 stoves are manufactured and sold for \$425 each.

(C) Maximum profit is \$119 000 when 2 600 stoves are manufactured and sold for \$435 each.

8. 12 orders/year.

9. Min $\overline{C}(x)=\overline{C}(200)=50$.

10. 3 days.

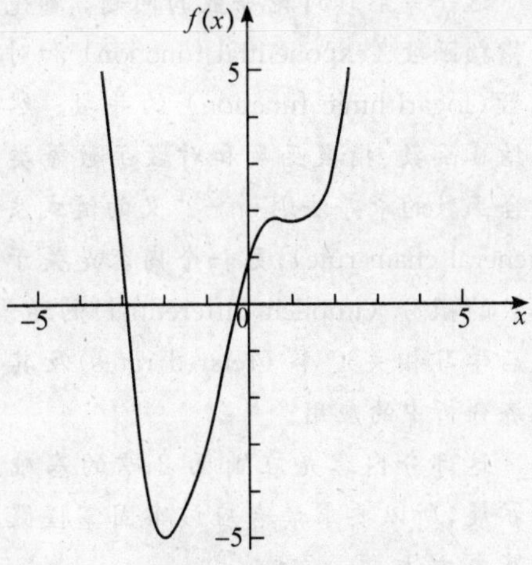

Figure for problem 3

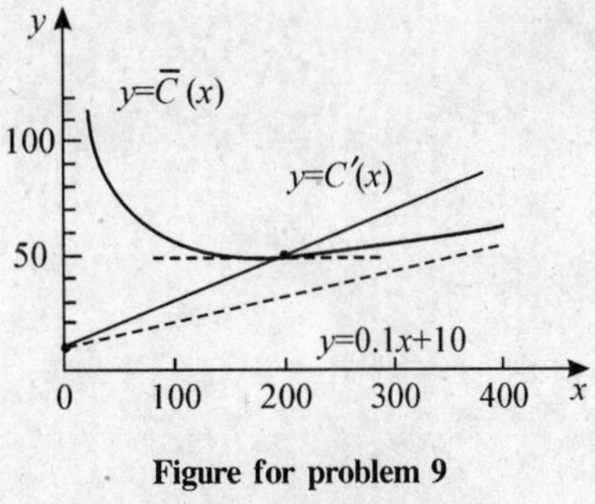

Figure for problem 9

建议:这是一套基本要求的题目,希望读者能在 120 分钟内完成。

第三章 导数的进一步问题

Additional Derivative Topics

主要内容和概念

典型例题解析

自测题及答案

这一章继续讨论导数的问题。首先讨论指数函数（exponential function）和对数函数（logarithmic function）的导数；然后总结幂函数、指数函数和对数函数等类的复合函数的求导法则——广义的链式法则（general chain rule）；另一个内容是关于隐函数的微分（implicit differential）的运算；最后学习相关速率（related rates）及其在经济分析中的应用。

这部分内容是在前面2章的基础上的扩展，所以要求读者应该牢固掌握微分的基本方法。

本章的重点：指数函数、对数函数和隐函数的求导方法。

本章的难点：隐函数的求导和求导的链式法则。

一、主要内容和概念

前 2 章主要讨论了与幂函数相关的导数及其应用。本章再介绍 2 种其他类型的函数：指数函数、对数函数的导数以及隐函数的导数问题。前一章讨论的利用导数作函数的简图和确定函数的极值的方法具有普遍的意义，也可以用于指数函数和对数函数。

第一节 常数 e 和连续复利

The constant e and continuous compound interest

1. 常数 e (The constant e)

无理数 e 在某些指数和对数函数中被作为底使用，如 e^x，$\ln x$。此外，很多自然现象也与 e 有关。这里我们利用极限的概念，重新认识这个重要的无理数 e。

定义：e 为下列极限：

$$e=\lim_{n\to\infty}\left(1+\frac{1}{n}\right)^n \quad 或 \quad e=\lim_{s\to 0}(1+s)^{1/s} \tag{3-1}$$

理论的证明超出了我们课程的范围，但是，可以用数值试算的方式看到，无论 s 从左边趋近于 0，还是从右边趋近于 0，$(1+s)^{1/s}$ 表示的是逐渐趋近于同一个值：2.718 281…。这个值被定义为 e。显然，e 是一个无理数，它经常被用于描述诸多的自然现象，连续复利是其中的一个。

2. 连续复利 (Continuous compound interest)

为了帮助读者理解连续复利的分析和计算，我们从简单的单利开始，然后讨论复利，最后讨论连续复利。

如果，甲在银行开一个账户存入了 P 的资金，称为本金(principal)，银行按照年利率 r(annual rate)计算，那么 t 年后，甲在该账户的资金数量 A 为：

$$A=P+Prt=P(1+rt) \tag{3-2}$$

这是单利的计算公式。

如果，银行的年利率仍然是 r，但是每年计算 n 次的利息，这称为复利。复利与单利的区别是，单利的本金是固定的，而复利的本金是不断变化的。复利是一年内计算多次(n)利息，对于复利，有多种不同的计算复利的类型，如每半年计算一次利息，或每季度计算一次利息，每月计算一次利息……。每次计算完利息后，本金＋利息＝下次计算利息的本金。可见，复利的本金是不断地增加，上个计算期的利息在下个计算期成为本金。因此，上个计算期的利息在下个计算期又获得利息，因此称为复利。计算复利时在每个算期内是按照单利的方法计算出新的本金。所以，第一个计算期满后，甲在该账户的资金数量 A_1 为：

$$A_1=P\left(1+\frac{r}{n}\right) \qquad t=1$$

由于 r 为年利率，每年计算复利 n 次，每个计算期的利率为 $\frac{r}{n}$。

第二个计算期满后，甲在该账户的资金数量 A_2 为(注意是以 A_1 为本金计算，且 $t=1$)：

$$A_2=A_1\left(1+\frac{r}{n}\right)=P\left(1+\frac{r}{n}\right)^2$$

第三个计算期满后，甲在该账户的资金数量 A_3 为(是以 A_2 为本金计算)：

$$A_3=A_2\left(1+\frac{r}{n}\right)=P\left(1+\frac{r}{n}\right)^3$$

按照这个方法得到 t 年后，甲在该账户的资金数量 A 为：

$$A=P\left(1+\frac{r}{n}\right)^{nt} \tag{3-3}$$

这就是复利的计算公式。

如果计算复利的时间变得更短，如按照每天一个周期，计算复利，或每个小时为一个周期，甚至每分钟是一个计算周期……，n 的次数将变得非常大。我们利用极限的概念，使 n 趋近无限大，得到连续复利的计算公式：

$$A=\lim_{n\to\infty}P\left(1+\frac{r}{n}\right)^{nt}=P\lim_{n\to\infty}\left(1+\frac{r}{n}\right)^{\left(\frac{n}{r}\right)rt}$$

$$\xrightarrow{s=\frac{r}{n},\,n\to+\infty,\,s\to 0}P\lim_{s\to 0}\left[(1+s)^{\frac{1}{s}}\right]^{rt}=Pe^{rt}$$

$$A=Pe^{rt} \quad (3\text{-}4)$$

这就是连续复利的计算公式。

利用这个公式可以计算存在银行的资金何时能变成原来的 2 倍(doubling time)等实际问题。

第二节　指数函数和它的导数
Exponential functions and their derivatives

这一节首先讨论复合函数的概念,然后讨论指数函数的导数和利用导数的特点作指数函数的图形,最后讨论指数函数的导数的应用。

1. 复合函数 (Composite function)

复合函数的定义:如果函数 $m(x)$可以写为:

$$m(x)=f[g(x)]$$

那么,$m(x)$是函数 $f(x)$, $g(x)$的复合函数。

很多复杂的函数往往是由多个简单函数复合而成。因此,掌握复合函数的概念,对复杂函数的求导非常有帮助。

2. 指数函数 e^x 的导数

利用求导数的四步法和重要的极限公式$\lim\limits_{h\to 0}\frac{e^h-1}{h}=1$,我们得到 e^x 的导数:

$$\frac{d}{dx}e^x=e^x \quad (3\text{-}5)$$

读者要注意幂函数与指数函数的区别。比较幂函数 $f(x)=x^n$,和指数函数 $g(x)=e^x$,可以看出,它们的主要区别是:幂函数的指数是常数,但指数函数的底是常数,而指数函数的指数是自变量的函数。因此,不能将幂函数的求导公式用于指数函数的求导运算。

指数函数的求导公式可以与已经学的其他求导公式和法则联合应用。例如,指数函数与幂函数的积的导数可以用 2 个函数的积的求导法则。同样,我们也可以将链式法则(chain rule)用于指数函数,得到更通用的指数函数的求导公式:

$$\frac{d}{dx}e^u=e^u\frac{d}{dx}u=e^u u' \quad (3\text{-}5')$$

这里，u 可以是函数，也可以是自变量。如果 u 是自变量，这个公式与式(3-5)相同。

3. 指数函数的图形

我们可以将上一章学习的利用函数的导数作函数图形的方法，用于绘制指数函数图形。绘制指数函数图形的步骤与其他函数的步骤相同，也分为 4 步：

第一步，分析函数 Analyze function $f(x)$，确定：

(A)定义域 domain。

(B)y 轴的截距 y intercept：$f(0)$ 的值；

x 轴的截距 x intercept：$f(x)=0$ 的解。

(C)垂直渐近线 vertical asymptotes；

水平渐近线 horizontal asymptotes。

第二步，分析一阶导数 Analyze $f'(x)$，确定：

函数的临界值点 critical value for $f(x)$；

分割点 partition number for $f'(x)$；

作一阶导函数的正、负符号图 sign chart for $f'(x)$。

第三步，分析二阶导数 Analyze $f''(x)$，确定：

函数的拐点 inflection point；

作二阶导函数的正、负符号图 sign chart for $f''(x)$；

确定函数的凸凹性 concavity of $f(x)$。

第四步，作函数的简图。

我们将在练习中讨论具体的方法。

第三节　对数函数和它的导数

Logarithmic functions and their derivatives

对数与指数是互为逆运算，而对数函数与指数函数是反函数。下边的比较说明了它们的联系。

	对数函数	指数函数
函数形式：	$y=\log_b x$	$x=b^y$
自变量的定义域：	$(0,+\infty)$	$(-\infty,+\infty)$
函数的值域：	$(-\infty,+\infty)$	$(0,+\infty)$

另外，对数函数的图形与指数函数的图形是对称于 $y=x$ 的直线。

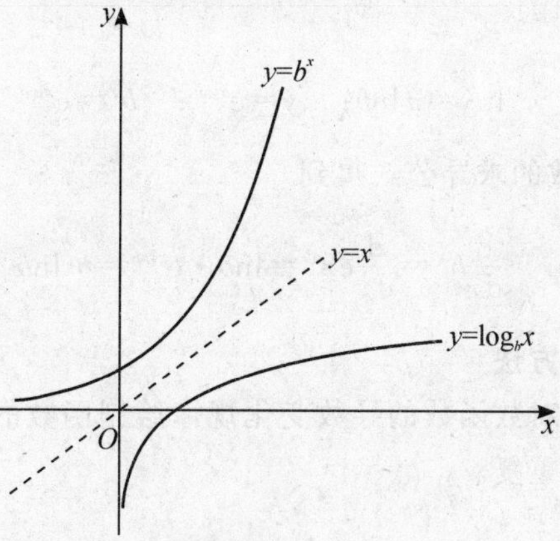

图 3-1

常见的对数函数有 2 种：以 10 为底的常用对数，表示为 $\lg x$；另一个是以 e 为底的自然对数，表示为 $\ln x$。

1. 自然对数函数的求导公式 derivative for ln*x*

$$\frac{\mathrm{d}}{\mathrm{d}x}\ln x=\frac{1}{x} \tag{3-6}$$

通用的自然对数函数求导的法则：

$$\frac{\mathrm{d}}{\mathrm{d}x}\ln u=\frac{1}{u}\frac{\mathrm{d}}{\mathrm{d}x}u=\frac{u'}{u} \tag{3-7}$$

u 可以是自变量，也可以是自变量 x 的函数。

2. 其他类型的对数函数和指数函数的求导公式

利用对数函数的换底公式，可以将以 b 为底的对数换成以 e 为底的自然对数：

$$y=\log_b x=\frac{1}{\ln b}\ln x \qquad \text{换底公式}$$

然后利用自然对数的求导得到

$$\frac{\mathrm{d}}{\mathrm{d}x}\log_b x=\frac{1}{\ln b}\frac{1}{x} \tag{3-8}$$

同样，利用指数函数的换底公式，可以将以 b 为底的指数函数换成以 e 为底的指数函数：

$$y=b^x$$

取对数得到

$$\ln y = x\ln b;\quad y = e^{x\ln b};\quad b^x = e^{x\ln b}$$

然后，利用指数函数的求导公式得到

$$\frac{d}{dx}b^x = \frac{d}{dx}e^{x\ln b} = \ln b \cdot e^{x\ln b} = b^x \ln b \tag{3-9}$$

3. 对数函数的作图方法

我们同样可以利用对数函数的导数变化规律绘制函数的图形，作图的方法与幂函数、指数函数相同，不再重复。

第四节　链式法则：需求的弹性

Chain rule: elasticity of demand

我们讨论了利用链式法则，将 3 类常见函数幂函数 x^n、指数函数 e^x 和对数函数 $\ln x$ 的求导公式扩展成为广义求导公式。下面讨论将复合函数的求导方法与链式法则相结合的求导方法。

1. 链式法则 Chain rule

定义：如果 y 是复合函数，表示为 f 和 g 的复合：

$$y = m(x) = f[g(x)]$$

引入中间变量 u，定义 $u = g(x)$，则 y 可以写为

$$y = f(u)$$

如果 $\frac{dy}{du}$ 和 $\frac{du}{dx}$ 都存在，那么

$$\frac{dy}{dx} = \frac{dy}{du}\frac{du}{dx} \tag{3-10}$$

这就是说，函数 y 对自变量 x 的导数，等于对中间变量 u 的导数乘以中间变量 u 对自变量 x 的导数。这样，就把求函数 y 对自变量 x 的导数，分成 2 步，每一步都是比较简单的基本初等函数的求导。

链式法则和复合函数的求导相结合，得到幂函数、指数函数和对数函数的广义的求导法则，归纳为 3 个公式：

$$\frac{\mathrm{d}}{\mathrm{d}x}[f(x)]^n = n[f(x)]^{n-1}f'(x) \tag{3-11}$$

$$\frac{\mathrm{d}}{\mathrm{d}x}\ln[f(x)] = \frac{1}{f(x)}f'(x) \tag{3-12}$$

$$\frac{\mathrm{d}}{\mathrm{d}x}\mathrm{e}^{f(x)} = \mathrm{e}^{f(x)}f'(x) \tag{3-13}$$

上述3个公式是利用复合函数求导的链式法则得到的结果，它们大大扩展了求导的功能。例如，式(3-11)不仅可以求幂函数 x^n 的导数，也可以求 $(1+x^3)^5$ 的导数。同样式(3-13)不仅可以求指数函数 e^x 的导数，也可以求 $\mathrm{e}^{(1+x^2)}$ 的导数。

利用链式法则的复合函数求导公式的关键是，适当的选择中间变量，将所给的复杂函数拆成2个或多个基本的初等函数的复合，然后将2个或几个导数相乘得到复杂函数的导数。

2. 相对变化率 Relative rate of change

函数或变量的变化量的描述有2种方法：绝对变化和相对变化。如变量 y 从 y_1 变到 y_2，绝对变化为 $\Delta y = y_2 - y_1$；但变量 y 的相对变化为 $\dfrac{\Delta y}{y}$。

定义 相对变化率和百分比变化率

一个函数的相对变化率定义为函数的导数与函数的比，即 $\dfrac{f'(x)}{f(x)}$；

百分比变化率就是相对变化率的百分数表示，即 $\dfrac{f'(x)}{f(x)} \times 100\%$。

由式(3-12)知道，复合的对数函数的导数与函数的相对变化率表达是完全相同，因此，函数的相对变化率又称为函数对数的导数(logarithmic derivative)。

3. 需求弹性 Elasticity of demand

在经济学中有一个需求法则：当商品价格上涨时，会导致需求量减少；当价格下跌时，会导致需求量增加；但是它并没有说明价格与需求量变动的对应关系，对某些物品而言，需求量是对价格变动具有敏感性，某些物品的需求量是对价格变动不具有敏感性。如果我们想要知道更多有关价格变动后，需求量会发生什么变动？我们需要一个衡量需求量对价格变动敏感性的关系，经济学称为需求弹性。需求弹性是经济学者和商业分析家常用的研究价格变化对需求量的影响的重要指标。

如果 x 为需求量，p 为价格，两者的关系可以用价格与需求量关系方程表示：

$$x = f(p) \tag{3-14}$$

如果价格变化，显然会引起需求量的变化。我们利用需求的相对变化率与价格的相对

变化率的比来衡量需求对价格变动敏感性(也就是需求弹性),即

$$\text{需求弹性}=-\frac{\text{需求的相对变化率}}{\text{价格的相对变化率}}=-\frac{\frac{\mathrm{d}x}{x}}{\frac{\mathrm{d}p}{p}}=-\frac{\frac{f'(p)}{f(p)}}{\frac{1}{p}}=-\frac{pf'(p)}{f(p)}$$

由于商品价格上涨时,会导致需求量减少,所以需求的相对变化率与价格的相对变化率之比一定是个负数。为了将需求弹性表示为一个正数,所以上述表达式前加上了个“－”号。

定义:需求弹性 Elasticity of demand

如果价格与需求的关系方程为 $x=f(p)$,那么需求弹性 $E(p)$为:

$$E(p)=-\frac{\frac{f'(p)}{f(p)}}{\frac{1}{p}}=-\frac{pf'(p)}{f(p)} \tag{3-15}$$

需求弹性 $E(p)$表示的实际意义是,成当价格有单位变化时,需求的变化率是多大。

由式(3-12)知道,需求函数的对数的导数,和价格对数的导数分别表示需求相对变化率和价格的相对变化率。因此,也可以表示为:

$$\text{需求量的弹性}=-(\text{需求量的相对变化率}/\text{价格相对变化率})=-\frac{\frac{\mathrm{d}}{\mathrm{d}p}\ln f(p)}{\frac{\mathrm{d}}{\mathrm{d}p}\ln p}$$

(1)如果 $0\leqslant E(p)<1$,称需求量是非弹性的。它表明需求量对价格的变化不敏感,价格变化引起的需求量的变化比较小。

(2)如果 $E(p)>1$,称需求量是弹性的。它表明需求量对价格的变化敏感,微小的价格变化将引起的需求量的较大的变化。

(3)如果 $E(p)=1$,需求量是单位变化。它表明需求量与价格的变化相同。

我们还可以进一步研究销售收入与需求弹性的关系。销售收入 $R(p)$ 与价格 p,需求量 x 的关系为:

$$R(p)=xp=pf(p) \quad \text{将需求量表示成价格的函数 } x=f(p) \tag{3-16}$$

将上式对价格求导得到收入的变化率随需求量弹性关系:

$$\begin{aligned}R'(p)&=pf'(p)+f(p)=f(p)\left[\frac{pf'(p)}{f(p)}+1\right]\\&=f(p)[1-E(p)] \quad \text{将式(3-15)代入}\end{aligned} \tag{3-17}$$

分析式(3-17),因为 $f(p)$ 表示的是需求量,它总是正数,因此,销售收入随价格的变化率 $R'(p)$ 取决于 $E(p)$是大于1(弹性)还是小于1(非弹性)。

如果 $E(p)$小于1(非弹性),由式(3-17)看出,$R'(p)>0$,销售收入 $R(p)$ 是增函数。因此,价格升,销售收入增加;价格降,销售收入减少。

如果 $E(p)$大于1(弹性),$R'(p)<0$,收入 $R(p)$ 是减函数。价格升,销售收入减少;价格降,销售收入增加。

经营者可以利用这些规律确定价格的升、降,达到增加销售收入目的。

第五节　隐函数的微分

Implicit differentiation

如果函数能写成 $y=f(x)$ 的形式,我们称这是显性(explicit)表达式;但也有些函数的关系只能用方程的形式 $F(x,y)=xy^2-2xy+y^3+5x$ 表示,这种表达式称为隐性表达式(implicit),又称隐函数。隐函数中涉及2个变量,其中一个为自变量(independent variable),另一个为因变量(dependent variable)。因为,因变量是自变量的函数,因此求导过程中,因变量的求导应该按照复合函数求导进行。

如:$x^2-2xy+y^3+5x=0$ 中 x 是自变量,求 y 对 x 的导数。

每一项分别对 x 求导,注意 y 是 x 的函数,第3项 y^3,先对 y 求导,然后 y 对 x 求导,得到:

$$2x-2y-2xy'+3y^2y'+5=0$$

将含有 y' 同类项合并,解出 y',有

$$y'=\frac{2x-2y+5}{2x-3y^2}$$

有些函数不可能写成显式,必须用隐函数求导方法。

第六节　相关速率

Related rates

首先分析一个例子,通过这个常见的问题引入互相关联的量的变化率(相关速率)。

一个梯子立在墙面和地面上，如图 3-2 所示。

梯子的长度是 5 m，如果 B 端以 3 m/s 的速度向外移动，当 $OB=3$ m 时，求梯子上端 A 的速度？显然，A、B 两端的速度是有联系的，因为梯子的长度是确定的。假设，OB 为 x，OA 为 y，在任意时刻都有：

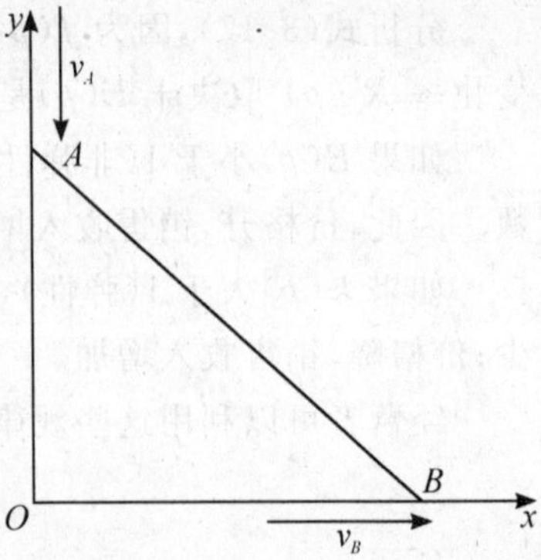

图 3-2

$$x^2+y^2=(AB)^2$$

在运动的过程中，x，y 都是时间 t 的函数。

利用隐函数求导的方法，将上式对时间求导，得到

$$2x\frac{dx}{dt}+2y\frac{dy}{dt}=0$$

$\frac{dx}{dt}$ 是 B 点的速度，$\frac{dy}{dt}$ 就是 A 点的速度。由上式得到

$$\frac{dy}{dt}=-\frac{x}{y}\frac{dx}{dt}$$

这就是互相关联的 2 个量的变化率问题。

一般情况下，如果 2 个变量同时是第三个变量的函数，这 2 个变量通过一个方程联系起来，可以用隐函数求导的方法，求 2 个变量对自变量的导数。

二、典型例题解析

本章的例题分 5 个部分：连续复利计算，指数函数的导数，对数函数的导数，求导的一般公式——链式法则，最后是隐函数的导数和互相关联的变化率。

1. 连续复利的计算（Continuous compound interest）

例 1-1 若将 100 元存在银行，存期 2 年，年利率 6%，分别计算在不同计息方式下，到期后的资金（保留 2 位小数）：

(1)单利；(2)按照季度计算的复利；(3)连续的复利。

解：单利的计算公式为式(3-2)：

$$A=P(1+rt)=100\times(1+0.12)=112.00$$

复利的计算公式为式（3-3）：

$$A=P\left(1+\frac{r}{n}\right)^{nt}=100\left(1+\frac{0.06}{4}\right)^{4\times2}=112.65$$

连续复利的计算公式为式(3-4)：

$$A=Pe^{rt}=100e^{0.06\times2}=112.75$$

分析点评：注意年利率一般表示为百分数，但计算的公式使用的是小数，所以必须将年利率换成小数。另外在复利的计算公式中，n 为每年计算复利的次数。

例 1-2　若将 4 000 元资金投资于 8%年利率的连续复利的项目，计算需要几年资金增长为 6 000 元？

解：利用连续复利的计算公式（3-4）：

$$A=Pe^{rt}$$

已知 $A=6\,000$，$P=4\,000$ 和 $r=0.08$；求时间 t。代入公式得到：

$$e^{rt}=\frac{A}{P}$$

取自然对数，得到

$$rt=\ln\left(\frac{A}{P}\right) \tag{3-18}$$

解出
$$t=\frac{1}{r}\ln\left(\frac{A}{P}\right)=\frac{1}{0.08}\ln(1.5)=5.07$$

例 1-3　对于例 1-2，计算需要多长时间资金成为本金的 2 倍(doubling time)。

解：将 $A=2P$ 代入上面的式(3-18)，得到

$$rt=\ln(2) \tag{3-19}$$

解出
$$t=\frac{1}{r}\ln(2)=\frac{1}{0.08}\ln(2)=8.66$$

式(3-19)可以用来求本金增加 1 倍的时间，也可以用来求翻番需要的利率。

由式(3-19)得到

$$r=\frac{1}{t}\ln(2)$$

分析点评:连续复利的计算是经济分析和日常生活中常见的问题,应该区分3种计息方式的差别和计算方法,能够计算 duobling time。

2. 指数函数的导数 (The derivatives of exponential functions)

例 2-1 将下列函数写成简单函数的复合形式:

(1) $y=4e^{-3x}$;(2) $y=2e^{x^2+2x-5}$;(3) $y=\sqrt[5]{(1+t^2)^3}$;(4) $y=(3x^2-1)^6$。

解:

(1) 令 $u=g(x)=-3x, y=f(u)=4e^u, y=f[g(x)]=4e^{-3x}$;

(2) 令 $u=g(x)=x^2+2x-5, y=f(u)=2e^u, y=f[g(x)]=2e^{x^2+2x-5}$;

(3) 令 $u=g(t)=1+t^2, y=f(u)=\sqrt[5]{u^3}, y=f[g(t)]=\sqrt[5]{(1+t^2)^3}$;

(4) 令 $u=g(x)=(3x^2-1), y=f(u)=u^6; y=f[g(x)]=(3x^2-1)^6$。

分析点评:将复杂函数写成复合函数的关键是引入合适的中间变量 u。u 写成原来自变量的简单函数,同时将复杂函数也能写成 u 的简单函数。掌握这种方法对复杂函数的求导非常有帮助,要求读者熟练运用这个方法。

例 2-2 求下列函数的导数:

(1) $y=5x^2-e^x$; (2) $y=2e^{-x}+e^x$; (3) $y=x^3e^x$; (4) $y=\dfrac{x^2-1}{e^x}$。

解:

(1) 利用多项式求导的方法,各项分别求导,得到

$$y'=10x-e^x$$

(2) 注意第一项应该看成复合函数,$u=-x$, $u'=-1$,得到

$$y'=-2e^{-x}+e^x$$

(3)利用2个函数的乘积求导的方法,得到

$$y'=3x^2e^x+x^3e^x$$

(4)利用2个函数的商的求导的方法,得到

$$y'=\frac{2xe^x-x^2e^x}{(e^x)^2}=\frac{2x-x^2}{e^x}$$

分析点评: 这是基本的指数函数求导的练习。读者要特别注意指数的运算法则(同底相乘,指数相加),如:$e^x \cdot e^x=e^{2x}$,而 $e^2 \cdot e^x=e^{2+x}$。

例 2-3 求下列复合函数的导数:

(1) $y=(x^2+e^x)^5$; (2) $y=e^{(x^2+5x-3)}$; (3) $y=\dfrac{1}{e^{(x+2)^2}}$; (4) $y=\sqrt{e^{-x^2}+9x}$。

解:

(1)令 $u=x^2+e^x$, then $y=u^5$,利用广义的幂函数求导法则,得到

$$y'=5(x^2+e^x)^4\frac{d}{dx}(x^2+e^x)=5(2x+e^x)(x^2+e^x)^4$$

(2)令 $u=x^2+5x-3$, then $y=e^u$,利用广义的指数函数求导法则,得到

$$y'=e^{(x^2+5x-3)}\frac{d}{dx}(x^2+5x-3)=(2x+5)e^{(x^2+5x-3)}$$

(3)令 $u=(x+2)^2$, then $y=e^{-u}$,利用广义的指数函数求导法则,得到

$$y'=-\frac{1}{e^{(x+2)^2}}\frac{d}{dx}(x+2)^2=-\frac{2(x+2)}{e^{(x+2)^2}}$$

(4)令 $u=e^{-x^2}+9x$, then $y=u^{\frac{1}{2}}$,利用广义的幂函数求导法则,得到

$$y'=\frac{1}{2}(e^{-x^2}+9x)^{-\frac{1}{2}}\frac{d}{dx}(e^{-x^2}+9x)=\frac{1}{2}(e^{-x^2}+9x)^{-\frac{1}{2}}(-2xe^{-x^2}+9)$$

分析点评:对于复杂函数的求导应该利用广义的幂函数、指数函数的求导公式,也就是复合函数的求导方法。刚开始练习时,应该写出 u 的表达式,熟练后就可以直接求导,不必再写出 u 的表达式了。

例 2-4 利用导数分析,作函数 $y=f(x)=(x-2)e^x$ 的图形。

解:按照作图分析的 4 个步骤,依次进行。

第一步,分析函数 Analyze function $f(x)$,确定:

(A)定义域 domain:所有实数;

(B)y 轴的截距 y intercept: $f(0)=-2$;

x 轴的截距 x intercept: $y=f(x)=(x-2)e^x=0$,得到 $x=2$。

(C)垂直渐近线 vertical asymptotes:无;

水平渐近线 horizontal asymptotes: $x\to+\infty, y\to+\infty$; $x\to-\infty, y\to0$;

对于 $x\to-\infty, y\to0$ 的结论,可以从分析函数 $y=(x-2)e^x$ 得到。

第二步,分析一阶导数 Analyze $f'(x)$, $f'(x)=e^x+(x-2)e^x=e^x(x-1)$。

(A)函数的临界值 critical value for $f(x)$, $f'(x)=e^x(x-1)=0, x=1$;

(B)partition number for $f'(x)=0, x=1$;

(C)作一阶导函数的符号图 sign chart for $f'(x)$,如图 3-3 所示。

一阶导函数的符号图

检验数	一阶导函数 $f'(x)$	
	值	符号
0	-1	$-$
2	e^2	$+$

函数的图形特点

分割数 $f'(x)=0$ 的解：　$x=1$(partition number)

分割区间 2 个：　$(-\infty,1)$，　$(1,+\infty)$

一阶导函数 $f'(x)$ 符号：　$-\ \ -\ \ 0\ \ +\ \ +\ \ +$

实数轴：

函数 $f(x)$ 图形增减特点：　减函数，增函数

图 3-3

可见，$x=1$ 是函数的局部极小值点。

第三步，分析二阶导数 Analyze $f''(x)$。

二阶导数：$f''(x)=e^x+(x-1)e^x=xe^x$。

(A)函数的拐点 inflection point：二阶导数等于 0 的点，即

$$f''(x)=xe^x=0;\quad x=0$$

(B)作二阶导函数的符号图 sign chart for $f''(x)$，如图 3-4 所示。

二阶导函数的符号图

检验数	二阶导函数 $f''(x)$	
	值	符号
-1	$-e^{-1}$	$-$
1	e^1	$+$

函数的图形特点

拐点 $f''(x)=0$ 的解：　$x=0$(inflection point)

分割区间 2 个：　$(-\infty,0)$，　$(0,+\infty)$

二阶导函数 $f''(x)$ 符号：$-\ \ -\ \ -\ \ 0\ \ +\ \ +\ \ +$

实数轴：

函数 $f(x)$图形凸凹特点：　上凸，　下凹

图 3-4

(C)确定函数的凸凹性 concavity of $f(x)$：

$x<0$ 时函数上凸(concave downward 向下开口)

$x>0$ 时函数下凹(concave upward 向上开口)

$x=0$ 是函数的拐点

第四步：作函数的简图，如图 3-5 所示。

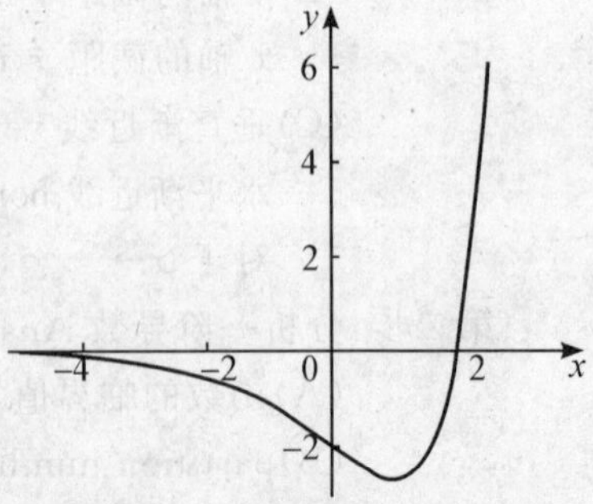

图 3-5

总结：

函数的极小值：$(1,-e)$；

函数拐点：$(0,-2)$；

y 轴的截距：$y=-2$；

x 轴的截距：$x=2$。

分析点评：渐近线的分析是指数函数的一个难点。分析的关键是要比较指数函数增加的速度和线性函数增加的速度。比较 2 个函数 $f(x)=e^x$，$g(x)=10x$，哪个函数随 x 增加的快？函数的导数表示了函数增加的快慢，所以比较它

们的导数。$f'=e^x$，$g'=10$，可以看出，当 $x>2.5$ 以后，$f'>g'$，说明 $f(x)=e^x$ 比 $g(x)=10x$ 增加快，故有 $\lim\limits_{x\to+\infty}\dfrac{10x}{e^x}=0$。

同样，$\lim\limits_{x\to-\infty}xe^x=\lim\limits_{x\to+\infty}\dfrac{-x}{e^x}=0$。掌握了这种分析方法，就容易确定指数函数的渐近线了。

例 2-5　某商品的价格-需求关系为：

$$p=12e^{-x},\quad 0\leqslant x\leqslant 2, x \text{ 以 } 1\,000 \text{ 计}$$

求：(1)$x=0.5$ 时价格对需求的变化率；(2)实现销售最大收入的价格。

解：

(1)价格对需求的变化率为价格对需求 x 的导数 p'_x：

$$p'_x=\frac{d}{dx}12e^{-x}=-12e^{-x}$$

$$p'_{(x=0.5)}=-12e^{-0.5}=-7.28<0$$

这个变化率表明，价格升高，需求将减少。

(2)收入为：　　　　$R(x)=xp=12xe^{-x}$

利用销售收入的导数求销售收入函数的最大值：

$$R'(x)=12e^{-x}-12xe^{-x}=12e^{-x}(1-x)$$

销售收入函数的临界值：　　　　$R'(x)=0;x=1$

$$R''(x)=-12e^{-x}(1-x)-12e^{-x}=12e^{-x}(x-2)$$

当 $x=1$，$R''(x)=-12e^{-1}<0$。

销售收入函数只有一个临界值，且它的二阶导数在临界值为负，利用函数极大值点的特点可以确定：该临界值为极大值点。

带入价格-需求方程得到价格为：$p=12e^{-1}=4.41$。

分析点评：这是已知价格-需求关系方程求销售收入最大问题的基本步骤，希望能掌握。确定是否极大值的另一个方法使用一阶导数的正、负判断，读者可自己练习。

3. 对数函数的导数 The derivatives of logarithmic functions

例 3-1　求下列函数的导数：

(1) $y=x^2\ln x$；　(2)$y=x-x^2\ln x$；　(3)$y=\dfrac{\ln x}{x^2}$；　(4)$y=\sqrt[5]{(\ln x)^2}$。

解：

(1)这是幂函数与对数函数的乘积，将对数函数的导数用于乘积的求导公式，得到

$$y'=2x\ln x+x^2\ \frac{1}{x}=2x\ln x+x$$

(2)这是多项式的求导,注意利用对数函数的求导公式:

$$y'=1-2x\ln x-x^2\ \frac{1}{x}=1-2x\ln x-x$$

(3)这是商的求导,其中一项要利用对数函数的求导公式,得到

$$y'=\frac{\frac{1}{x}\cdot x^2-2x\cdot\ln x}{x^4}=\frac{x-2x\ln x}{x^4}=\frac{1-2\ln x}{x^3}$$

(4)这是分数指数与对数函数的复合,令 $u=\ln x$,$y=u^{\frac{2}{5}}$,复合函数求导:

$$y'=\frac{2}{5}(\ln x)^{-3/5}\frac{\mathrm{d}}{\mathrm{d}x}(\ln x)=\frac{2}{5x}(\ln x)^{-3/5}$$

分析点评:这是几个基本的涉及到对数函数的求导运算。利用前面学到的求导的运算法则以及新学的对数函数的求导公式,就可以计算含有对数函数的导数。

例 3-2 求下列函数的导数:

(1) $y=\log_5 x$; (2) $y=5^x$; (3) $y=4^{x^2+2x-3}$; (4) $y=\log_3(x+x^3)$。

解:

(1)利用其他底的对数函数的求导公式(3-8):

$$\frac{\mathrm{d}}{\mathrm{d}x}\log_b x=\frac{1}{\ln b}\frac{1}{x}$$

得到

$$y'=\frac{1}{\ln 5}\frac{1}{x}$$

(2)利用其他底的指数函数的求导公式(3-9):

$$\frac{\mathrm{d}}{\mathrm{d}x}b^x=b^x\ln b$$

得到

$$y'=5^x\ln 5$$

(3) $y=4^{x^2+2x-3}$,这个题目与上面一个的差别是它的指数是 x 的函数,利用其他底的指数函数的求导公式和复合函数求导方法,将式(3-9)改写为

$$\frac{\mathrm{d}}{\mathrm{d}x}b^{f(x)}=b^{f(x)}f'(x)\ln b$$

得到

$$y'(x)=4^{x^2+2x-3}(2x+2)\ln 4=2(x+1)4^{x^2+2x-3}\ln 4$$

(4) $y=\log_3(x+x^3)$，这也是对数函数和复合函数的组合。求导公式(3-8)改写为

$$\frac{\mathrm{d}}{\mathrm{d}x}\log_b f(x)=\frac{1}{\ln b}\frac{f'(x)}{f(x)}$$

$$y'(x)=\frac{1+3x^2}{\ln 3(x+x^3)}$$

分析点评：这是一组关于其他底的指数和对数函数的求导，公式(3-8)和公式(3-9)是基本的公式，它们也可以与复合函数结合使用。

例 3-3　求下列函数的导数：

(1) $y=\ln(t^3-9)$；(2) $y=\sqrt[3]{\ln(1+x^4)}$；(3) $y=(3+\ln x)^4$；(4) $y=\ln(\mathrm{e}^x-x)$。

解：

(1) $y=\ln(t^3-9)$，利用广义的对数函数的求导公式 $\frac{\mathrm{d}}{\mathrm{d}x}\ln u(x)=\frac{u'(x)}{u(x)}$，令 $u(t)=(t^3-9)$，则 $u'=3t^2$，$y=\ln u$，代入公式得到

$$y'(t)=\frac{3t^2}{(t^3-9)}$$

(2) $y=\sqrt[3]{\ln(1+x^4)}=[\ln(1+x^4)]^{\frac{1}{3}}$ 这是幂函数与对数函数的组合，利用广义的幂函数的求导公式 $\frac{\mathrm{d}}{\mathrm{d}x}[u(x)]^n=nu^{n-1}u'(x)$，令 $u(x)=\ln(1+x^4)$，则 $u'=\frac{4x^3}{1+x^4}$，$y=u^{\frac{1}{3}}$，代入公式得到

$$y'(x)=\frac{1}{3}[\ln(1+x^4)]^{-2/3}\frac{4x^3}{(1+x^4)}=\frac{4x^3}{3(1+x^4)}[\ln(1+x^4)]^{-2/3}$$

(3) $y=(3+\ln x)^4$ 这也是幂函数与对数函数的组合，利用广义的幂函数的求导公式 $\frac{\mathrm{d}}{\mathrm{d}x}[u(x)]^n=nu^{n-1}u'(x)$，令 $u(x)=(3+\ln x)$，则 $u'=\frac{1}{x}$，$y=u^4$，代入公式得到

$$y'=4(3+\ln x)^3\frac{1}{x}=\frac{4(3+\ln x)^3}{x}$$

(4) $y=\ln(\mathrm{e}^x-x)$ 这是对数函数与多项式函数的组合，利用广义的对数函数的求

导公式$\frac{d}{dx}\ln u(x)=\frac{u'(x)}{u(x)}$，令 $u(t)=e^x-x$，则 $u'=e^x-1$，$y=\ln u$，带入公式得到

$$y'=\frac{e^x-1}{e^x-x}$$

分析点评：这是复杂一些的涉及对数函数的求导，正确地使用复合函数的求导法则是求复杂函数导数的关键。

例 3-4　利用导数的信息作对数函数 $y=\frac{\ln x}{x}$ 的图形。

解：按照作图分析的 4 个步骤，依次进行。

第一步，分析函数 Analyze function $f(x)$，确定：

(A)定义域 domain：$(0,+\infty)$。

(B) y 轴的截距 y intercept：无（因为 x 不能等于 0），

x 轴的截距 x intercept：$y=\frac{\ln x}{x}=0$，得到 $x=1$。

(C)垂直渐近线 vertical asymptotes：$x=0$；

水平渐近线 horizontal asymptotes：$x\to+\infty$，$y\to 0$。

第二步：分析一阶导数，Analyze $f'(x)$。

$$f'(x)=\frac{1}{x^2}-\frac{\ln x}{x^2}=\frac{1}{x^2}(1-\ln x)=0;\ x=e$$

(A)函数的临界值 critical value for $f(x)$；$f'(x)=0$；$x=e$。

(B)分割数 partition number for $f'(x)=0$；$x=e$。

(C)作一阶导函数的符号图 sign chart for $f'(x)$，如图 3-6 所示。

一阶导函数的符号图

检验数	一阶导函数 $f'(x)$	
	值	符号
1	1	+
3	−0.01	−

函数的图形特点

分割数 $f'(x)=0$ 的解：　$x=e$(partition number)

分割区间 2 个：　$(-\infty,e)$，　$(e,+\infty)$

一阶导函数 $f'(x)$ 符号：　+ + +　0　− − −

实数轴：

函数 $f(x)$ 图形增减特点：　增函数，减函数

图 3-6

可见，$x=e$ 是函数的局部极大值点。

第三步：分析二阶导数 Analyze $f''(x)$。

$$f''(x)=\frac{-2}{x^3}+\frac{2\ln x}{x^3}-\frac{1}{x^3}=\frac{2\ln x-3}{x^3}=0;\ \ln x=1.5,\ x=e^{1.5}=4.48$$

(A)函数的拐点 inflection point：二阶导数等于 0 的点，即 $x=4.48$。

(B)作二阶导函数的符号图 sign chart for $f''(x)$，如图 3-7 所示。

二阶导函数的符号图

检验数	二阶导函数 $f''(x)$	
	值	符号
1	-3	$-$
5	0.002	$+$

函数的图形特点

拐点 $f''(x)=0$ 的解：	$x=e^{1.5}$ (inflection point)
分割区间 2 个：	$(-\infty,4.48),(4.48,+\infty)$
二阶导函数 $f''(x)$ 符号：	$-\ -\ -\quad 0\quad +\ +\ +$
实数轴：	⟶
函数 $f(x)$ 图形凸凹特点：	上凸，下凹

图 3-7

(C)确定函数的凸凹性 concavity of $f(x)$。

$x<4.48$ 时函数上凸(concave downward 向下开口)；$x>4.48$ 时函数下凹(concave upward 向上开口)，$x=4.48$ 是函数的拐点。

第四步，作函数的简图，如图 3-8 所示。

总结：

函数的极大值：(e, 0.367 9)；

函数拐点：(4.48,0.334 8)；

x 轴的截距：$x=1$；

垂直渐近线：$x=0$；

水平渐近线：$y=0$。

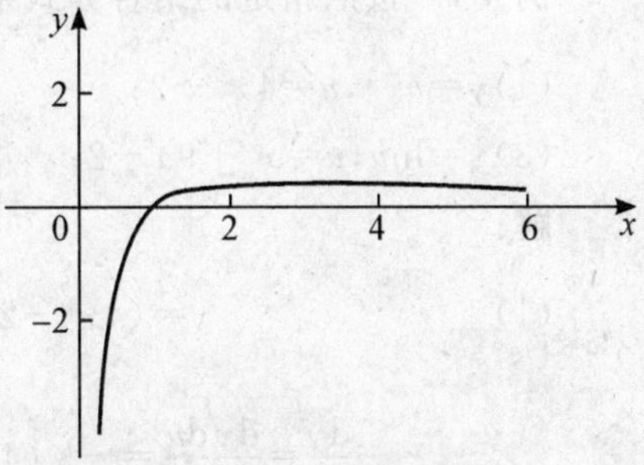

图 3-8

分析点评：作对数函数的图形的方法与上章讨论的其他函数作图的过程相同。分析对数函数的渐近线的方法与上节讨论的指数函数类似(见例 2-4 的总结)。对于函数 $y=\frac{\ln x}{x}$的极限，也可以比较 $f(x)=\ln x$，与 $g(x)=x$ 的变化率—导数的方法。$f'=\frac{1}{x}$，$g'=1$；当$x>1$时，$f(x)$的增长率小于 $g(x)$的增长率。因此 $\lim\limits_{x\to\infty}\frac{\ln x}{x}=0$。同样可以证明，$\lim\limits_{x\to 0}\frac{\ln x}{x}=-\infty$。掌握对数函数和指数函数的变化率与线性函数的差别对分析渐近线非常有帮助。

例 3-5　确定函数 $y=x^3(\ln x-2)$ 的极值。

解：利用前一章学习的根据函数的导数的特点求函数的极值。

求函数的临界值——一阶导数等于 0 的点：

$$y'=3x^2(\ln x-2)+x^2=x^2(3\ln x-5)=0$$

得到

$$x=0,\quad x=e^{5/3}=5.2945$$

$x=0$ 不在函数的定义域，$x=5.2945$ 是函数的唯一驻点。

$$y''=2x(3\ln x-5)+3x=x(6\ln x-7)=0$$
$$x=0,\ x=e^{7/6}=3.2113$$
$$y''(5.2945)=15.8836>0$$

所以，$x=5.2945$ 是函数的极小值点。

分析点评：前一章关于的求函数极值的一阶导数和二阶导数的方法适合于任意的函数形式，是普遍的方法。这里我们将其用于求对数函数的极值，也可以用于指数函数的极值分析。

4. 链式法则和需求弹性分析 Chain rule and elasticity of demand

例 4-1 按照指定的组合方式形成复合函数，分别求 $\frac{dy}{du},\frac{du}{dx},\frac{dy}{dx}$。

(1) $y=u^{-3}, u=4x^3-2$；　　(2) $y=e^u, u=3x^4-5$；

(3) $y=\ln u, u=x^2+9x-2$；　　(4) $y=w^3, w=\ln u, u=1+e^x$。

解：

(1)
$$y=(4x^3-2)^{-3},\ \frac{dy}{du}=-3u^{-4},\ \frac{du}{dx}=12x^2$$

$$\frac{dy}{dx}=\frac{dy}{du}\frac{du}{dx}=-3(4x^3-2)^{-4}12x^2=-36x^2(4x^3-2)^{-4}$$

(2)
$$y=e^{3x^4-5},\ \frac{dy}{du}=e^u,\ \frac{du}{dx}=12x^3$$

$$\frac{dy}{dx}=\frac{dy}{du}\frac{du}{dx}=e^{3x^4-5}12x^3=12x^3e^{3x^4-5}$$

(3)
$$y=\ln(x^2+9x-2),\ \frac{dy}{du}=\frac{1}{u},\ \frac{du}{dx}=12x+9$$

$$\frac{dy}{dx}=\frac{dy}{du}\frac{du}{dx}=\frac{1}{x^2+9x-2}(12x+9)=\frac{12x+9}{x^2+9x-2}$$

(4)
$$y=[\ln(1+e^x)]^3,\ \frac{dy}{dw}=3w^2,\ \frac{dw}{du}=\frac{1}{u};\ \frac{du}{dx}=e^x$$

$$\frac{dy}{dx}=\frac{dy}{dw}\frac{dw}{du}\frac{du}{dx}=3[\ln(1+e^x)]^2\ \frac{e^x}{1+e^x}$$

分析点评：能够将复杂函数分解为几个简单函数的组合对复合函数复杂函数的求导非常重要，这个例题是从另一个角度练习如何分解。注意分解后每一个函数都是简单函数，例如(4)式是幂函数、对数函数和指数函数的组合，分解后的 y, w, u 都很简单。另外，复合函数求导的结果要表示为原来自变量的函数，中间变量不能出现在最后的结果中。在开始的时候，我们写出中间变量，熟练后可以不写中间变量。

例 4-2　求下列复合函数的导数：

(1) $y=\ln(x^3-2x)$；　(2) $y=e^{3x^2-4}$；　(3) $y=(e^{-x^2}-2)^4$；　(4) $y=(\ln x+x^2)^{-\frac{1}{2}}$。

解：

(1)利用对数类复合函数的求导公式 $\frac{d}{dx}\ln[f(x)]=\frac{f'(x)}{f(x)}$，得到

$$y'=\frac{3x^2-2}{x^3-2x}$$

(2)利用指数类复合函数的求导公式 $\frac{d}{dx}e^{f(x)}=e^{f(x)}f'(x)$，得到

$$y'=e^{3x^2-4}(6x)=6xe^{3x^2-4}$$

(3)利用幂函数类复合函数的求导公式 $\frac{d}{dx}[f(x)]^n=n[f(x)]^{n-1}f'(x)$，得到

$$y'=4[e^{-x^2}-2]^3(-2xe^{-x^2})=-8x(e^{-x^2}-2)^3$$

(4)利用幂函数类复合函数的求导公式 $\frac{d}{dx}[f(x)]^n=n[f(x)]^{n-1}f'(x)$，得到

$$y'=-\frac{1}{2}(\ln x+x^2)^{-3/2}\left(\frac{1}{x}+2x\right)$$

分析点评：对于幂函数、指数函数和对数函数的复合函数的求导公式(3-11)至公式(3-13)，读者应该熟练运用和掌握。这个例题中，我们没有再列出中间变量。

例 4-3　已知价格-需求方程

$$x=1\,000(40-p)$$

求在不同价格下需求的弹性：$E(8)$，$E(30)$，$E(20)$。

解：根据需求弹性的定义公式(3-15)：

$$E(p)=-\frac{pf'(p)}{f(p)}$$

将 $f(p)=x=1\,000(40-p)$，$f'(p)=-1\,000$ 代入，得到

$$E(p)=-\frac{pf'(p)}{f(p)}=\frac{1\,000p}{1\,000(40-p)}=\frac{p}{40-p}$$

$E(8)=\frac{8}{32}=0.25<1$，inelastic(需求对价格变化不敏感)；

$E(30)=\frac{30}{10}=3>1$，elastic(需求对价格变化敏感)；

$E(20)=\frac{20}{20}=1=1$，unit(需求的变化率等于价格的变化率)。

分析点评：需求弹性是商业分析的重要内容，公式(3-15)是分析需求弹性的主要工具，应该熟练运用。这个公式中需求的导数以价格为自变量。因此，第一步是将需求表示成价格的函数。

例 4-4 已知价格-需求方程

$$p+0.01x=50$$

求：(1)将需求 x 表示成价格的函数。

(2)求需求的弹性 $E(p)$。

(3)价格为 10 时需求弹性 $E(10)$；如果价格降低 5%，需求变化多少？

(4)价格为 45 时的需求弹性 $E(45)$；如果价格降低 5%，需求变化多少？

(5)价格为 25 时的需求弹性 $E(25)$；如果价格降低 5%，需求变化多少？

解：

(1)将需求 x 表示成价格的函数：$x=100(50-p)$；

(2)利用公式(3-15)有

$$E(p)=-\frac{pf'(p)}{f(p)}$$

将 $f(p)=x=100(50-p)$，$f'(p)=-100$ 代入，得到

$$E(p)=-\frac{pf'(p)}{f(p)}=\frac{100p}{100(50-p)}=\frac{p}{50-p}$$

(3)$E(10)=\frac{10}{40}=0.25=25\%<1$，它表示需求的相对变化率与价格的相对变化率的比是 25%。如果价格降低 5%，需求变化是价格变化的 25%，为 1.25%，需求对价格变化不敏感。

(4)$E(45)=\frac{45}{5}=9>1$，它表示需求的相对变化率与价格的相对变化率的比是 9。

如果价格降低 5%，需求变化是价格变化的 9 倍，即 45%，微小的价格变化引起很大的需求量变化；

(5) $E(25)=\frac{25}{25}=1$，它表示需求的相对变化率与价格的相对变化率的比是 1。如果价格降低 5%，需求变化也是 5%，需求量的变化与价格的变化相等。

分析点评：这个题目的解题步骤是需求弹性分析的基本步骤，请读者认真理解和掌握。题目的(3)、(4)、(5)是将弹性分析的结果具体化，表示了价格变化与需求量变化的关系。如果需求量是弹性的，那么需求量的变化大于价格的变化，所以说需求量对价格的变化敏感；如果需求量是非弹性，那么需求量的变化小于价格的变化，所以说需求量对价格的变化不敏感。

例 4-5 已知价格-需求方程为

$$x+1\,000p=1\,000$$

目前的价格为 0.6。求：如果价格减低 10%，那么会造成销售收入是降低还是增加？

解：首先将需求写成价格的函数：

$$f(p)=x=1\,000(1-p)$$

求需求量对价格的导数

$$f'(p)=-1\,000$$

代入式(3-15)：
$$E(p)=-\frac{pf'(p)}{f(p)}=\frac{1\,000p}{1\,000(1-p)}=\frac{p}{1-p}$$

求 $p=0.6$ 时需求量的弹性指数：

$$E(0.6)=\frac{0.6}{1-0.6}=1.5>1$$

销售收入的变化率与需求量的弹性关系由公式(3-17)求出：

$$R'(p)=f(p)[1-E(p)]$$

由这个公式可以看出，因为 $f(p)$表示的是需求量，它总是正数。那么销售收入的变化率 $R'(p)$ 的正、负取决于$[1-E(p)]$的符号。如果 $E(p)>1$，那么销售收入的变化率 $R'(p)$ 是负的，价格降低，销售收入增加。

分析点评：这个题目是关于销售收入的变化率与需求量的弹性关系，公式(3-17) $R'(p)=f(p)[1-E(p)]$ 是主要的分析依据。在这个公式中，$f(p)$表示的是需求量 x，应该是正数，那么，销售收入的变化率 $R'(p)$ 是正或负由 $E(p)$决定。如果 $E(p)>1$ (弹性)，销售收入的变化率 $R'(p)$ 是负。这表示，价格升高，销售收入降低；而价格降低，销售收入增加。如果 $E(p)<1$（非弹性），销售收入的变化率 $R'(p)$ 是正。这表示，价格升高，销售收入增加；而价格降低，销售收入减少。这是需求量弹性分析的重要应用，读者应该掌握。

5. 隐函数的导数和互相关联的变化率

例 5-1 求下列函数的导数 y'：

$$x^2-y=4e^y$$

解：利用隐函数求导的方法。

$$2x-y'=4e^y y'$$

$$y'(4e^y+1)=2x$$

$$y'=\frac{2x}{(4e^y+1)}$$

例 5-2 求方程

$$1+y\ln x=xe^y$$

的曲线在(1,0)点的导数 y' 的值。

解：利用隐函数求导的方法，得到

$$y'\ln x+\frac{y}{x}=e^y+xy'e^y$$

将(1,0)点的值代入，得到

$$y'=-1$$

例 5-3 求方程

$$x^2+y^2-xy-7=0$$

的曲线在 $x=1$ 点切线的斜率。

解：首先利用隐函数求导的方法，得到切线方程。

$$2x+2yy'-xy'-y=0$$

$$y'=\frac{2x-y}{x-2y}$$

由曲线方程，求出当 $x=1$ 时的 y 坐标：$y^2-y-6=0$，$y_1=-2$，$y_2=3$。

将(1,−2)和(1,3)分别代入切线方程，得到

$$y'(1,2)=\frac{2+2}{1+4}=\frac{4}{5}$$

$$y'(1,3)=\frac{2-3}{1-6}=\frac{1}{5}$$

分析点评：这 3 个题目都是关于隐函数求导的练习。隐函数求导时，首先是要分清哪个表示的是自变量，哪个是自变量的函数。当求函数对于自变量导数时，首先对函数本身求导，再乘以函数对自变量的导数，与复合函数的求导类似。

例 5-4　气球充气时，半径 R 以 1 cm/s 的速率增大，如充气过程气球保持球形，求：当半径 $R=10$ cm 时，气球表面积 S 和体积 V 增加的速率。

解：球的表面积 $S=4\pi R^2$；球的体积 $V=\frac{4\pi R^3}{3}$。

当半径增加时，表面积和体积都会增加，这是互相关联的量的变化率。将面积和体积对时间求导，得到：

$$\frac{dS}{dt}=8\pi R\ \frac{dR}{dt}=80\pi$$

$$\frac{dV}{dt}=\frac{12\pi R^2}{3}\frac{dR}{dt}=4\pi R^2\ \frac{dR}{dt}=400\pi$$

分析点评：这是互相关联的变化率的问题。读者应该将球的半径和面积或体积都看成时间的函数。由于球体的面积或体积与半径有关，所以面积的变化率也与半径的变化率有关系，这就是互相关联的变化率问题的分析方法。

例 5-5　灯杆高 6 m，人高 1.8 m，如果人以 3 m/s 速度离开灯杆，求人影在地面上移动的速度。

解：灯光将人的影子投射在地面上，如图 3-9 所示。OA 为灯杆高，OB 为人到灯杆的距离 x，BC 为人的高度，BD 为人影的投影 y。

已知：$\frac{dx}{dt}=3$（人运动的速度），求的是 $\frac{dy}{dt}=?$（影子的速度）。

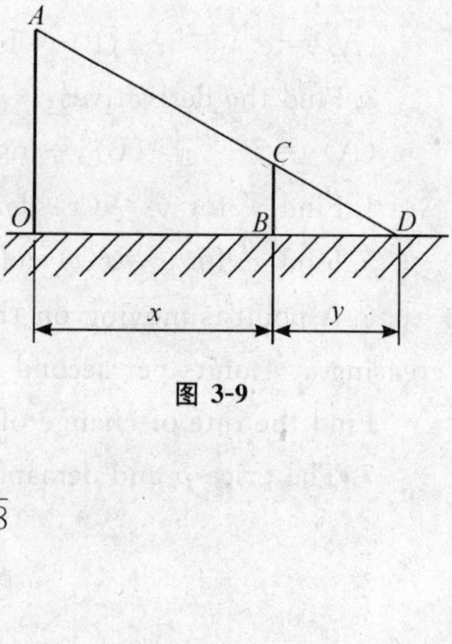

图 3-9

利用三角形的相似得到 x,y 间的关系。

三角形 ODA 与三角形 BDC 相似，因此有对应边长的比例关系：

$$\frac{x+y}{OA}=\frac{y}{BC},\quad \frac{x+y}{6}=\frac{y}{1.8}$$

简化后得到

$$1.8x=4.2y$$

由于 x,y 都是时间的函数,对时间求导,得到

$$1.8\frac{\mathrm{d}x}{\mathrm{d}t}=4.2\frac{\mathrm{d}y}{\mathrm{d}t};\quad \frac{\mathrm{d}y}{\mathrm{d}t}=\frac{9}{7}=1.3$$

影子运动的速度是1.3 m/s。

分析点评:互相关联的变化率问题的重要步骤是找出2个量的关系,一般是某种方程的形式。得到将2个量联系起来的方程后,将这2个量都对时间求导。这时,应该使用隐函数求导的方法。

三、自测题及答案

自测题

1. How long will it take money to double if it is invested at 6% interest compounded:

(A) Annually? (B) Continuously?

2. Find the derivatives:

(A) $y=e^{x^2-2x-2}$; (B) $y=\ln(2x^3-3x)$; (C) $y=\sqrt{\ln(x^2-5)}$; (D) $y=e^{-2x}\ln(5x)$.

3. Find the derivatives:

(A) $y=5^{x^2-5}$; (B) $y=\log_5(x^2-5)$.

4. Find y' for $y=y(x)$ defined implicitly by $\ln y=x^2-2y^2$.

5. Find x' for $x=x(t)$ defined implicitly by $x^3-3t^2x-7=0$.

6. A point is moving on the graph of $y^2-x^2=15$ so that its x coordinate is decreasing at 4 units per second when $(x,y)=(1,4)$.

Find the rate of change of the y coordinate?

7. The price p and demand x for a product are related by

$$x^2+2xp+25p^2=74\,500$$

(A) If the price is increasing at a rate of \$2 per month when the price is \$30, find the rate change of the demand.

(B) If the demand is decreasing at a rate of 6 units per month when the demand is 150 units, find the rate change of the price.

8. Find $\frac{dy}{dw}, \frac{dw}{du}, \frac{du}{dx}, \frac{dy}{dx}$, express $\frac{dy}{dx}$ in terms of x, for

$$y=\ln w; \quad w=1+e^{u}; \quad u=x^2$$

9. The price-demand equation for a product is

$$p=16.8-0.002x$$

where x is the weekly demand. The current price is \$8. In order to generate additional revenue from this product, would you recommend a price increase or a price decrease?

10. Find the values of p for which demand is elastic and the values for which demand is inelastic if the price-demand equation is:

$$x=f(p)=20(p-12)^2, \quad 0\leqslant p\leqslant 12$$

解答

1. 如果按照 6%复利率，分别计算不同复利周期，使得投资翻番的时间：

(A)复利周期为 1 年；(B)连续复利。

解：

(A)复利计算利用公式(3-3)：$A=P\left(1+\frac{r}{n}\right)^{nt}$。这里，$n=1$，$A=2P$，得到

$$2P=P(1+0.06)^t$$

$$t=\frac{\ln 2}{\ln(1.06)}=11.9\approx 12(\text{年})$$

(B)连续复利计算用公式(3-4)：$A=Pe^{rt}$。这里，$A=2P$，得到

$$2P=Pe^{0.06t}$$

$$t=\frac{\ln 2}{0.06}=11.5$$

分析点评：复利计算要分清复利的类型。公式(3-3)中的 n 是每年计算复利的次数，公式(3-3)和公式(3-4)中的 r 是相同的，都表示年利率，应该写成小数，而不是百

分数。

2. 求下列函数的导数：

(A) $y=e^{x^2-2x-2}$； (B) $y=\ln(2x^3-3x)$； (C) $y=\sqrt{\ln(x^2-5)}$； (D) $y=e^{-2x}\ln(5x)$。

解：

(A)利用通用指数函数的求导公式$\frac{d}{dx}e^u=e^u\frac{d}{dx}u=e^u u'$，得到

$$y'=e^{x^2-2x-2}\frac{d}{dx}(x^2-2x-2)=e^{x^2-2x-2}(2x-2)$$

(B)利用通用对数函数的求导公式$\frac{d}{dx}\ln u=\frac{1}{u}\frac{d}{dx}u=\frac{u'}{u}$，得到

$$y'=\frac{6x^2-3}{2x^3-3x}$$

(C)利用通用幂数函数的求导公式$\frac{d}{dx}u^n=nu^{n-1}\frac{d}{dx}u=nu^{n-1}u'$，将原来表达式写成幂函数形式：$y=\ln(x^2-5)^{1/2}$，得到

$$y'=\frac{1}{2}[\ln(x^2-5)]^{-1/2}(2x)=x[\ln(x^2-5)]^{-1/2}$$

(D)这是指数函数与对数函数的乘积的求导，利用乘积的求导公式$\frac{d}{dx}(F(x)\cdot S(x))=F'S+FS'$，得到

$$y'=-2e^{-2x}\ln(5x)+e^{-2x}\frac{5}{5x}=e^{-2x}\left[-2\ln(5x)+\frac{1}{x}\right]$$

分析点评：不但要熟悉基本的指数函数和对数函数的求导法则，更重要的是通用的对数和指数函数的求导法则，这几个题目就是使读者熟练地掌握 $e^{f(x)}$ 和 $\ln[f(x)]$ 的求导。

3. 求下列函数的导数：

(A) $y=5^{x^2-5}$； (B) $y=\log_5(x^2-5)$。

解：

(A)这是其他底的指数函数，利用公式(3-9)：

$$\frac{d}{dx}b^x=\frac{d}{dx}e^{x\ln b}=\ln b\cdot e^{x\ln b}=b^x\ln b$$

得到

$$y'=5^{x^2-5}\ln 5$$

(B)这是其他底的对数函数,利用公式(3-8)

$$\frac{\mathrm{d}}{\mathrm{d}x}\log_b x=\frac{1}{\ln b}\frac{1}{x}$$

得到

$$y'=\frac{1}{\ln 5}\cdot\frac{1}{x^2-5}$$

分析点评:这是对非自然对数和不是以 e 为底的函数的求导问题。建议读者一定要掌握这 2 个基本公式(3-8)和公式(3-9)。

4. 求 $\ln y=x^2-2y^2$ 方程确定的曲线在$(\sqrt{2},1)$ 点的斜率。

解:利用隐函数求导的方法,得到

$$\frac{y'}{y}=2x-2yy';\quad y'\left(2y+\frac{1}{y}\right)=2x$$

解出得到

$$y'=\frac{2xy}{2y^2+1}$$

曲线在$(\sqrt{2},1)$ 的斜率:$m=y'|_{(\sqrt{2},1)}=\frac{2\sqrt{2}}{3}$。

5. 求 $x^3-3t^2x-7=0$ 方程确定的 $x=x(t)$ 的 x'。

解:注意 x 是 t 的函数,利用隐函数求导的方法,得到

$$3x^2x'-6tx-3t^2x'=0$$

$$x'=\frac{2tx}{x^2-t^2}$$

分析点评:这 2 个题目是关于隐函数求导的问题。隐函数求导是当自变量与因变量的关系比较复杂,不能用简单的显式表示时的求导的方法。隐函数求导时一定要将因变量看成自变量的函数,按照复合函数求导的法则:首先对因变量求导,然后因变量对自变量求导。

6. 一个点在方程 $y^2-x^2=15$ 确定的曲线上运动,当运动到 (1,4)点时,x 坐标速度是每秒减少 4,求 y 坐标的变化率。

解:这是个互相关联的量的变化率问题,在这里,x, y 都是时间 t 的函数。利用隐

函数求导的方法，对时间 t 求导，得到

$$2y\frac{dy}{dt}-2x\frac{dx}{dt}=0$$

已知
$$\frac{dx}{dt}=-4,\ \frac{dy}{dt}=\frac{x}{y}\frac{dx}{dt}$$

代入点的坐标，得到

$$\frac{dy}{dt}=\frac{x}{y}\frac{dx}{dt}=\frac{1}{4}(-4)=-1$$

结果表示 y 坐标的变化率是每秒减少 1 个单位。

分析点评：这是互相关联的变化率的问题。这类问题与隐函数求导的区别是，这 2 个量(x, y)都是第三个量的函数(t)。一般，第三个变量不出现在方程中，而是在题目的叙述中说明。所以，出现在方程中的 2 量都不是自变量，第三个变量才是自变量。也就是说，x 是时间 t 的函数，y 也是时间 t 的函数，这 2 个因变量求导的时候都应该按照隐函数求导对待。

7. 某产品的价格-需求量的方程为

$$x^2+2xp+25p^2=74\ 500$$

(A)当价格为 30 美元时，如果价格增加 2 美元，求需求量的变化率。

(B)当需求量为 150 时，如果需求量减少 6，求价格的变化率。

解：

(A)这也是 个互相关联的量的变化率问题，在这里，x, p 都是时间 t 的函数。利用隐函数求导的方法，对时间 t 求导，得到

$$2x\frac{dx}{dt}+2\frac{dx}{dt}p+2x\frac{dp}{dt}+50p\frac{dp}{dt}=0$$

已知 $\frac{dp}{dt}=2$；并且将 $p=30$ 代入价格-需求方程得到 $x=200$。上述方程可以写成：

$$(2x+2p)\frac{dx}{dt}=-(50p+2x)\frac{dp}{dt}$$

$$\frac{dx}{dt}=-\frac{50p+2x}{2(x+p)}\frac{dp}{dt}=-8.26$$

表示当价格为 30 美元时，如果价格增加 2 美元，需求量减少 8.26；

(B)当需求量 x 为 150 时,代入价格-需求方程得到 $p=40$,并且

$$\frac{dx}{dt}=-6$$

利用上面的结果,得到

$$\frac{dp}{dt}=-\frac{2(x+p)}{50p+2x}\frac{dx}{dt}=0.99$$

结果表示:当需求量为 150 时,如果需求量减少 6,价格将增加 1 美元。

分析点评:注意这不是边际问题,而是个互相关联的量的变化率问题,在这里,x,p 都是时间 t 的函数。边际分析是求费用、收益或利润对生产量或销售量的导数。

8. 对下列表达式:

$$y=\ln w;\quad w=1+e^u;\quad u=x^2$$

求 $\frac{dy}{dw}$,$\frac{dw}{du}$,$\frac{du}{dx}$,$\frac{dy}{dx}$,将 $\frac{dy}{dx}$ 表示为 x 的函数。

解:

$$\frac{dy}{dw}=\frac{1}{w};\quad \frac{dw}{du}=e^u;\quad \frac{du}{dx}=2x$$

$$\frac{dy}{dx}=\frac{dy}{dw}\frac{dw}{du}\frac{du}{dx}=\frac{1}{1+e^{x^2}}e^{x^2}2x=\frac{2x}{1+e^{x^2}}e^{x^2}$$

分析点评:这是链式法则的练习题。链式法则是求复杂函数导数的重要方法。按照复合函数的组成我们可以将这个题目写成 $y=\ln(1+e^{x^2})$ 的形式,直接求这个函数的导数非常容易出错。如果按照题目的分解方法,写成 3 个简单函数的组合,每个函数的导数都比较容易,也不会出错。所以,将复杂函数分解成简单函数是非常关键的步骤。希望读者熟练掌握。

9. 某产品的价格-需求量关系方程为:

$$p=16.8-0.002x,\ x\text{ 是每周的需求量}$$

当前的价格为 8 美元,为了得到更多的销售收入,应该提高价格还是降低价格?

解:利用公式(3-17),销售收入的变化率与需求弹性关系为

$$R'(p)=f(p)[1-E(p)]$$

其中，$E(p)$是需求弹性，$E(p)=-\dfrac{pf'(p)}{f(p)}$。

因此，需要研究在当前价格下需求弹性特点。首先将需求量写成价格的函数：

$$f(p)=x=8\,400-500p,\ f'(p)=-500$$

$$E(p)=\frac{500p}{8\,400-500p},\quad E(8)=\frac{4\,000}{8\,400-4\,000}=\frac{10}{11}<1$$

由于$E(p)<1$，所以，价格提升，销售收入变化率是正的，销售收入也会增加。为了增加销售收入，应该提高价格。

分析点评：研究价格变化对收益的影响，需要首先知道需求量是弹性的还是非弹性的。如果需求量是弹性的，也就是$E(p)>1$，由公式(3-17)可以看出$R'(p)$是负值（因为$f(p)$表示的是需求量，一定是正值）。这表示，价格上升，收益减少，价格下降，收益增加。而如果需求量是非弹性的，也就是$E(p)<1$，由公式(3-17)可以看出$R'(p)$是正值。价格上升，收益增加，价格下降，收益减少。这是弹性分析的一个重要应用，要求读者理解和掌握。

10. 如果价格-需求量的关系方程为：

$$x=f(p)=20\,(p-12)^2\quad(0\leqslant p\leqslant 12)$$

求：分别使得需求量是弹性和非弹性的价格值。

解：利用公式(3-15)，需求量的弹性

$$E(p)=-\frac{pf'(p)}{f(p)}$$

$$f'(p)=40(p-12)$$

$$E(p)=-\frac{40p(p-12)}{20\,(p-12)^2}=-\frac{2p}{p-12}$$

首先求出使得$E(p)=1$的价格：

$$E(p)=-\frac{2p}{p-12}=1,\quad -2p=p-12,\quad p=4$$

如果$p>4$，令$p=6$，$E(6)=2>1$，elastic 弹性；

如果$p<4$，令$p=3$，$E(6)=2/3<1$，inelastic 非弹性。

分析点评：需求量弹性的基本步骤：首先将需求量x写成价格p的函数$f(p)$，然后将需求量对价格求导数得到$f'(p)$；代入式(3-15)，得到需求量弹性的一般表达式（价格p的函数）；最后将价格值代入，求出需求量弹性的值。如果，需求量弹性的值大

于1，表示需求量是弹性的，需求量对价格的变化敏感，价格的微小变化会引起需求量较大的变化；如果，需求量弹性的值小于1，表示需求量是非弹性的，需求量对价格的变化不敏感，需求量的变化小于价格的变化。

建议：这是一套基本要求的题目，希望读者能在120分钟内完成。

第四章 积分学

Integration

主要内容和概念
典型例题解析
自测题及答案

积分学主要讨论不定积分(indefinite integral)和定积分(definite integral)的概念、它们之间的关系、求积分的主要方法及其应用。

积分学是在微分学的基础上继续深入。积分学不仅是微积分的重要内容,而且是比较灵活和难掌握的。

对这部分内容的学习要求:深入理解积分的概念,通过练习熟练掌握基本积分公式、换元法和分部积分法等积分方法;熟练掌握求解一阶微分方程的方法和求曲线围成的面积等方面的应用。

本章的重点:反导数和定积分以及微分方程的概念。

本章的难点:换元积分方法、解微分方程的基本方法。

一、主要内容和概念

前3章的微分学主要讨论了已知一个函数，如何求它的导函数的方法及其应用。但是在许多实际问题中，往往是已知一个函数的导函数，需要求它的原来函数(称为反导数，antiderivatives)。例如，已知边际成本函数(marginal cost) $c'(x)$，求成本函数 $C(x)$。这个问题就是我们这一部分(第四章、第五章和第六章)要学习的中心问题——积分学(integration)。这里要讨论的积分分为2类：不定积分和定积分。不定积分是求反导数的运算，得到的是一个函数族；而定积分是一个特殊和的极限，得到的是一个数值。不定积分和定积分有密切的联系，不定积分是定积分的基础，所以，我们首先学习不定积分的概念。

第一节 反导数和不定积分

Antiderivatives and indefinite integrals

1. 反导数 Antiderivatives

在数学中有不少逆运算：加与减、乘与除等，导数也有它的逆运算反导数。

实际的求反导数的问题很多。如：已知直线运动物体的速度 $v(t)$随时间变化的规律，求其路程 $s(t)$的方程。再如，已知曲线上一点的切线的斜率(slope of tangent line)为 $2x$，求此曲线的方程 $f(x)$。利用学习的关于导数的知识，曲线的切线的斜率可以表示为：$\frac{dy}{dx}=2x$，求满足这个要求的 $y=f(x)$的表达式。由导数的知识我们知道：$y=x^2$能满足上述要求，因为，$\frac{d}{dx}(x^2)=2x$。因此，x^2是 $2x$ 的一个反导数。这里，我们强调 x^2只是 $2x$ 的反导数中的一个，还有很多函数也能满足这个要求，如$G(x)=x^2+1$，显然$\frac{d}{dx}(x^2+1)=2x$。此外，还有 $x^2-\pi$，x^2-10，$x^2-\sqrt{5}$，… 都满足要求，都是 $2x$ 的反导数。我们可以将 $2x$ 的所有反导数写成为；x^2+c，c 任意的常数，它表示了一族函数。

因此，$2x$ 的反导数是一族函数，而非一个函数。

定理 1 关于反导数

如果两个函数的导函数在(a,b)区间内相等，那么这两个函数最多相差一个常数。也就是说，如果在(a,b)区间内 $F(x)$，$G(x)$是 2 个不同的可微函数，且 $F'(x)=G'(x)$，那么，$F(x)=G(x)+k$，k 是任意常数。

2. 不定积分 Indefinite integral

如果函数 $f(x)$在区间 I 上有定义，且存在一个函数 $F(x)$，使得 $F'(x)=f(x)$，那么，$F(x)$是 $f(x)$的一个反导数，而 $f(x)$的全体反导数，称为 $f(x)$的不定积分，表示为：

$$\int f(x)\,\mathrm{d}x$$

其中：$\int$ 称为积分号，$f(x)$称为被积函数(integrand)，$\mathrm{d}x$ 表示对变量 x 求不定积分。

$$\int f(x)\,\mathrm{d}x = F(x) + C$$

表示被积函数 $f(x)$的反导数族，C 为积分常数。这样，求一个函数 $f(x)$的反导数的问题就转化为求 $f(x)$的不定积分问题。

不定积分的几何意义如下：

如果 $F(x)$是 $f(x)$的一个反导数，$f(x)$的不定积分为 $F(x)+C$(C 为积分常数)。对于 C 的一个确定的值 C_0，就对应有 $f(x)$的一个反导数 $F(x)+C_0$。在直角坐标系中，称 $F(x)+C_0$ 所确定的一条曲线 $y=F(x)+C_0$ 为 $f(x)$的一个积分曲线。由于，C 可以取任意的实数值，所以，$f(x)$的积分曲线有无数条。由 $f(x)$的一条积分曲线沿 y 轴方向平行移动一定的距离，就得到它的另一条积分曲线，这些积分曲线的全体称为被积函数的积分曲线族。因此，不定积分 $\int f(x)\,\mathrm{d}x$ 在几何上表示函数 $f(x)$ 的积分曲线族。

由上面的讨论可以看出，求反导数与求导数是互为逆运算，也就是说，对一个函数先求不定积分然后再求导数，这两者的作用互相抵消，即

$$\left[\int f(x)\,\mathrm{d}x\right]' = f(x)$$

反之亦然。

3. 基本函数的不定积分

根据不定积分的定义和基本函数的求导公式，得到基本函数的不定积分的公式。这些公式是将来学习复杂函数积分的基础，非常重要，必须熟练掌握。此外，建议读者利用不定积分与求导数为逆运算的规律来检验得到的结果。

(1) $\int x^n \mathrm{d}x = \frac{x^{n+1}}{n+1} + C, n \neq -1$（幂函数的积分）；

(2) $\int \mathrm{e}^x \mathrm{d}x = \mathrm{e}^x + C$（指数函数的积分）；

(3) $\int \frac{1}{x} \mathrm{d}x = \ln |x| + C, x \neq 0$（积分结果为对数函数）。

这 3 个式子称为基本积分公式，它们给出了常见函数的积分。(1)和(3)是被积函数为幂函数的情况，(2)为被积函数为指数函数的情况。对于复杂函数的积分后面内容将讨论。

注意：在积分公式(1)中，特别强调 n 为 -1 以外的任意实数，可以是整数、分数或小数；可以是正数，也可以是负数，但不能等于 -1。当 $n=-1$ 时，也就是积分公式(3)表示的积分。

另外，还应该强调的是，在求不定积分的时候，不能忘记积分常数。尽管它是一个任意的常数，但它表示的是：不定积分得到的不是某一个反导数，而是一个函数族。如果没有积分常数就表示只是反导数族中的一个函数，而不是全体。这与不定积分的定义不一致。这是初学者常犯的问题。

4. 不定积分的性质

不定积分的这 2 个性质是今后进行复杂的积分运算的基础：

(1) $\int kf(x)\mathrm{d}x = k\int f(x)\mathrm{d}x$，$k$ 是任意常数；

(2) $\int [f(x) \pm g(x)]\mathrm{d}x = \int f(x)\mathrm{d}x \pm \int g(x)\mathrm{d}x$。

性质(1)可以表述为：常数与函数积的积分等于常数与函数积分的积，也就是说当一个常数与函数相乘后积分时，可以将这个常数直接移到积分运算符号外。在使用积分的性质(1)时，要注意只有常数才能移出积分符号的外面，变量不行。

性质(2)可以表述为：2 个函数和或差的积分等于每个函数积分的和或差。这个性质可以推广到 3 个或更多的函数的和或差的情况。

不定积分的性质是积分运算的依据，应该深刻地理解，并熟练运用。例如，多项式函数的积分可以用积分的性质和基本积分公式得到：

$$\int (x^3 - 6x^2 + 2x - 5)\mathrm{d}x \xrightarrow{\text{property 2}} \int x^3 \mathrm{d}x - \int 6x^2 \mathrm{d}x + \int 2x\mathrm{d}x - \int 5\mathrm{d}x$$

对每个积分用性质(1)，将常数移出积分运算符，得到：

$$= \int x^3 \mathrm{d}x - 6\int x^2 \mathrm{d}x + 2\int x\mathrm{d}x - 5\int \mathrm{d}x$$

$$= \frac{x^4}{4} - 2x^3 + x^2 - 5x + C \text{（利用幂函数的积分公式）}$$

由此可见，完成一个积分的过程就是反复地运用积分的性质和基本积分公式的过程。

第二节 换元积分法

Integration by substitution

利用上一节的基本积分公式和性质只能求出极少数函数的积分，对于一些常见的函数的积分就需要学习其他的方法，其中常用的是换元法。

1. 微分 Differential

为了便于理解换元法，首先介绍微分的概念。

在介绍导数的概念时，我们将 $\frac{dy}{dx}$ 作为一个整体看待。现在，我们将其分别定义，对于 $y=f(x)$的函数，定义 dy 为函数 y 的微分，而 dx 为自变量的微分，它们的比为函数 y 的导数。自变量的微分 dx 是一个任意的常数；而函数 y 的微分 dy 定义为函数的导数 $f'(x)$与自变量的微分 dx 的积：

$$dy = f'(x)dx$$

利用微分的定义，我们先求出给定函数的导数后，然后求因变量的微分。引入微分的定义后，导数为函数的微分和自变量微分的商，这就是为什么导数又被称为微商(difference quotient)。注意函数的导数与微分是不同的。在后面的换元法中我们就经常用这个概念。

例如， $y=f(x)=2x^3$，then $\frac{dy}{dx}=f'(x)=6x^2$，$dy=f'(x)dx=6x^2dx$

$$u=g(t)=e^{-5t}\text{, then } \frac{du}{dt}=g'(t)=-5e^{-5t}\text{, } du=-5e^{-5t}dt$$

2. 换元法 Integration by substitution

换元法目的是利用适当的变量代换，将原来的不定积分化为对新变量的不定积分，使后者能利用基本的积分公式求出。换元法的关键是找到合适的替换变量，所以又称为变量代换的方法。我们从分析复合函数求导的过程能得到一些启发。

如果一个复合函数为 $y=f[g(x)]$，then，$\frac{dy}{dx}=f'[g(x)]\cdot g'(x)$，我们可以引入

一个中间变量 u，$u=g(x)$，u 的微分为 $du=g'(x)dx$。$\frac{dy}{dx}=f'(u)\cdot u'$，那么，$y$ 的微分为 $dy=f'(u)u'dx=f'(u)du$，它的逆运算可以写成：

$$\int f'[g(x)]\cdot g'(x)dx \tag{a}$$

$$=\int f'(u)u'dx=\int f'(u)du \tag{b}$$

$$=F(u)+C=F[g(x)]+C \tag{c}$$

分析上述过程，可以看出如被积函数为两项的乘积的情况下，如式(a)所示，可以选择其中的一项与 dx 的积为新变量的微分，而另一项应该能写成为这个新变量的函数。例如：$\int 2xe^{x^2}dx$，选择 $2xdx=du$ 为新变量 u 的微分 du，即 $du=2xdx$。则利用基本积分公式得到 $u=x^2$。原来的积分变换为 $\int 2xe^{x^2}dx=\int e^{x^2}2xdx \xrightarrow{u=x^2,du=2xdx} \int e^u du$，经过变量代换后得到 $\int e^u du$，这就可以使用基本积分公式求得它的积分。

当遇到被积函数为两个幂函数相乘时，应该选择幂次低的项为新变量的微分。例如：$\int x(1+x^2)^8dx$，选择 $2xdx=du$，为了使另外一项也能表示为新变量的函数，令 $u=x^2+1$，$\int x(1+x^2)^8dx=\frac{1}{2}\int 2x(1+x^2)^8dx=\frac{1}{2}\int u^8du=\frac{1}{18}u^9+C=\frac{1}{18}(1+x^2)^9+C$。

在这个例题中，为凑成 u 的微分先乘 2 再除以 2，由于常数可以移到积分符号的外面，并不影响积分的过程。

利用变量代换的方法，我们扩展了基本积分公式的功能，扩展后的基本积分公式为：

(1) $\int u^n du=\frac{u^{n+1}}{n+1}+C, n\neq -1$；

(2) $\int e^u du=e^u+C$；

(3) $\int \frac{1}{u}du=\ln|u|+C$。

我们称它们为扩展的基本积分公式是因为这 3 个积分公式更具有一般性，因为，式中的 u 可以是自变量[这时与积分公式(1)、(2)、(3)相同]，也可以是其他自变量的函数。如果 u 是其他自变量(如，x 或 t) 的函数，du 表示的是 u 的微分。

总结上述过程，得到使用换元法(变量代换)积分的步骤：

(1)适当选择新的代换变量使得能简化被积函数；特别是，选择的新变量 u 能使得

du 是被积函数的一项;

(2)必须将被积函数完全用新变量 u 和它的微分 du 代替原来的自变量和原来自变量的微分;

(3)完成对新的变量的积分;

(4)将得到的反导数用原来的自变量表示出来。

换元法(变量代换)是一种基本的、常用的积分方法,必须熟练掌握。

使用换元法积分的时候,一定要用新的变量代替原来的变量,将被积函数完全用新变量表示,不能既有新变量 u 又有原来的变量 x。如何选择新变量,在后面的例题中进一步说明。还要注意,换元积分的结果要表示成原来的自变量的函数,不是新变量的函数。

第三节 微分方程;增长和衰减

Differential equations; Growth and decay

本节简单介绍一阶微分方程的求解方法,以及在自然界中的应用——增长和衰减的规律。

含有未知函数导数的方程称为微分方程。例如:

$$\frac{dy}{dx}=0.5x, \quad y'=2y, \quad y''-2xy+x=5$$

并且,方程中所包含的未知函数的最高阶导数的阶数,称为微分方程阶数,上式中的前两个方程为一阶微分方程,而最后一个微分方程中最高阶为二阶导数,因此为二阶微分方程。

满足微分方程的函数称为微分方程的解。

我们首先从熟悉的曲线的斜率引入微分方程的概念。曲线在某一点 $x=a$ 处的斜率是该函数的导数在该点的值。我们将这个概念扩展到斜率场(slope field)。与大家熟悉的重力场、电场类似,斜率场描述了斜率在某一空间的分布规律。如:

$$\frac{dy}{dx}=-0.5x \tag{4-1}$$

它表示了某个函数的斜率在 $x-y$ 平面内满足的微分方程,该方程表明函数的斜率仅与 x 有关,给定 x 坐标,就能确定该处的斜率。如在 $x=0$ 的直线上,所有各点的斜率都是零;在 $x=2$ 的直线上,所有各点的斜率都是 -1;在 $x=-2$ 的直线上,所有各点的斜率都是 1。根据这个方程,我们可以画出 $x-y$ 平面所有各点的斜率(尽管工作量很大,理论上是可行的)。这就是由这个方程确定的斜率场。

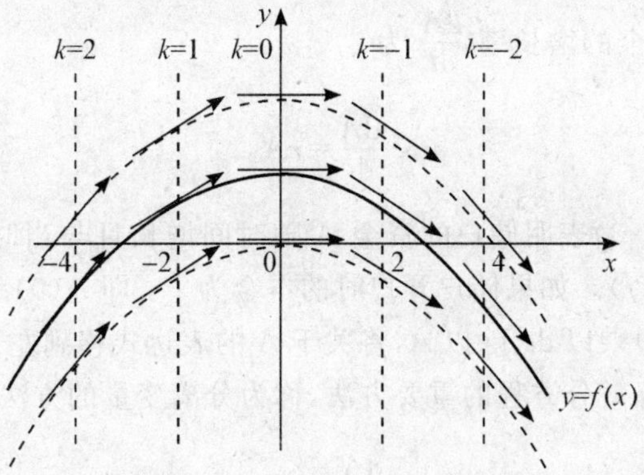

图 4-1

方程(4-1)的解可以用不定积分求得:

$$y=\int -0.5x\mathrm{d}x=-\frac{x^2}{4}+C \tag{4-2}$$

其中 C 为任意常数。C 取不同数值都能满足微分方程(4-2),所以这个微分方程有无数个解。一般,将含有任意常数的微分方程的解称为通解(或一般解)。通解代表的是互相平行的曲线族。

如果要求它的解通过某一特定点,如(2,2)将 $x=2$,$y=2$ 带入方程(4-2),得到

$$C=3$$

满足这个特定条件的解为

$$y=-\frac{x^2}{4}+3=f(x)$$

这个既满足微分方程,又满足给定的特定条件的解称为微分方程的特解。

由这个例子看出,首先得到微分方程的通解后,利用给定的特定条件求出积分常数,得到微分方程的特解。特解对应的是一个积分曲线,这个曲线一定是积分曲线族中通过特定点的那一曲线。

连续复利问题的再讨论

我们从微分方程的角度研究指数增长这个普遍现象,连续复利的计算是指数增长的一个例子。

计算连续复利的原则是,储户资金的增长率与储户当时在账号的资金的数目成正比。如果,某一时刻,某个储户在银行的资金为 A(包括本金和已经得到的利息),则该

储户在这一时刻的资金的增长率 $\frac{dA}{dt}$ 为

$$\frac{dA}{dt}=rA \tag{4-3}$$

其中，r 为利率。式(4-3)表明储户的资金 A 随时间增长且与当时资金的数量成正比。A 是时间 t 的函数 $A(t)$。如果储户开户时的本金为 P，即 $A(0)=P$。

将式(4-3)的两边乘以 dt、除以 A，将关于 A 的表达式移到左边，关于 t 的表达式移到右边，这种方法是解微分方程的重要方法，称为分离变量的方法，得到

$$\frac{dA}{A}=r dt \tag{4-4}$$

将式(4-4)的两边分别积分，即

$$\int \frac{1}{A}dA=\int r dt$$

得到

$$\ln A=rt+C, \quad A>0$$

将上式的两边取自然对数，得到

$$A(t)=e^{(rt+C)}=e^{C}e^{rt} \tag{4-5}$$

这就是方程(4-3)的通解，它包含有任意的积分常数 C。

将 $t=0, A(0)=P$（初始条件）带入式(4-5)，积分常数 C 被确定：

$$A(0)=P=e^{C}$$

得到方程(4-3) 的特解为

$$A(t)=Pe^{rt} \tag{4-6}$$

方程的解表明，储户的资金以指数规律增长。这个结果与第三章的解相同。

自然界中很多问题，如人口的增长、传染病的传播等，都遵循指数增长的规律：总量对时间的导数 $\frac{dQ(t)}{dt}$ 正比于该时刻的总量 $Q(t)$，即

$$\frac{dQ}{dt}=rQ, \quad Q(0)=Q_0 \tag{4-7}$$

利用上面推导的结果，得到

$$Q(t)=Q_0 e^{rt} \tag{4-8}$$

其中,r 是比例常数。

如果,比例常数 $r>0$,通常被称为增长率。

如果 $r<0$,则表示 Q 随时间的增加而减少,这种变化规律称为指数衰减(exponential decay),例如,某些放射性元素,如碳-14,所放射出的射线的强度的变化规律。碳-14元素的指数衰减规律的发现为确定古生物的年代提供了非常重要的测量方法。研究证明,在活的动物、植物体内碳-14 的含量保持在一个稳定的量级(近似为常数),但动物、植物死亡后其体内碳-14 的含量逐渐减少,并且碳-14 的减少率与动物、植物体内碳-14 的含量成正比,即在动物、植物刚刚死亡后其体内碳-14 的含量最高,衰减率也大;随时间延长,死亡后的动物、植物体内的碳-14 含量逐渐减少,碳-14 含量的变化规律为:

$$\frac{dC}{dt}=rC, \quad C(0)=C_0 \tag{4-9}$$

其中,$r=-0.0001238$,C 为碳-14 的含量,C_0 为在活的动物、植物体内碳-14 的含量。

方程(4-9)与方程(4-7)相同,只是 $r<0$,因此,它的结果与式(4-8)相同:

$$C(t)=C_0 e^{rt} \tag{4-10}$$

死亡后的动物、植物体内的碳-14 的含量的变化规律是指数衰减。

通过测定考古发现的古代动物、植物体内的碳-14 的含量,利用式(4-10)能计算出古生物的死亡年代。

还有一类问题,也符合指数变化的规律。人们学习某种技能(游泳、打字等)时,其掌握该技能的进步快慢也是遵循指数变化的规律,研究表明学习者进步的快慢与其当时的水平与可能达到的最高水平的差成正比。例如,某一打字员每分钟打字 y 个,打字的最高水平每分钟 M 个,该打字员技能的改进率 $\frac{dy}{dt}$ 为

$$\frac{dy}{dt}=k(M-y) \tag{4-11}$$

其中,k 为比例系数,不同的技能其值不同。

这就是描述技能提高快慢的微分方程。这个方程表明,学习者开始进步快,通过练习,其技能逐渐提高,与最高水平的差距减少,其技能提高的速度变慢。

这类问题的解,可以用变量代换的方法得到,具体过程为:

$\frac{dy}{dt}=k(M-y)$(两边除以 $(M-y)$,乘以 dt,分离变量后,得到)

$$\frac{1}{M-y}\mathrm{d}y = k\mathrm{d}t$$（左边仅包含变量 y，右边仅包含变量 t，两边分别积分）

$$\int\frac{1}{M-y}\mathrm{d}y = \int k\mathrm{d}t$$（换元法，令 $u = M - y, \mathrm{d}u = -\mathrm{d}y$）

$$-\int\frac{1}{u}\mathrm{d}u = \int k\mathrm{d}t$$（利用基本积分公式，得到）

$$-\ln|u| = kt + C \rightarrow \ln|u| = -kt - C \rightarrow \ln|M - y| = -kt - C$$

因为，$M > y$（M 代表的是最高水平），绝对值的符号可以取消，得到

$$\ln(M-y) = -kt - C$$（两边取自然指数）

$$M - y = \mathrm{e}^{-kt-C} = \mathrm{e}^{-C}\mathrm{e}^{-kt}$$

方程的解为

$$y(t) = M - \mathrm{e}^{-C}\mathrm{e}^{-kt}$$

这是微分方程的通解。

利用初始条件 $t=0, y(0)=0$，即开始时完全不会打字，带入上述方程，得到

$$M - \mathrm{e}^{-C} = 0 \rightarrow \mathrm{e}^{-C} = M$$

方程的特解为

$$y(t) = M(1 - \mathrm{e}^{-kt})$$

这个结果说明，这类方程的结果是有一个极限值的，极限值为 M(能达到的最高技能水平)。解的特点是开始提高的快一些，后来提高的慢，渐渐达到最高水平。

第四节 定积分

The definite integral

我们在前 3 节讨论了积分学的第一个问题——不定积分，它是作为微分的反问题而引入的。从本节开始，我们利用极限的概念引入积分学的第二个问题——定积分。

定积分在工程和社会科学各个领域内都有广泛的应用，例如，求任意平面图形的面积和体积；由概率密度函数求某些事件的概率。经济学方面研究消费者的节余和生产商的盈余等等。但是，这些问题从表面看似乎和第一个问题没有什么联系。在发展历史上，定积分最初也是独立发展起来的，后来牛顿等人在前人的基础上发现了定积分与

不定积分的联系，从而大大推动了积分学的发展，使积分学成为解决实际问题的有力工具。下一节学习的微积分学的基本定理将定积分和不定积分密切地联系起来。

定积分的概念是从研究曲边梯形的面积中逐渐形成的。我们也以曲边梯形的面积为例，利用学过的极限方法，引入定积分的概念。

如图 4-2 所示的曲边梯形是由连续的曲线 $y=f(x)$，x 轴以及直线 $x=a$，$x=b$ 所围成。求它的面积。

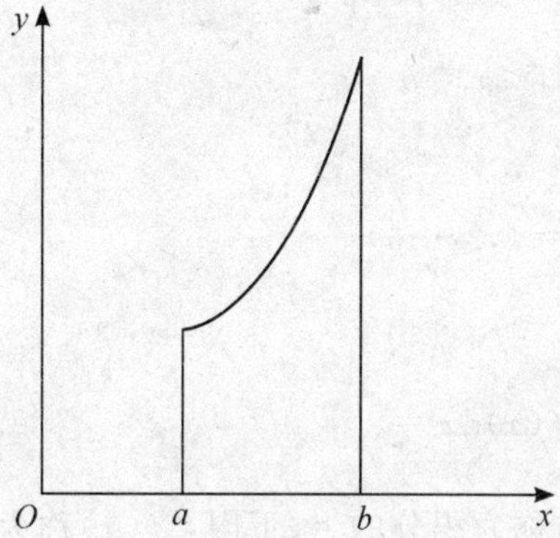

图 4-2

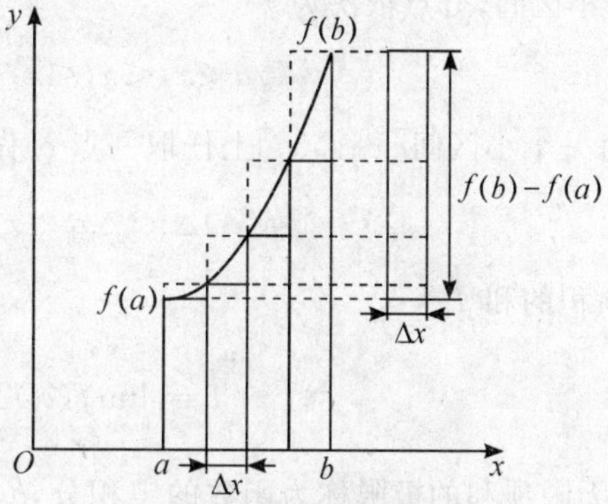

图 4-3

这里遇到的困难是曲边梯形的高 $f(x)$ 是随 x 而改变，因此，不能直接用梯形的面积公式计算。从整体上看，曲边梯形的高是变化的，但如果我们将大的曲边梯形分成若干小的曲边梯形，每个小曲边梯形的高可以近似地看成不变的，如图 4-3 所示。可以将小的曲边梯形近似为矩形。由图 4-3 还可以看出，如果分割出的小曲边梯形越多，小曲边梯形的高度变化越小，近似的程度就越好。实际上，将无限多个小曲边梯形的面积的和求极限就是大曲边梯形的面积。这种“分割取近似，以直代曲，求和取极限”的方法是定积分的核心。

但是，在具体近似计算小曲边梯形的面积的过程中有多种不同的选择。一种方法是用小曲边梯形左边的边长作为矩形的高，计算出的面积称为左边和，用 L_n 表示；另一种方法是用小曲边梯形右边的边长作为矩形的高，计算出的面积称为右边和，用 R_n 表示。当分割为有限个小曲边梯形时，L_n 与 R_n 不相等。如果函数 $f(x)$，在(a,b)区间内是单调递增，大曲边梯形的真实面积 A 小于 R_n 大于 L_n，即

$$L_n \leqslant A \leqslant R_n$$

用有限小曲边梯形面积的和近似大曲边梯形的面积，其误差与分割的小曲边梯形的数量有关，但误差不会超过 $|f(b)-f(a)|\dfrac{b-a}{n}$ 的界限。由此可见，当分割的小梯形数量 n 增加时，误差变小。可以证明，当分割的小梯形的数量 n 趋近于无限大时，左边

和 L_n 的极限与右边和 R_n 的极限相等，等于大曲边梯形的真实面积。

除左边和 L_n 与右边和 R_n 外，还可以用小曲边梯形内的任意一点的高近似计算小梯形的面积，这种方法称为黎曼（Riemann）和。当分割的数 R_n 量无限大时，Remann 和的极限也是曲边梯形的面积。可以看出，左边和 L_n 与右边和 R_n 是 Riemann 和的特殊情况，Riemann 和是一般的情况。而 Riemann 和的极限称为定积分。

定积分的定义 设函数 $f(x)$ 在 $[a,b]$ 区间内为有界函数，将区间 $[a,b]$ 任意分成 n 个小区间，分点依次为

$$a<x_0<x_1<x_2<\cdots<x_{i-1}<x_i=b$$

在每一个小区间 $[x_{i-1},x_i]$ 上任取一点 c_i 做乘积

$$f(c_i)\Delta x_i(\Delta x_i=x_i-x_{i-1},i=1,2,\cdots n)$$

各项积的和 I 为

$$I=\lim_{n\to\infty}f(c_i)\Delta x_i=\int_a^b f(x)\mathrm{d}x$$

即，无限项和的极限称为函数的定积分，b,a 分别被称为积分的上、下限，$f(x)$ 称为被积函数（integrand）。

上述讨论，我们基于函数 $f(x)$ 的值在 $[a,b]$ 区间是正的，函数的图像总是在 x 轴的上方。所以，每个小曲边梯形的面积都是正数，$\int_a^b f(x)\mathrm{d}x$ 定积分表示的是函数图形与 x 轴之间，以 a,b 为界围成的面积。如果函数 $g(x)$ 的值在 $[a,b]$ 是负的，函数的图像在 x 轴的下方，所以，用 $g(c_i)\Delta x$ 计算的每个小曲边梯形的面积都是负数，定积分 $\int_a^b g(x)\mathrm{d}x$ 的结果也是负数。因而，定积分 $\int_a^b g(x)\mathrm{d}x$ 称为面积的负值或代有符号的面积。

由上面的讨论可以得出这样的结论，函数 $f(x)$ 在区间 $[a,b]$ 上的定积分，在几何上表示由曲线 $y=f(x)$，直线 $x=a,x=b,y=0$（x 轴）所围成的曲边梯形的面积的代数和（即在 x 轴的上方的面积取正号，在 x 轴的下方的面积取负号）。如果，如图 4-4 所示的几个图形的面积分别为 S_1，S_2，S_3，则

$$\int_a^b f(x)=S_1-S_2+S_3$$

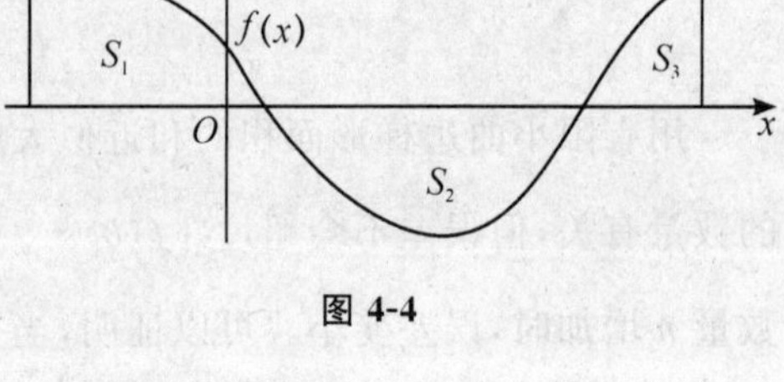

图 4-4

定积分的性质 定积分是无限项和的极限，因此，很多求和的性质也是定积分的性质。

(1) $\int_a^a f(x)\mathrm{d}x = 0$（积分区间等于 0 时，定积分的结果也是 0）；

(2) $\int_a^b f(x)\mathrm{d}x = -\int_b^a f(x)\mathrm{d}x$，即：互换积分的上、下限，积分的结果改变正负号；

(3) $\int_a^b k \cdot f(x)\mathrm{d}x = k\int_a^b f(x)\mathrm{d}x$，$k$ 是常数，即：与不定积分相同，常数可以移到积分号外面；

(4) $\int_a^b [f(x) \pm g(x)]\mathrm{d}x = \int_a^b f(x)\mathrm{d}x \pm \int_a^b g(x)\mathrm{d}x$（2 个函数和的积分等于积分的和）；

(5) $\int_a^b f(x)\mathrm{d}x = \int_a^c f(x)\mathrm{d}x + \int_c^b f(x)\mathrm{d}x$，这个性质称为定积分对积分区间的可加性，无论 c 在 b 的右边或 a 的左边，只要 $f(x)$ 在 $[a, c]$ 和 $[c, b]$ 区间可积。

第五节 微积分基本定理

The fundamental theorem of calculus

定积分是无限项和的极限，用这个定义计算定积分是非常繁琐的。实际上，定积分与不定积分有密切的关系，这个非常重要的关系称为微积分基本定理。利用这个基本定理使计算定积分变得非常方便。

微积分基本定理 设 $f(x)$ 在 $[a, b]$ 上连续，且 $F(x)$ 是 $f(x)$ 的一个反导数，则

$$\int_a^b f(x)\mathrm{d}x = F(b) - F(a)$$

微积分学基本定理揭示了定积分与不定积分的关系。基本定理表明：如果需要求函数 $f(x)$ 在 $[a, b]$ 的定积分，只要先求出该函数的任意一个反导数 $F(x)$，然后计算反导数由 a 到 b 的改变量 $F(b)-F(a)$ 即可。这样就将求定积分的问题变成了求不定积分的问题，为定积分计算提供了一种简便的方法。这里说的任意一个反导数通常用积分常数等于零的不定积分为反导数，计算定积分。

用换元法求反导数后，计算定积分可以对新引入的变量计算定积分，不必再写成原来自变量的形式，但新变量的积分上下限要通过新变量与原来自变量的关系得到。对新变量的定积分计算一般比再写成原来自变量的函数的过程简单。

函数的平均值（中值定理） 定积分的一个广泛应用是求连续函数在某一区间内的平均值，这种方法又称为中值定理，可以用来求商品的平均价格、气温的平均值等。

函数的平均值的定义 连续函数在$[a, b]$区间的平均值为$\frac{1}{b-a}\int_a^b f(x)\mathrm{d}x$。定义表明，函数的平均值是指在一定区间内的积分平均，因此与选择的区间范围有密切的关系。同一个函数，在不同区间的平均值可能不同。例如，某日气温上午的平均值与下午的不同，白天与晚上不同。所以，当讨论函数的平均值的时候，必须明确在什么区间内的平均值。

二、典型例题解析

本章例题分为 4 部分：反导数的概念和不定积分，换元积分方法，微分方程，定积分与微积分学基本定理。

1. 反导数和不定积分

例 1-1 已知 $f(x)=\mathrm{e}^x$，求：

(1) $f(x)=\mathrm{e}^x$ 的所有反导数；

(2)分别通过(0,0)、(0,1)和(0,2)点的反导数；

(3)讨论上述 3 个反导数的图像的关系。

解：

(1)由反导数的定义和导数的经验，知道 $f(x)=\mathrm{e}^x$ 的反导数具有 $F(x)=\mathrm{e}^x+C$ 的形式，C 为常数。这就是 $f(x)=\mathrm{e}^x$ 的反导数族。

(2)通过特定点的函数是反导数族中的一个。选择的方法是利用给出的坐标点求出常数 C 的值。

通过(0，0)点：$F_1(0)=0=\mathrm{e}^0+C_1$，$C_1=-1$，得到：$F_1(x)=\mathrm{e}^x-1$，通过(0，0)点。

通过(0,1)点：$F_2(0)=1=\mathrm{e}^0x+C_2$，$C_2=0$，得到：$F_2(x)=\mathrm{e}^x$，通过(0,1)点。

通过(0,2)点：$F_3(0)=2=\mathrm{e}^0+C_3$，$C_2=1$，得到：$F_2(x)=\mathrm{e}^x+1$，通过(0,2)点。

(3)这 3 个函数的图像是沿 y 轴的平行移动，如图 4-5 所示。

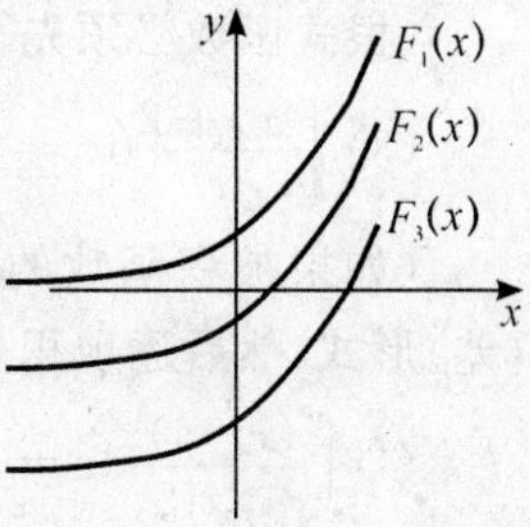

图 4-5

例 1-2 利用不定积分的基本公式和性质求下列不定积分：

(1) $\int 2.5\mathrm{d}t$；(2) $\int \frac{4}{x}\mathrm{d}x$；(3) $\int \pi e^u \mathrm{d}u$；(4) $\int 4x^3\mathrm{d}x$；

(5) $\int (2x^3 - 3x^2 + 1)\mathrm{d}x$。

解：

(1) $\int 2.5\mathrm{d}t = 2.5\int \mathrm{d}t = 2.5t + C$；（常数的积分）

(2) $\int \frac{4}{x}\mathrm{d}x = 4\int \frac{1}{x}\mathrm{d}x = 4\ln|x| + C$；（常数与函数乘积的积分，常数可以移到积分号外）

(3) $\int \pi e^u \mathrm{d}u = \pi\int e^u \mathrm{d}u = \pi e^u + C$；（常数与指数函数积的积分，常数可以移到积分号外）

(4) $\int 4x^3\mathrm{d}x = 4\int x^3\mathrm{d}x = 4\,\frac{x^{3+1}}{3+1} + C = x^4 + C$；（幂函数的积分公式）

(5) $\int (2x^3 - 3x^2 + 1)\mathrm{d}x = \int 2x^3\mathrm{d}x - \int 3x^2\mathrm{d}x + \int \mathrm{d}x$

$= 2\,\frac{x^{3+1}}{3+1} + C_1 - 3\,\frac{x^{2+1}}{2+1} + C_2 + x + C_3 = \frac{x^4}{2} - x^3 + x + C$。

（多个函数和或差的积分等于每个函数的积分的和或差）

分析点评：在最后一个例题中，有 3 个积分，每个积分都有一个积分常数。由于积分常数是任意的常数，因此，可以将 3 个积分常数合并成 1 个积分常数。这种处理方法在后面的练习中经常遇到，不再说明。

例 1-3 求下列函数的积分：

(1) $\int \frac{3}{x^3}\mathrm{d}x$；(2) $\int 5\sqrt[3]{u^2}\mathrm{d}u$；(3) $\int \frac{x^4+2}{x^2}\mathrm{d}x$；

(4) $\int \frac{(x-1)^2}{x}\mathrm{d}x$；(5) $\int \left(\sqrt[3]{x} - \frac{2}{\sqrt{x}}\right)\mathrm{d}x$；(6) $\int (x+1)(x^2-3)\mathrm{d}x$。

解：

(1) $\int \frac{3}{x^3}\mathrm{d}x = \int 3x^{-3}\mathrm{d}x = 3\,\frac{x^{-3+1}}{-3+1} = -\frac{3}{2}x^{-2} + C$；

（分式函数首先化成负指数的幂函数，再用幂函数的积分公式）

(2) $\int 5\sqrt[3]{u^2}\mathrm{d}u = \int 5u^{\frac{2}{3}}\mathrm{d}u = 5\,\frac{u^{\frac{2}{3}+1}}{\frac{2}{3}+1} + C = 3u^{\frac{5}{3}} + C$；

（根式函数必须先写成分式的幂函数，然后用幂函数的基本积分公式）

(3) $\int \frac{x^4+2}{x^2}\mathrm{d}x = \int \frac{x^4}{x^2}\mathrm{d}x + \int \frac{2}{x^2}\mathrm{d}x = \int x^2\mathrm{d}x + 2\int x^{-2}\mathrm{d}x = \frac{x^3}{3} - 2x^{-1} + C$；

（如果被积函数的分母仅 1 项，而分子有多项，可以将被积函数展开成多项的和（差）形式，然后逐项积分）

(4) $\int \frac{(x-1)^2}{x}\mathrm{d}x = \int \frac{x^2-2x+1}{x}\mathrm{d}x = \int x\mathrm{d}x - \int 2\mathrm{d}x + \int \frac{1}{x}\mathrm{d}x = \frac{x^2}{2} - 2x + \ln|x| + C$；

（与例 1-3(3)题类似的处理方法）

(5) $\int\left(\sqrt[3]{x} - \frac{2}{\sqrt{x}}\right)\mathrm{d}x = \int (x^{\frac{1}{3}} - 2x^{-\frac{1}{2}})\mathrm{d}x = \int x^{\frac{1}{3}}\mathrm{d}x - 2\int x^{-\frac{1}{2}}\mathrm{d}x = \frac{3}{4}x^{\frac{4}{3}} - 4x^{\frac{1}{2}} + C$；

（如果被积函数包括分式、根式等混合表示，应都写成幂函数，再用基本积分公式）

(6) $$\int (x+1)(x^2-3)\mathrm{d}x = \int (x^3+x^2-3x-3)\mathrm{d}x = \int x^3\mathrm{d}x + \int x^2\mathrm{d}x - 3\int x\mathrm{d}x - 3\int \mathrm{d}x$$

$$= \frac{x^4}{4} + \frac{x^3}{3} - \frac{3}{2}x^2 - 3x + C。$$

（如果被积函数包括幂次不高的 2 项的积，可以首先完成乘积，得到多项式函数，然后分别积分，而当幂次高时，考虑后面学习的其他方法）

分析点评：积分时一定要首先将根式和分式写成幂指数的表示方法，用幂函数的积分基本公式求积分。

例 1-4 求满足下列条件的一个反导数：

(1) $\frac{\mathrm{d}R}{\mathrm{d}t} = \frac{100}{t^2}, R(1) = 400$； (2) $\frac{\mathrm{d}x}{\mathrm{d}t} = 4\mathrm{e}^t - 2, x(0) = 1$； (3) $P'(x) = \frac{10}{x}, P(1) = 10$。

解：

(1)
$$R(t) = \int \frac{100}{t^2}\mathrm{d}t = -100t^{-1} + C$$

$$R(1) = 400 = \frac{-100}{1} + C,\ C = 500$$

$$R(t) = -\frac{100}{t} + 500$$

(2)
$$x(t) = \int (4\mathrm{e}^t - 2)\mathrm{d}t = 4\mathrm{e}^t - 2t + C$$

$$x(0) = 1 = 4\mathrm{e}^0 - 0 + C；C = -3$$

$$x(t) = 4\mathrm{e}^t - 2t - 3$$

(3)
$$p(x) = \int \frac{10}{x}\mathrm{d}x = 10\ln|x| + C$$

$$p(1) = 10 = 10\ln(1) + C = 0 + C,\ C = 10$$

$$p(x)=10\ln|x|+10$$

分析点评:例 1-4 的 3 个例题是同类的问题:求满足给定条件的一个反导数。这类问题的解法是:首先用不定积分求出反导数族,就是带有积分常数 C 的解,然后利用给的特定条件确定积分常数。

例 1-5 已知曲线的切线方程和曲线经过的已知点,求满足条件的曲线方程问题。

(1)一曲线通过(1,3)点,并且曲线的切线斜率为 $12x^2-12x$,求此曲线方程;

(2)求过(2,10)点、斜率方程为 $\dfrac{dy}{dx}=6x+1$ 的曲线方程。

解:

(1)曲线的斜率方程是函数的导数,即 $\dfrac{dy}{dx}=12x^2-12x$,通过求不定积分,可以得到反导数族

$$y=\int(12x^2-12x)dx=4x^3-6x^2+C$$

通过(1,3)点的一条曲线满足:$y(1)=4-6+C=3$;$C=5$,得到

$$y=4x^3-6x^2+5$$

(2)对 $\dfrac{dy}{dx}=6x+1$ 积分得到

$$y=\int(6x+1)dx=3x^2+x+C$$

满足通过(2,10)点,则 $y(2)=12+2+C=10$,$C=-4$,故

$$y=3x^2+x-4$$

2. 换元积分法

换元积分方法是一种重要方法,它大大扩展了基本积分公式的功能。这种方法比较灵活,需要多练习和总结它的规律,就能较好地掌握。

例 2-1 用积分的换元方法求下列不定积分:

(1) $\int e^{2x}dx$; (2) $\int\dfrac{1}{(3x-5)}dx$; (3) $\int(5x+7)^8dx$。

解:

(1)积分 $\int e^{2x}dx$ 是指数函数类型的被积函数,我们有关于指数函数的不定积分的积分公式 $\int e^x dx=e^x+C$,但这里的被积函数是 e^{2x}。通过引入中间变量 $u=2x$ 可以将被积函数写成为 e^u 的形式,但必须将积分变量也变成对 u 的积分,即 du,而不能是 dx。由

$u=2x$，利用微分的概念得到 $du=2dx$，找到 du 与 dx 的联系。

$$\int e^{2x}dx=\int e^{2x}\frac{2dx}{2}=\frac{1}{2}\int e^{2x}2dx\xrightarrow{u=2x,du=2dx}\frac{1}{2}\int e^{u}du=\frac{1}{2}e^{u}+C=\frac{1}{2}e^{2x}+C$$

检查：$\frac{d}{dx}\left(\frac{1}{2}e^{2x}+C\right)=\frac{1}{2}e^{2x}\cdot 2=e^{2x}$。

(2)对于 $\int\frac{1}{(3x-5)}dx$，我们有 $\int\frac{1}{x}dx=\ln|x|+C$ 的基本积分公式。引入中间变量：$u=3x-5$，那么 $du=3dx$，$dx=\frac{1}{3}du$，利用基本积分公式：

$$\int\frac{1}{(3x-5)}dx=\int\frac{1}{(3x-5)}\frac{d(3x-5)}{3}\xrightarrow{u=2x-5}\frac{1}{3}\int\frac{1}{u}du=\frac{1}{3}\ln|u|+C$$
$$=\frac{1}{3}\ln|(3x-5)|+C$$

检查：$\frac{d}{dx}\left(\frac{1}{3}\ln|3x-5|+C\right)=\frac{1}{3(3x-5)}\cdot 3=\frac{1}{3x-5}$。

(3) $\int(5x+7)^{8}dx$ 是幂函数类型的被积函数，我们设法利用幂函数的基本积分公式：$\int x^{n}dx=\frac{x^{n+1}}{n+1}+C, n\neq-1$。为此，引入中间变量 $u=(5x+7)$，得到 $du=5dx$，

$$\int(5x+7)^{8}dx=\int(5x+7)^{8}\frac{d(5x+7)}{5}=\frac{1}{5}\int(5x+7)^{8}d(5x+7)\xrightarrow{u=5x+7}\frac{1}{5}\int u^{8}du$$
$$=\frac{u^{9}}{5\times 9}+C=\frac{1}{45}(5x+7)^{9}+C$$

检查：$\frac{d}{dx}\left(\frac{1}{45}(5x+7)^{9}+C\right)=\frac{1}{45}(5x+7)^{8}\cdot 9=\frac{1}{5}(5x+7)^{8}$。

分析点评：换元法的基本出发点是通过变量代换，使被积函数变成基本积分公式的形式，所以，首先要明确被积函数是哪种类型，应该用哪类基本积分公式。第二是如何选择中间变量。选择中间变量的原则是简化被积函数为基本积分公式的形式。

这3个例题是换元法的简单类型：被积函数是一个函数。所以，一旦确定了被积函数类型，中间变量就比较容易选取。通常需要对被积函数乘以(或除以)某个常数，以便凑成中间变量的微分。

积分与求导式互为逆运算，建议对于有疑问的问题完成积分后应该通过求导检查积分的结果。

例 2-2 被积函数是 2 项的积的形式的换元方法，求下列函数的反导数：

(1) $\int x(x^2-3)^4\mathrm{d}x$；(2) $\int \frac{\mathrm{e}^x}{1+\mathrm{e}^x}\mathrm{d}x$；(3) $\int \mathrm{e}^{-x}(2+\mathrm{e}^{-x})^5\mathrm{d}x$；(4) $\int \frac{(\ln x)^3}{x}\mathrm{d}x$。

解：

(1) $\int x(x^2-3)^4\mathrm{d}x$ 的被积函数是 2 个函数的积，通过引入中间变量 $u=x^2-3$，那么 $\mathrm{d}u=2x\mathrm{d}x$，可以写成 $\int f(u)u'\mathrm{d}x$ 的形式，其中 $f(u)$ 是幂函数。即

$$\int x(x^2-3)^4\mathrm{d}x=\int(x^2-3)^4x\mathrm{d}x=\int(x^2-3)^4\frac{2x\mathrm{d}x}{2}$$

$$=\frac{1}{2}\int(x^2-3)^4\mathrm{d}(x^2-3)\xrightarrow{u=x^2-3}$$

$$=\frac{1}{2}\int u^4\mathrm{d}u=\frac{1}{10}u^5+C=\frac{1}{10}(x^2-3)^5+C$$

检查：利用复合函数求导的法则，检查积分的结果。

$$\frac{\mathrm{d}y}{\mathrm{d}x}\xrightarrow{u=(x^2-3)}=\frac{\mathrm{d}y}{\mathrm{d}u}\frac{\mathrm{d}u}{\mathrm{d}x}=\frac{1}{10}\cdot 5(x^2-3)^4(2x)=x(x^2-3)^4$$

(2) $\int\frac{\mathrm{e}^x}{1+\mathrm{e}^x}\mathrm{d}x$ 的被积函数也是 2 个函数 e^x 与 $\frac{1}{1+\mathrm{e}^x}$ 的积，并且 $\mathrm{d}(1+\mathrm{e}^x)=\mathrm{c}^x\mathrm{d}x$。因此，引入中间变量 $u-(1+\mathrm{e}^x)$，得到 $\mathrm{d}u=\mathrm{e}^x\mathrm{d}x$，可以用基本积分公式得到

$$\int\frac{\mathrm{e}^x}{1+\mathrm{e}^x}\mathrm{d}x\xrightarrow{u=(1+\mathrm{e}^x),\mathrm{d}u=\mathrm{e}^x\mathrm{d}x}\int\frac{1}{u}\mathrm{d}u=\ln|u|+C=\ln(1+\mathrm{e}^x)+C$$

检查：利用复合函数求导的法则，检查积分的结果。

$$\frac{\mathrm{d}y}{\mathrm{d}x}\xrightarrow{u=(1+\mathrm{e}^x)}=\frac{\mathrm{d}y}{\mathrm{d}u}\frac{\mathrm{d}u}{\mathrm{d}x}=\frac{1}{1+\mathrm{e}^e}\mathrm{e}^x=\frac{\mathrm{e}^x}{1+\mathrm{e}^x}$$

(3) $\int\mathrm{e}^{-x}(2+\mathrm{e}^{-x})^5\mathrm{d}x$ 被积函数是幂函数与指数函数的复合，且 $\mathrm{d}(2+\mathrm{e}^{-x})=-\mathrm{e}^{-x}\mathrm{d}x$，引入中间变量 $u=(2+\mathrm{e}^{-x})$，得到 $\mathrm{d}u=-\mathrm{e}^{-x}\mathrm{d}x$，则

$$\int\mathrm{e}^{-x}(2+\mathrm{e}^{-x})^5\mathrm{d}x=\int(2+\mathrm{e}^{-x})^5\mathrm{e}^{-x}\mathrm{d}x\xrightarrow{u=(2+\mathrm{e}^{-x}),\mathrm{d}u=-\mathrm{e}^{-x}\mathrm{d}x}-\int u^5\mathrm{d}u$$

$$=-\frac{1}{6}u^6+C=\frac{-1}{6}(2+\mathrm{e}^{-x})^6+C$$

检查：利用复合函数求导的法则，检查积分的结果。

$$\frac{\mathrm{d}y}{\mathrm{d}x}\xrightarrow{u=(2+\mathrm{e}^{-x})}=\frac{\mathrm{d}y}{\mathrm{d}u}\frac{\mathrm{d}u}{\mathrm{d}x}=\frac{-1}{6}\cdot 6(2+\mathrm{e}^{-x})^5(-\mathrm{e}^{-x})=\mathrm{e}^{-x}(2+\mathrm{e}^{-x})^5$$

(4) $\int\frac{(\ln x)^3}{x}\mathrm{d}x$ 被积函数是幂函数和对数函数的复合，类似的也可能是另外一种形式出现，如 $\int\frac{1}{(\ln x)^n\cdot x}\mathrm{d}x$。对这类问题，应该选择 $u=\ln x$，得到 $\mathrm{d}u=\frac{1}{x}\mathrm{d}x$，则有

$$\int\overbrace{(\ln x)^3}^{u^3}\overbrace{\frac{\mathrm{d}x}{x}}^{\mathrm{d}u}=\int u^3\mathrm{d}u=\frac{1}{4}u^4+C=\frac{1}{4}(\ln x)^4+C$$

如果是 $\int\frac{1}{(\ln x)^n\cdot x}\mathrm{d}x$ 的类型，也用同样的中间变量，则有

$$\int\frac{1}{(\ln x)^n}\overbrace{\frac{\mathrm{d}x}{x}}^{\mathrm{d}u}=\int u^{-n}\mathrm{d}u=\frac{u^{-n+1}}{-n+1}+C=-\frac{(\ln x)^{1-n}}{n-1}+C$$

检查：利用复合函数求导的法则，检查积分的结果。

$$\frac{\mathrm{d}y}{\mathrm{d}x}=\xrightarrow{u=\ln(x)}\frac{\mathrm{d}y}{\mathrm{d}u}\frac{\mathrm{d}u}{\mathrm{d}x}=\frac{1}{4}[4(\ln x)]^3\left(\frac{1}{x}\right)=\frac{\ln x^3}{x}$$

分析点评：这 4 道习题的被积函数都是 2 个函数的积，其中一个是中间变量的导数，另一个是中间变量的函数，所以，中间变量就是替换的变量。有时，需要乘或除某个常数才能凑成中间变量的导数。通过例题，读者会发现，换元法是复合函数求导的逆运算。如果读者对这部分内容感到困难，应该首先熟练掌握复合函数的求导问题。另外，变量替换的过程表明，通过引入中间变量将被积函数简化成为 3 类基本函数的积分。所以，熟练地运用 3 类基本函数的积分非常重要。

积分问题是前面学习的求导方法的综合应用。

例 2-3 被积函数含根式的积分，求下列函数的积分：

(1) $\int x\sqrt{1-x^2}\mathrm{d}x$； (2) $\int x\sqrt{x-6}\mathrm{d}x$； (3) $\int\frac{x}{\sqrt{x-5}}\mathrm{d}x$。

解：当被积函数涉及根式，为使得被积函数简化，一般选择在根号下的表达式为中间变量。另外，要注意，使用换元法的时候，要将原来的表达式中的变量完全用新引入的中间变量表示。

(1) 令 $u=1-x^2$，则 $\mathrm{d}u=-2x\mathrm{d}x$，$x\mathrm{d}x=-\frac{\mathrm{d}u}{2}$；将被积函数完全用新变量 u 表示：

$$\int x\sqrt{1-x^2}\,\mathrm{d}x=\int\sqrt{\underbrace{1-x^2}_{u}}\;\overbrace{\frac{-2x\mathrm{d}x}{-2}}^{\mathrm{d}u}=-\frac{1}{2}\int u^{\frac{1}{2}}\mathrm{d}u=-\frac{1}{2}\frac{u^{\frac{3}{2}}}{\frac{3}{2}}+C=-\frac{1}{3}u^{\frac{3}{2}}+C$$

$$=-\frac{1}{3}(1-x^2)^{\frac{3}{2}}+C$$

检查:利用复合函数求导法则，得到

$$\left(-\frac{1}{3}(1-x^2)^{\frac{3}{2}}+C\right)'=-\frac{1}{3}\cdot\frac{3}{2}(1-x^2)^{\frac{1}{2}}(-2x)=x(1-x^2)^{\frac{1}{2}}$$

(2) 令 $u=x-6$，则 $\mathrm{d}u=\mathrm{d}x, x=u+6$;将被积函数完全用新变量 u 表示，过程为

$$\int x\sqrt{x-6}\,\mathrm{d}x=\int(u+6)u^{\frac{1}{2}}\mathrm{d}u=\int(u^{\frac{3}{2}}+6u^{\frac{1}{2}})\mathrm{d}u=\frac{2}{5}u^{\frac{5}{2}}+4u^{\frac{3}{2}}+C$$

$$=\frac{2}{5}(x-6)^{\frac{5}{2}}+4(x-6)^{\frac{3}{2}}+C$$

检查:利用复合函数求导法则，得到

$$\left(\frac{2}{5}(x-6)^{\frac{5}{2}}+4(x-6)^{\frac{3}{2}}+C\right)'=\frac{2}{5}\cdot\frac{5}{2}(x-6)^{\frac{3}{2}}+4\left(\frac{3}{2}\right)(x-6)^{\frac{1}{2}}$$

$$=(x-6)^{\frac{1}{2}}(x-6+6)=x\sqrt{x-6}$$

(3) 令 $u=x-5$，将被积函数完全用新变量 u 表示，$\mathrm{d}u=\mathrm{d}x, x=u+5$,有

$$\int\frac{x}{\sqrt{x-5}}\mathrm{d}x=\int\frac{u+5}{\sqrt{u}}\mathrm{d}u=\int(u^{\frac{1}{2}}+5u^{-\frac{1}{2}})\mathrm{d}u=\frac{2}{3}u^{\frac{3}{2}}+10u^{\frac{1}{2}}+C$$

$$=\frac{2}{3}(x-5)^{\frac{3}{2}}+10(x-5)^{\frac{1}{2}}+C$$

检查:利用复合函数求导法则，得到

$$\left(\frac{2}{3}(x-5)^{\frac{3}{2}}+10(x-5)^{\frac{1}{2}}+C\right)'=(x-5)^{\frac{1}{2}}+5(x-5)^{-\frac{1}{2}}=\frac{x}{\sqrt{x-5}}$$

分析点评:这 3 个习题的被积函数都含有根式,为了使被积函数形式简单,需要将根式内的表达式变成最简单的形式。因此,一般选择根式内的表达式为中间变量,然后将其他项也写成中间变量的函数。

例 2-4 分式类型的积分，求下列函数的积分：

(1) $\int \frac{x^2}{1-x}dx$；(2) $\int \frac{dx}{x^2-a^2}$；(3) $\int \frac{x-1}{x^2-2x+3}dx$。

解：

(1) $\int \frac{x^2}{1-x}dx$ 这是分式的不定积分问题，对这类问题一般可以首先化简，然后使用换元法。

$$\int \frac{x^2}{1-x}dx = \int \frac{x^2-1+1}{1-x}dx = \int \frac{x^2-1}{1-x}dx + \int \frac{1}{1-x}dx$$

$$= -\int (1+x)dx + \int \frac{1}{1-x}dx = -\int dx - \int x dx + \int \frac{1}{1-x}dx$$

展开后得到 3 项，前 2 项用基本积分公式，第 3 项需要使用换元法，令 $u=1-x$，则 $du=-dx$。上式的第 3 项

$$\int \frac{1}{1-x}dx \xrightarrow{u=1-x, du=-dx} \int \frac{1}{u}(-du)$$

$$= -\ln|u| + C = -\ln|1-x| + C$$

整个积分为：
$$\int \frac{x^2}{1-x}dx = -x - \frac{1}{2}x^2 - \ln|1-x| + C$$

检查：将函数求导，得到

$$\left(-x-\frac{1}{2}x^2-\ln|1-x|+C\right)' = -1-x+\frac{1}{1-x} = \frac{-1+x^2+1}{1-x} = \frac{x^2}{1-x}$$

(2) $\int \frac{dx}{x^2-a^2}$ 这个积分首先需要化简，将分母写成 2 项的积 $(x+a)(x-a)$，然后写成 2 个分式的和的形式。

$$\int \frac{dx}{x^2-a^2} = \int \frac{1}{(x+a)(x-a)}dx = \int \frac{-1}{2a}\left(\frac{1}{x+a} - \frac{1}{x-a}\right)dx$$

$$= -\frac{1}{2a}\left(\int \frac{1}{x+a}dx - \int \frac{1}{x-a}dx\right)$$

得到的为 2 个积分的差。对这 2 个积分分别引入中间变量，第 1 个积分中令 $u=x+a$，$du=dx$；第 2 个积分中令 $u=x-a$，$du=dx$，有

$$\int \frac{1}{x+a}dx \xrightarrow{u=x+a, du=dx} \int \frac{1}{u}du = \ln|u| + C = \ln|x+a| + C$$

$$\int \frac{1}{x-a}dx \xrightarrow{u=x-a, du=dx} \int \frac{1}{u}du = \ln|u| + D = \ln|x-a| + D$$

代入上式,得到

$$\int \frac{\mathrm{d}x}{x^2-a^2}=\frac{-1}{2a}(\ln|x+a|-\ln|x-a|)+C$$

检查:利用复合函数求导法则,得到

$$\left[-\frac{1}{2a}(\ln|x+a|-\ln|x-a|)+C\right]'=-\frac{1}{2a}\left(\frac{1}{x+a}-\frac{1}{x-a}\right)=-\frac{1}{2a}\cdot\frac{(x-a)-(x+a)}{x^2-a^2}$$

$$=\frac{1}{x^2-a^2}$$

(3) $$\int\frac{x-1}{x^2-2x+3}\mathrm{d}x=\int\frac{x-1}{(x-1)^2+2}\mathrm{d}x\xrightarrow{t=x-1,\mathrm{d}t=\mathrm{d}x}$$

$$\int\frac{t}{t^2+2}\mathrm{d}t\xrightarrow{u=t^2+2,\mathrm{d}u=2t\mathrm{d}t}\int\frac{\mathrm{d}u}{2u}=\frac{1}{2}\ln|u|+C$$

$$=\frac{1}{2}\ln|(x-1)^2+2|+C$$

检查:利用复合函数求导法则,得到

$$\left(\frac{1}{2}\ln|(x-1)^2+2|+C\right)'=\frac{1}{2}\frac{2(x-1)}{(x-1)^2+2}=\frac{x-1}{x^2-2x+3}$$

分析点评:这 3 个习题的被积函数都是分式,尽管也可以视为 2 个函数的积,它们与例 2-2 中的分式不同在于没有一个函数是变量的导数。所以,必须首先化简,然后利用换元法积分。注意第 3 个题目中,使用了 2 次换元法。

例 2-5 换元法积分综合练习,求下列函数的不定积分:

(1) $\int\frac{\sqrt{\ln(x)}}{x}\mathrm{d}x$; (2) $\int\frac{\mathrm{e}^x+\mathrm{e}^{-x}}{(\mathrm{e}^{\mathrm{e}}-\mathrm{e}^{-x})^3}\mathrm{d}x$; (3) $\int\frac{1}{x^2}\mathrm{e}^{\frac{1}{x}}\mathrm{d}x$。

解:

(1)这是根式与对数函数的复合,令 $u=\ln(x),\mathrm{d}u=\frac{1}{x}\mathrm{d}x$,过程为:

$$\int\frac{\sqrt{\ln(x)}}{x}\mathrm{d}x\xrightarrow{u=\ln(x),\mathrm{d}u=\frac{1}{x}\mathrm{d}x}=\int\sqrt{u}\mathrm{d}u=\int u^{\frac{1}{2}}\mathrm{d}u=\frac{2}{3}u^{\frac{3}{2}}+C$$

$$=\frac{2}{3}(\ln(x))^{\frac{3}{2}}+C$$

(2)这是幂函数与指数函数的复合,注意负指数函数的求导,过程为:

$$\int \frac{e^x + e^{-x}}{(e^x - e^{-x})^3}dx \xrightarrow{u = e^x - e^{-x}, du = (e^x + e^{-x})dx} \int \frac{du}{u^3} = \int u^{-3}du = -\frac{1}{2}u^{-2} + C$$

$$= -\frac{1}{2}(e^x - e^{-x})^{-2} + C$$

(3)这是指数函数与幂函数的复合。

$$\int \frac{1}{x^2}e^{\frac{1}{x}}dx = \int e^{\frac{1}{x}}\ \frac{1}{x^2}dx \xrightarrow{u = \frac{1}{x}, du = -\frac{1}{x^2}dx} -\int e^u du = -e^u + C = -e^{\frac{1}{x}} + C$$

分析点评:这 3 个习题的被积函数都可以通过换元法变成为基本积分形式。在分析过程,一定要明确是哪种类型的复合函数。另外,根式和分式一定要首先变成幂指数的形式。读者应该自己检查积分的结果。

例 2-6 如果每周生产 x 双网球鞋的边际成本(marginal cost)为 $C'(x)=12+\frac{500}{x+1}$,且每周的固定成本为 2 000 元。求每周的成本方程。

解:边际成本为成本方程的导数。已知边际成本函数,可以通过积分得到成本函数。

$$C(x) = \int C'(x)dx = \int \left(12 + \frac{500}{x+1}\right)dx$$

$$= 12x + \int \frac{500}{x+1}dx \xrightarrow{u = (x+1), du = dx} 12x + \ln|x+1| + C$$

这是含有任意常数的解。

一般生产成本分为两部分,一部分与产量有关,另一部分与产量无关,与产量无关的这部分称为固定成本(也就是当产量为零时的成本)。利用固定成本为 2 000,得到积分常数:

$$C(0) = 2\,000 = C$$

成本函数为: $C(x)=12x+\ln|x+1|+2\,000$

例 2-7 价格与供应量 (price-supply equation)的关系方程。

已知某种产品在供应量 x 时的边际价格为 $p'(x)=\frac{200}{(x+25)^2}$。如果在价格为 1.50 美元时的供应量为 75,求价格与供应关系的方程和如果价格为 2.50 美元时的供应量。

解:边际价格为价格函数 $p(x)$ 对供应量 x 的导数,已知边际价格可以通过积分得到价格函数,然后利用给定的条件确定积分常数。

$$p(x)=\int p'(x)\mathrm{d}x=\int\frac{200}{(x+25)^2}\mathrm{d}x\xrightarrow{u=(x+25),\mathrm{d}u=\mathrm{d}x}\int\frac{200}{u^2}\mathrm{d}u$$

$$=200\int u^{-2}\mathrm{d}u=\frac{-200}{u}+C=-\frac{200}{(x+25)}+C$$

利用给定的条件价格为 1.50 美元时的供应量为 75 确定 C：

$$p(75)=-\frac{200}{100}+C=1.5,\quad C=3.5$$

得到价格-供应量关系方程：

$$p(x)=-\frac{200}{(x+25)}+3.5$$

利用这个方程计算价格为 2.50 美元时的供应量：

$$2.5=-\frac{200}{(x+25)}+3.5;\quad \frac{200}{x+25}=1;x=175$$

由题目看出价格提高供应量增加，但市场上某种商品增加后销售价格就会降低，商品的价格在市场规律的影响下趋向稳定。

3. 微分方程的解及其应用

例 3-1 求下列微分方程的通解：

(1)$\frac{\mathrm{d}y}{\mathrm{d}x}=\frac{7}{x}$；(2)$\frac{\mathrm{d}y}{\mathrm{d}x}=\mathrm{e}^{0.1x}$；(3)$\frac{\mathrm{d}y}{\mathrm{d}x}=2y$；(4)$\frac{\mathrm{d}x}{\mathrm{d}t}=4t$。

解：

(1)对方程分离变量：将含有 y 的项移动到含有其微分符号 $\mathrm{d}y$ 的一边(左边)；将含有 x 的项移动到含有其微分符号 $\mathrm{d}x$ 的一边(右边)，得到

$$\mathrm{d}y=\frac{7}{x}\mathrm{d}x$$

然后两边分别积分

$$\int\mathrm{d}y=\int\frac{7}{x}\mathrm{d}x$$

得到

$$y=7\ln|x|+C$$

这就是方程的通解。

(2)对方程分离变量后得到

$$dy = e^{0.1x}dx$$

两边分别积分

$$\int dy = \int e^{0.1x}dx$$

得到

$$y = 10e^{0.1x} + C$$

为方程的通解。

(3)对方程分离变量:两边除以 y,乘以 dx 后得到$\frac{dy}{y}=2dx$,两边分别积分:

$$\int \frac{dy}{y} = \int 2dx,\ \ln|y| = 2x + C$$

两边分别取自然对数,利用对数与指数为逆运算的关系,得到

$$y = e^{(2x+C)} = e^{C}\cdot e^{2x} = ke^{2x}\quad(k\text{ 为任意常数})$$

这是方程的通解。

(4)对方程分离变量得到 $dx=4tdt$ 两边分别积分得到

$$x = 2t^2 + C$$

这是方程的通解。

分析点评:求微分方程的通解的过程是:首先对微分方程进行变量分离,然后完成左右两边的不定积分,将 2 个积分常数合并为一个积分常数。因此,熟练运用所学的不定积分的方法非常重要。

例 3-2 求下列微分方程的特解:

(1)$\frac{dy}{dx}=x^2-x, y(0)=1$; (2)$\frac{dy}{dx}=0.1y, y(0)=-2.5$; (3)$\frac{dy}{dx}=-2xe^{-x^2}, y(0)=3$。

解:求微分方程的特解,必须首先求出它的通解,然后利用给出的条件,确定积分常数 C,得到微分方程的特解。

(1)首先利用分离变量法,得到微分方程的通解:

$$dy = (x^2 - x)dx;\quad y = \frac{1}{3}x^3 - \frac{1}{2}x^2 + C$$

利用初始条件 $y(0)=1$,确定积分乘数 C:

$$y(0) = C = 1,\quad C = 1$$

微分方程的特解为

$$y=\frac{1}{3}x^3-\frac{1}{2}x^2+1$$

(2)分离变量后得到$\frac{dy}{y}=0.1dx$,两边积分得到 $\ln|y|=0.1x+C$

写成指数形式为

$$y=e^{0.1x+C}=ke^{0.1x}\text{(}k\text{ 为任意常数)}$$

给出的初始条件: $y(0)=ke^0=k=-2.5$

方程的特解为 $y=-2.5e^{0.1x}$

(3)微分方程 $\frac{dy}{dx}=-2xe^{-x^2}$ 的初始条件为 $y(0)=3$,它的通解由对 $dy=-2xe^{-x^2}dx$ 积分得到

$$\int dy=\int -2xe^{-x^2}dx \xrightarrow{u=x^2,du=2xdx} y=e^{-x^2}+C$$

$$y(0)=e^0+C=3,\quad C=2$$

微分方程的特解为 $y=e^{-x^2}+2$

分析点评:求微分方程的特解的过程就是在得到微分方程的通解以后,利用给定的特定条件,确定积分常数的过程。

例 3-3 如果在银行的资金 A 按照下列规律变化,计算储户 t 年后账户的资金。

$$\frac{dA}{dt}=0.12A,\quad A(0)=5\,250$$

解:储户资金的变化规律是:银行付给储户的利息与储户当时在账号的资金的数目成正比。所以,储户的资金按照指数规律增加,即

$$A(t)=A_0e^{rt},\quad A(0)=A_0e^0=5\,250,\quad A_0=5\,250$$

得到 t 年后账户的资金为

$$A(t)=5\,250e^{0.12t}$$

分析点评:连续复利问题的计算可以直接利用 $Q(t)=Q_0e^{rt}$ 的公式计算。计算时注意利率 r 一般给的是百分数,如 6%,8%等,在这个公式中使用的是小数,即 $r=0.06$ 或 $r=0.08$。这方面的另一个问题是给出利率,求资金加倍的时间(double time),即确

定 $Q=2Q_0$所需要的时间。仍使用上面的公式,带入后得到

$$2Q_0=Q_0\mathrm{e}^{rt},\quad \mathrm{e}^{rt}=2$$

两边取自然对数,得到 $$rt=\ln 2,\quad t=\frac{\ln 2}{r}$$

为账号内的资金增加为原来本金 2 倍的所需要的时间,可见与利率 r 有关。

分析点评:对连续复利这类问题可以直接使用公式,不必再重新解微分方程。

例 3-4 碳-14 的衰减率为$-0.000\,123\,8$,考古学者发现一块动物的骨骼,在骨骼内仅含有原来 4%的碳-14 元素。估计这块动物骨骼的年代。

解:研究证明碳-14 的衰减(decay rate)遵循指数的规律,即

$$\frac{\mathrm{d}Q}{\mathrm{d}t}=-0.000\,123\,8Q,\quad Q(0)=Q_0$$

它的解为

$$Q(t)=Q_0\mathrm{e}^{-0.000\,123\,8t}$$

由于变化率是负值,因此 $Q(t)$随时间增加而减少,称为指数衰减。

$$0.04Q_0=Q_0\mathrm{e}^{-0.000\,123\,8t},\quad \mathrm{e}^{-0.000\,123\,8t}=0.04$$

两边取自然对数,得到

$$-0.000\,123\,8t=\ln 0.04,\ t=\frac{\ln 0.04}{-0.000\,123\,8}=26\,000(\text{年})$$

例 3-5 广告效应的数学方程。某公司计划将一个新的产品通过电视广告形式使尽可能多的人知道。假设产品的知晓人数 N 的增长率 $\frac{\mathrm{d}N}{\mathrm{d}t}$,与可能的电视观众 L 中不知道这种产品的人数 $(L-N)$成正比。假设,在开始时没有人知道这个产品,在电视上做广告 10 天以后,40%的电视观众知道了这种产品。

求:(1)电视广告效应的数学方程;(2)估算在电视上做广告 5 天以后,在电视观众中的知晓度;(3)如果使 80%的电视观众知道这个产品,应该做几天的电视广告?

解:

(1)电视广告效应的数学方程可以表示为:$\frac{\mathrm{d}N}{\mathrm{d}t}=k(L-N)$,$N(0)=0$,$N(10)=0.4L$,其中,$N$ 为产品在电视观众中的知晓人数,L 为电视观众的数量,k 为比例系数。

这是一个微分方程，它的解可以将方程变量分离后换元积分得到：$\frac{dN}{L-N}=kdt$，$\int\frac{dN}{L-N}=k\int dt$。对左边的积分，令：$u=L-N, du=-dN$，换元后得到：$-\int\frac{du}{u}=kt+C, \ln|u|=-kt+C, L-N=Ce^{-kt}$，得到知晓人数 $N(t)$ 的表达式：$N(t)=L-Ce^{-kt}$，C 为积分常数。利用初始条件确定积分常数 C；然后利用 $N(10)=0.4L$ 确定常数 k。$N(0)=L-Ce^{0}=L-C=0, C=L$，得到：$N(t)=L(1-e^{-kt})$。然后，需要确定 k。由题目知道，做 10 天电视广告后 $N(10)=0.4L$，将这个关系代入方程，得到 $N(10)=L(1-e^{-10k})=0.4L, e^{-10k}=0.6, k=\frac{\ln(0.6)}{-10}=0.051$，代入方程，得到 $N(t)=L(1-e^{-0.051t})$。

(2)计算在电视上做广告 5 天以后，产品在电视观众中的知晓度应该利用上面得到的方程，令 $t=5$，$N(5)=L(1-e^{-0.051(5)})=L(1-e^{-0.255})=0.225L$。也就是，5 天广告后 22.5%的电视观众知道了这个产品。

(3)利用得到的公式，可以计算如果使 80%的电视观众知道这个产品，需要做几天的电视广告。将 $N(t)=0.8L$ 代入方程，可以求得需要的时间。

$$0.8L=L(1-e^{-0.051t}),\quad e^{-0.051t}=0.2,\quad t=\frac{\ln 0.2}{-0.051}=32(\text{天})$$

分析点评：本题的特点是用 2 个定解条件求 2 个待定常数。

例 3-6 学习某种技能的数学模型。统计表明，学习打字技能的规律的数学模型为：$\frac{dy}{dt}=0.02(M-y)$，其中 y 是打字者目前每分钟能打字的个数，M 为通过练习能达到的最高的每分钟打字个数，取 $M=100$；t 为时间，单位为小时，假设开始时完全不会打字，即 $y(0)=0$。

求：(1)方程的解；(2)分别计算练习 10 小时、40 小时后的打字水平。

解：

(1)学习打字的数学模型是微分方程：$\frac{dy}{dt}=0.02(M-y)$，将 $M=100$ 代入，则

$$\frac{dy}{dt}=0.02(100-y)$$

分离变量，然后用换元积分方法求解：

$$\frac{dy}{dt}=0.02(100-y),\quad \frac{dy}{100-y}=0.02dt,\quad \int\frac{dy}{100-y}=0.02\int dt$$

对左边积分，令 $u=100-y, du=-dy$，则有

$$-\int \frac{du}{u} = 0.02t + C,\quad \ln|u| = -0.02t + C,\quad y = 100 - Ce^{-0.02t}$$

将 $y(0)=0$ 的条件代入,得到

$$y(0)=100-Ce^{0}=100-C=0,\quad C=100$$

方程的特解为

$$y(t)=100(1-e^{-0.02t})$$

(2)欲计算练习 10 小时、40 小时后的打字水平,将 $t=10$ 和 $t=40$ 分别代入上述方程,得到

$$y(10)=100(1-e^{-0.02(10)})=100(1-e^{-0.2})=18$$

$$y(40)=100(1-e^{-0.02(40)})=100(1-e^{-0.8})=55$$

练习 10 小时后能打字 18 个/分;练习 40 小时后能打字 55 个/分。

分析点评:实际问题的数学模型是非常重要的。通过深入地分析实际问题的特点和规律,将其主要问题抽象成一个数学问题,写出变量间的关系方程,这就是数学模型。有了数学模型后,这类问题的规律就可以用方程的解来描述。微分方程就是一种有用的工具,有非常广泛地应用。

4. 定积分与微积分的基本定理

例 4-1 用微积分学基本定理求下列定积分:

(1) $\int_0^1 x^2 dx$; (2) $\int_0^2 e^x dx$; (3) $\int_1^4 \frac{1}{2x} dx$; (4) $\int_1^9 (\sqrt{x}+2x) dx$; (5) $\int_0^1 xe^{x^2} dx$。

解:

(1) $\int_0^1 x^2 dx = \frac{1}{3}x^3 \Big|_0^3 = \frac{1}{3}((1)^3 - 0) = \frac{1}{3}$;

(2) $\int_0^2 e^x dx = e^x \Big|_0^2 = e^2 - e^0 = e^2 - 1$;

(3) $\int_1^4 \frac{1}{2x} dx = \frac{1}{2}\int_1^4 \frac{1}{x} dx = \frac{1}{2}\ln|x| \Big|_1^4 = \frac{1}{2}(\ln 4 - \ln 1) = \ln 2$;

(4) $\int_1^9 (\sqrt{x}+2x) dx = \int_1^9 \sqrt{x} dx + \int_1^9 2x dx = \frac{2}{3}x^{\frac{3}{2}} \Big|_1^9 + x^2 \Big|_1^9$

$$= \left(18 - \frac{2}{3}\right) + (81 - 1) = 98\frac{1}{3};$$

(5) $\int_0^1 x e^{x^2} dx \xrightarrow{u=x^2, du=2xdx; x=0, u=0; x=1, u=1} \frac{1}{2}\int_0^1 e^u du = \frac{1}{2}e^u \Big|_0^1$

$= \frac{1}{2}(e-1)$（注意对新变量的积分上、下限的计算）。

分析点评：利用微积分的基本定理计算定积分比用定积分的概念要简便的多，使用时要注意改变为新变量的积分上、下限。

例 4-2 计算下列定积分：

(1) $\int_1^2 10x(x^2+1)^4 dx$； (2) $\int_e^{e^2} \frac{(\ln t)^2}{t} dt$； (3) $\int_0^4 x\sqrt{4-x}dx$；

(4) $\int_0^1 x\sqrt{3x^2+1}dx$； (5) $\int_1^2 \frac{x+1}{2x^2+4x+4}dx$； (6) $\int_{-1}^1 \frac{e^{-x}-e^x}{(e^x+e^{-x})^2}dx$。

解：

(1) $\int_1^2 10x(x^2+1)^4 dx$ 利用换元积分方法，令：$u=x^2+1$，得到 $du=2dx$；计算对新变量 u 的积分上、下限：当 $x=1$ 时，$u=1^2+1=2$，所以 u 的下限为 2；当 $x=2$ 时，$u=2^2+1=5$，所以 u 的上限为 5，即 $x_L=1, u_L=x^2+1=2; x_U=2, u_U=x^2+1=5$，对新变量的积分和对应的积分上、下限为

$$\int_1^2 10x(x^2+1)^4 dx = \int_2^5 5u^4 du = u^5 \Big|_2^5 = 5^5 - 2^5 = 3\,125 - 32 = 3\,093$$

(2) $\int_e^{e^2} \frac{(\ln t)^2}{t} dt$，利用换元积分方法，令：$u=\ln t$，得到 $du=\frac{1}{t}dt$；计算对新变量 u 的积分上、下限：$t_L=e, u_L=\ln e=1; t_U=e^2, u_U=\ln e^2=2$，原来积分变成对新变量的积分和对应的新变量积分上、下限为

$$\int_e^{e^2} \frac{(\ln t)^2}{t} dt = \int_1^2 u^2 du = \frac{1}{3}u^3 \Big|_1^2 = \frac{1}{3}(2^3-1^3) = \frac{7}{3}$$

(3) $\int_0^4 x\sqrt{4-x}dx$，这是一个含有根式的积分，换元时应该首先选根式下表达式为新变量。即：令 $u=4-x, x=4-u, du=-dx$。计算对 u 的积分上、下限：当 $x=0$ 时，$u=4-x=4$，所以 u 的下限为 4；当 $x=4$ 时，$u=4-x=0$，所以 u 的上限为 0，变换后的定积分为

$$\int_0^4 x\sqrt{4-x}dx = -\int_4^0 (4-u)\sqrt{u}du \xrightarrow{\text{变换积分上下限}} \int_0^4 (4-u)u^{\frac{1}{2}} du = 4\int_0^4 u^{\frac{1}{2}} du - \int_0^4 u^{\frac{3}{2}} du$$

$$= 4\cdot\frac{2}{3}u^{\frac{3}{2}}\Big|_0^4 - \frac{2}{5}u^{\frac{5}{2}}\Big|_0^4 = \frac{8}{3}(2^3-0) - \frac{2}{5}(2^5-0) = \frac{64}{3} - \frac{64}{5} = \frac{128}{15}$$

(4) $\int_0^1 x\sqrt{3x^2+1}\mathrm{d}x$ 特点与上题相同，但也有不同，注意分析过程。令 $u=3x^2+1$，$\mathrm{d}u=6x\mathrm{d}x$ 则根式外的表达式 $x\mathrm{d}x$ 与新变量的微分只差一个常数的系数，这是与上题不同的地方。计算新变量的商、下限：$u_L=1, u_U=3+1=4$，新的定积分为

$$\int_0^1 x\sqrt{3x^2+1}\mathrm{d}x=\int_1^4\sqrt{u}\frac{\mathrm{d}u}{6}=\frac{1}{9}u^{\frac{3}{2}}\Big|_1^4=\frac{1}{9}(8-1)=\frac{7}{9}$$

(5) $\int_1^2\frac{x+1}{2x^2+4x+4}\mathrm{d}x$ 首先换元积分，同时计算对新变量的积分上下限。令 $u=2x^2+4x+4$，$\mathrm{d}u=(4x+4)\mathrm{d}x=4(x+1)\mathrm{d}x$，可见，分子是新变量的微分。计算 u 的上下积分限：积分下限，$x_L=1, u_L=10$；积分上限，$x_U=2, u_U=20$。变换后的积分为

$$\int_1^2\frac{x+1}{2x^2+4x+4}\mathrm{d}x=\int_{10}^{20}\frac{\mathrm{d}u}{4u}=\frac{1}{4}\ln|u|\Big|_{10}^{20}=\frac{1}{4}(\ln 20-\ln 10)=\frac{1}{4}\ln 2$$

(6) $\int_{-1}^1\frac{\mathrm{e}^{-x}-\mathrm{e}^x}{(\mathrm{e}^x+\mathrm{e}^{-x})^2}\mathrm{d}x$，令 $u=\mathrm{e}^x+\mathrm{e}^{-x}$，$\mathrm{d}u=(\mathrm{e}^x-\mathrm{e}^{-x})\mathrm{d}x$，计算新的积分上、下限。积分下限：$x_L=-1, u_L=\mathrm{e}^{-1}+\mathrm{e}^1$；积分上限：$x_U=1, u_U=\mathrm{e}^1+\mathrm{e}^{-1}$。注意到换元后的积分上下限相同，因此，定积分等于零，即

$$\int_{-1}^1\frac{\mathrm{e}^{-x}-\mathrm{e}^x}{(\mathrm{e}^x+\mathrm{e}^{-x})^2}\mathrm{d}x=\int_{\mathrm{e}^{-1}+\mathrm{e}^1}^{\mathrm{e}^1+\mathrm{e}^{-1}}\frac{-\mathrm{d}u}{u^2}=0$$

分析点评：换元法在定积分中经常使用。定积分的换元法与不定积分的方法有些不同，在不定积分中我们特别强调最后的结果表示成原自变量的函数；但在定积分应用中，不用再写成原来自变量的函数，而是在换元的同时，需要计算出对新变量的积分上、下限。然后直接对新变量计算定积分。这种方法比较简便。在计算新变量的上下限时，将原来变量的上、下限代入新变量中得到对应的新的上、下限。有可能变换后的积分上限小于积分的下限，如(3)中的现象，这是正常的。

例 4-3 求函数 $y=x^2+3x+2$ 在区间 $[0,2]$ 的平均值(average value of a function)。

解：由于函数在研究的区间是连续的，因此可以利用中值定理求函数的平均值：

$$\bar{f}(x)=\frac{1}{b-a}\int_a^b f(x)\mathrm{d}x=\frac{1}{2-0}\int_0^2(x^2+3x+2)\mathrm{d}x$$

$$=\frac{1}{2}\left(\frac{1}{3}x^3+\frac{3}{2}x^2+2x\right)\Big|_0^2=6\frac{1}{3}$$

例 4-4 有效寿命问题。自动售货机的成本函数为 $C(t)$，和收入函数为 $R(t)$，如果

$$C'(t)=2, R'(t)=5e^{-0.2t}$$

其中 t 是时间，以年为单位，求：(1) 确定自动售货机的有效寿命(近似到年)；(2) 计算该自动售货机在有效寿命内总积累的利润。

解：

(1) 一般设备的维护成本随使用时间的延长而增加；但其收入反而随使用时间的延长而减少。当维护成本的变化率等于收入的变化率时(简单地说就是当年的维护成本等于当年的收入) 就是设备的有效寿命。因为，从此以后，维护成本的增长大于收入的增长，该设备产生的利润为负值，从商业角度，它就没有使用的价值。数学上表示为成本函数对时间的导数 $\frac{dC}{dt}$ 与收入函数对时间的导数 $\frac{dR}{dt}$ 相等的时间就是它的有效寿命。即

$$\frac{dC}{dt}=\frac{dR}{dt}$$

$$C'(t)=R'(t), \quad 2=5e^{-0.2t}$$

解这个方程(两边取自然对数) 得到

$$t=4.6 \text{ 年}$$

这个自动售货机的有效寿命是 5 年。

(2) 计算该自动售货机在有效寿命内总积累的利润。

利润函数 $P(t)$ 为收入与成本函数的差，也可以用边际收入与边际成本函数的差的积分得到

$$P(t)=\int_0^5 (R'(t)-C'(t))dt=\int_0^5 (5e^{-0.2t}-2)dt=(-25e^{-0.2t}-2t)\Big|_0^5=5.803$$

分析点评： 有效寿命的概念是考虑边际利润等于 0，也就是边际收入等于边际成本的时刻。一般要根据给出的条件首先求出有效寿命，然后计算总的利润。

三、自测题及解答

自测题

1. Find all the antiderivatives for each derivative:

(1)$\int(6x-5)\mathrm{d}x$；(2)$\int(x-1)(x^2+2)\mathrm{d}x$；(3)$\int\left(\mathrm{e}^t-\frac{4}{t}\right)\mathrm{d}t$；(4)$\int\left(\frac{2}{\sqrt[3]{x}}-\sqrt[3]{x^2}\right)\mathrm{d}x$。

2. Find all the antiderivatives for each derivative:

(1)$\int x\sqrt{3x^2-1}\mathrm{d}x$；(2)$\int\frac{\mathrm{e}^x}{2-\mathrm{e}^x}\mathrm{d}x$；(3)$\int\frac{\ln(x)^5}{x}\mathrm{d}x$ (4)$\int\frac{x}{\sqrt{4-x}}\mathrm{d}x$。

3. Solve the differential equation: $\frac{\mathrm{d}y}{\mathrm{d}x}=y+1$, and find the particular solution that pass through (0,0).

4. In a particular business college, it was found that an average student enrolled in a typing class progressed at a rate of $N'(t)=6\mathrm{e}^{-0.1t}$ words per minute t weeks after enrolling in a 15 weeks course. If at beginning of the course a student could type 25 words per minute, how many words per minute, $N(t)$, would the student be expected to type t weeks into the course after completing the course?

5. Evaluate the integrals:

(1)$\int_3^9\frac{1}{x-1}\mathrm{d}x$；(2)$\int_{-10}^{25}\mathrm{e}^{-0.01x}\mathrm{d}x$；(3)$\int_1^2\frac{x-1}{2x^2-4x+4}\mathrm{d}x$；(4)$\int_{-1}^{1}\frac{\mathrm{e}^x+\mathrm{e}^{-x}}{(\mathrm{e}^x-\mathrm{e}^{-x})^2}\mathrm{d}x$。

6. Given the price-demand function

$$p=D(x)=\frac{800}{x}$$

Find the average price over the demand interval [300,500].

7. The total accumulated costs $C(t)$ and revenues $R(t)$ (in thousands of dollars), respectively, for a coal mine are:

$$C'(t)=2.5,\quad R'(t)=12\mathrm{e}^{-0.1t}$$

Wheret is the number of years the mine has been in operation.

Find the useful life of the mine to the nearest year. What is the total profit accumulated during the useful life of the mine?

解答

1. 求下列导数的反导数：

(1)$\int(6x-5)\mathrm{d}x=\int 6x\mathrm{d}x-5\int\mathrm{d}x=3x^2-5x+C$；

(2)$\int(x-1)(x^2+2)\mathrm{d}x=\int(x^3-x^2+2x-2)\mathrm{d}x=\int x^3\mathrm{d}x-\int x^2\mathrm{d}x+\int 2x\mathrm{d}x-\int 2\mathrm{d}x$

$$=\frac{x^4}{4}-\frac{x^3}{3}+x^2-2x+C\ ;$$

(3)$\int\left(\mathrm{e}^t-\frac{4}{t}\right)\mathrm{d}t=\int\mathrm{e}^t\mathrm{d}t-4\int\frac{\mathrm{d}t}{t}=\mathrm{e}^t-4\ln\mid t\mid+C$；

(4)$\int\left(\frac{2}{\sqrt[3]{x}}-\sqrt[3]{x^2}\right)\mathrm{d}x=2\int x^{\frac{-1}{3}}\mathrm{d}x-\int x^{\frac{2}{3}}\mathrm{d}x=3x^{\frac{2}{3}}-\frac{3}{5}x^{\frac{5}{3}}+C$。

分析点评：利用基本积分公式时要注意将分式和根式都写成幂指数的形式。另外，要注意积分常数，只有写上积分常数才表示所有的反导数函数族。

2. 求下列导数的反导数：

(1)$\int x\sqrt{3x^2\quad 1}\mathrm{d}x$ 利用换元法简化根式，令 $u=3x^2-1,\mathrm{d}u=6x\mathrm{d}x$，积分换成

$$\int x\sqrt{3x^2-1}\mathrm{d}x=\frac{1}{6}\int\sqrt{u}\mathrm{d}u=\frac{1}{6}\int u^{\frac{1}{2}}\mathrm{d}u=\frac{1}{9}u^{\frac{3}{2}}+C=\frac{1}{9}(3x^2-1)^{\frac{3}{2}}+C$$

(2)$\int\frac{\mathrm{e}^x}{2-\mathrm{e}^x}\mathrm{d}x$，利用换元法，令 $u=2-\mathrm{e}^x,\mathrm{d}u=-\mathrm{e}^x\mathrm{d}x$，积分换成

$$\int\frac{\mathrm{e}^x}{2-\mathrm{e}^x}\mathrm{d}x=-\int\frac{\mathrm{d}u}{u}=-\ln\mid u\mid+C=\ln\mid 2-\mathrm{e}^x\mid+C$$

(3)$\int\frac{(\ln x)^5}{x}\mathrm{d}x$，利用换元法，令 $u=\ln x,\mathrm{d}u=\frac{1}{x}\mathrm{d}x$，积分换成

$$\int\frac{(\ln x)^5}{x}\mathrm{d}x=\int u^5\mathrm{d}u=\frac{u^6}{6}+C=\frac{1}{6}(\ln x)^6+C$$

(4)$\int\frac{x}{\sqrt{4-x}}\mathrm{d}x$，利用换元法简化根式，令 $u=4-x,\mathrm{d}u=-\mathrm{d}x,x=4-u$，积分换成

$$\int \frac{x}{\sqrt{4-x}}\mathrm{d}x = \int \frac{4-u}{\sqrt{u}}\mathrm{d}u = \int 4u^{\frac{-1}{2}}\mathrm{d}u - \int u^{\frac{1}{2}}\mathrm{d}u = 8u^{\frac{1}{2}} - \frac{2}{3}u^{\frac{3}{2}} + C$$

$$= 8\sqrt{4-x} - \frac{2}{3}(4-x)^{\frac{3}{2}} + C$$

分析点评:换元法是积分的重要方法,通过适当的换元,将复杂的积分变成基本积分公式。换元法中一定要将所有原来变量用新变量替换,不能有新老变量并存的情况。希望读者通过练习和总结熟练地掌握。

3. 求微分方程 $\frac{\mathrm{d}y}{\mathrm{d}x} = y+1$ 通过(0,0) 的特解。

首先得到微分方程的通解,然后利用初始条件确定积分常数 C,得到特解。

对微分方程 $\frac{\mathrm{d}y}{\mathrm{d}x} = y+1$ 进行变量分离 $\frac{\mathrm{d}y}{y+1} = \mathrm{d}x$;两边分别积分,得到 $\ln(y+1) = x + C$;两边取自然指数,得到 $y = ke^x - 1$,k 为任意常数。这是微分方程的通解。

将(0,0) 的条件代入,得到 $k = 1$,因此方程的特解为

$$y = e^x - 1$$

分析点评:解一阶微分方程的过程,首先是通过积分确定反导数(微分方程的通解),然后利用初始条件确定积分常数求得特解。变量分离是求微分方程的通解的方法之一,应该与其他积分方法配合使用。

4. 已知打字的进步率为 $N'(t) = 6e^{-0.1t}$,并且开始时($t=0$) $N = 25$,求 $N(t)$,$N(15)$。

解:$N'(t) = \frac{\mathrm{d}N(t)}{\mathrm{d}t} = 6e^{-0.1t}$,分离变量得到 $\mathrm{d}N = 6e^{-0.1t}\mathrm{d}t$,分别积分得到

$$N(t) = -60e^{-0.1t} + C$$
$$N(0) = -60 + C = 25, \quad C = 85$$

微分方程的特解为

$$N(t) = -60e^{-0.1t} + 85$$
$$N(15) = -60e^{-1.5} + 85 = 72$$

课程结束时该学生每分钟打字 72 个。

分析点评:这是一类有极限的微分方程问题。由方程的特解可以看出,当时间无限增加后,方程的解趋近于一个实数,这就是它的极限。它代表的意义是,无论如何练习,每分钟打字的数量不会无限地增加。读者要注意分析实际问题的类型,研究得到的解的意义。

5. 求定积分：

(1) $\int_3^9 \frac{1}{x-1}dx$，首先换元，并确定对新变量的积分上下限：令 $u=x-1, du=dx$；$x=3, u=2, x=9, u=8$，积分变化为

$$\int_3^9 \frac{1}{x-1}dx = \int_2^8 \frac{du}{u} = \ln u\Big|_2^8 = \ln 8 - \ln 2 = 1.3863$$

(2) $\int_{-10}^{25} e^{-0.01x}dx = -100e^{-0.01t}\Big|_{-10}^{25} = -100(e^{-0.25}-e^{0.1}) = 32.6370$。

(3) $\int_1^2 \frac{x-1}{2x^2-4x+4}dx = \int_1^2 \frac{x-1}{2(x-1)^2+2}dx$，首先换元，令 $t=x-1, dt=dx$；同时求新变量的积分上下限，$x=1, t=0$；$x=2, t=1$，积分变化为

$$\int_1^2 \frac{x-1}{2x^2-4x+4}dx = \int_1^2 \frac{x-1}{2(x-1)^2+2}dx = \int_0^1 \frac{t}{2t^2+2}dt$$

$$= \frac{1}{2}\int_0^1 \frac{tdt}{t^2+1} \xrightarrow[\text{再次换元(变积分上下限)}]{u=t^2+1,\, du=2tdt}$$

$$= \frac{1}{4}\int_1^2 \frac{1}{u}du = \frac{1}{4}\ln x\Big|_1^2 = \frac{1}{4}\ln 2 = 0.1733$$

(4) $\int_{-1}^1 \frac{e^x+e^{-x}}{(e^x-e^{-x})^2}dx$，首先换元，简化积分函数。令 $u=e^x-e^{-x}, du=e^x+e^{-x}$，积分变化为

$$\int_{-1}^1 \frac{e^x+e^{-x}}{(e^x-e^{-x})^2}dx = \int_{-1}^1 \frac{d(e^x-e^{-x})}{(e^x-e^{-x})^2} = \int_{-1}^1 \frac{du}{u^2} = -\frac{1}{u}\Big|_{x=-1}^{x=1}$$

$$= -\frac{1}{e^x-e^{-x}}\Big|_{-1}^1 = \frac{-2}{e^1-e^{-1}} = -0.8509$$

分析点评：利用微积分学的基本定理求定积分是常用的方法，读者必须熟练掌握。微积分学的基本定理求定积分的第一步是求出反导数。所以各种求反导数的方法（换元法、分部积分法）都可以应用。

6. 已知价格-需求关系函数

$$p = D(x) = \frac{800}{x}$$

求价格在需求量为 [300,500] 区间的平均值。

解：这是求函数平均值的问题。应用定积分求平均值的公式：

$$\bar{p} = \frac{1}{500-300}\int_{300}^{500} \frac{800}{x}\mathrm{d}x = \frac{800}{200}\int_{300}^{500} \frac{1}{x}\mathrm{d}x = 4\ln x \Big|_{300}^{500} = 2.04$$

7. 已知某煤矿的积累成本方程 $C(t)$ 和收入方程 $R(t)$（单位 10^3 元），并且

$$C'(t)=2.5,\quad R'(t)=12\mathrm{e}^{-0.1t}$$

其中 t 是这个矿开工后的时间，单位为年。求这个矿的有效寿命以及在有效寿命间积累的利润。

解：

(1)求有效寿命：当边际成本等于边际收入时，对应的时间为有效寿命，也就是边际利润等于零的时间。因为在这个时刻以后，利润为负值，从商业的角度这个矿已经不能产生利润，它的寿命结束了。

$$C'(t)=R'(t);\quad 2.5=12\mathrm{e}^{-0.1t}\rightarrow \mathrm{e}^{-0.1t}=2.5/12$$

两边取自然对数，求得 $t=16$。

(2)求在有效寿命间积累的利润：边际利润等于边际收入与边际成本的差，即

$$P'(t)=R'(t)-C'(t)=12\mathrm{e}^{-0.1t}-2.5$$

在有效寿命间积累的利润为边际利润的定积分，积分的上限 16，下限 0，有

$$P=\int_0^{16}(12\mathrm{e}^{-0.1t}-2.5)\mathrm{d}t=(-120\mathrm{e}^{-0.1t}-2.5t)\Big|_0^{16}=55.7724$$

分析点评：有效寿命分析是微积分在经济分析的重要应用，这个题目表示出了基本的解题步骤，希望读者认真地理解和掌握 2 个问题：如何确定有效寿命，如何求在有效寿命间积累的(收入)利润。

使用建议：这是一套比较基本的题目，读者应该在 90 分钟内完成。如果发现对某个题目有困难，应该对照教材和本书的相关章节认真练习和总结。

第五章 积分的进一步问题

Additional Integration Topics

主要内容和概念

典型例题解析

自测题及答案

第四章讨论了积分、换元积分方法、微分方程和定积分的概念，这一章继续研究积分应用的有关问题：用定积分求曲线间的面积，以及定积分在商业和经济方面的应用等。另外，介绍另一种积分的方法：分部积分法，最后介绍用积分表求不定积分。

本章的重点和难点：用定积分求曲线间的面积和分部积分的方法。

这一章是第四章的继续，所以基本积分公式、换元法和微积分基本定理是本章的基础，只有熟练地掌握这些基本知识和方法，才能学好新知识。

一、主要内容和概念

第一节 曲线间的面积

Area between curves

大家知道，定积分 $\int_a^b f(x)\mathrm{d}x$ 表示的是图形 $y=f(x)$ 和 x 轴在 $x=a$，$x=b$ 直线间所围成的图形的面积。根据定积分的定义，如果图形在 x 轴的上方，定积分是正的，用定积分计算的图形面积是正的；若函数的图形在轴的下方，定积分 $\int_a^b f(x)\mathrm{d}x$ 的结果是负的，用定积分计算的图形的面积也是负的。因此，定积分 $\int_a^b f(x)\mathrm{d}x$ 得到的结果称为带有正、负号的面积。真实的面积应该是非负的。所以，如果函数 $f(x)$ 的图像在 x 轴的轴的上方，用定积分计算的图形的真实面积；如果函数 $f(x)$ 的图像在 x 轴的下方，用定积分计算的图形的真实面积的负值，加上个负号就是真实的面积了。

1. 平面图形的面积

分析一般情况。设在区间 $[a,b]$ 上，连续曲线 $f(x)>g(x)>0$，求由这两条曲线以及直线 $x=a$，$x=b$ 所围成的平面图形的面积，如图 5-1 所示。

曲线 $f(x)$ 和 $g(x)$ 围成的平面图形的面积 = 曲线 $f(x)$ 下的面积—曲线 $g(x)$ 下的面积：

$$A=\int_a^b f(x)\mathrm{d}x-\int_a^b g(x)\mathrm{d}x=\int_a^b [f(x)-g(x)]\mathrm{d}x$$

可以证明，实际上并不要求 $f(x)$ 和 $g(x)$ 在研究的区间内都是正的，要求一定要满足条件 $f(x)>g(x)$。

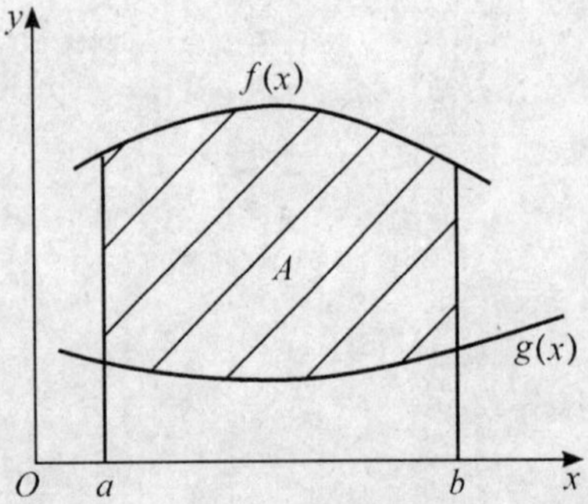

图 5-1

定理 1 曲线间的面积

如果 $f(x)$ 和 $g(x)$ 在 $[a,b]$ 区间上是连续函数，

并且 $f(x)>g(x)$，那么 $f(x)$和 $g(x)$围成的面积 A 为：

$$A=\int_a^b [f(x)-g(x)]\mathrm{d}x \tag{5-1}$$

这个定理只要求 $f(x)>g(x)$，即 $f(x)$的图像在 $g(x)$图像的上方。但这 2 个函数在研究的区间内可以是正的，也可以是负的，无论什么情况都可以。

两个特殊情况：

(1)如果 $f(x)$在 $[a,b]$ 区间上是连续函数的正函数，那么 $f(x)$和 x 轴围成的面积 A 为：

$$A=\int_a^b f(x)\mathrm{d}x \tag{5-2}$$

因为 $g(x)=0$ 就是 x 轴了。

(2)如果 $g(x)$在 $[a,b]$区间上是负的连续函数，那么 $g(x)$和 x 轴围成的面积 A 为

$$A=\int_a^b -g(x)\mathrm{d}x=-\int_a^b g(x)\mathrm{d}x \tag{5-3}$$

因为这时 $f(x)=0$，就是 x 轴了。

显然，式(5-2)和式(5-3) 都是式(5-1)的特例。

上面的讨论是给出了积分的区间。还有另一类问题，没有直接给出积分的区间，而是需要用给定的函数方程，求出 2 个函数的交点的坐标，也就是积分区间。然后可以计算 2 个函数围成的平面图形的面积。如图 5-2 所示 ($a\leqslant x\leqslant b$) 区间。

另外，在这里要指出是，面积是有限的正数。如果积分的上或下限是无穷大，那么面积也将是无限大，这种情况求面积就没有意义了。如图 5-2 中 $x\leqslant a, x\geqslant b$ 区间。

无论哪种情况，在计算面积前首先利用作图的方法画出 $f(x)$和 $g(x)$的图像是非常必要的，它能帮助确定哪个函数的图像在上方，也对决定是否需要求出 2 个图像的交叉点有帮助。

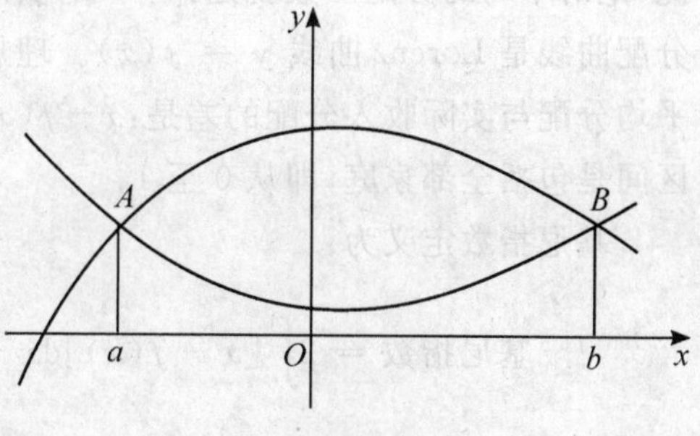

图 5-2

2. 基尼指数——收入集中情况的指标

作为求图形面积的应用，也是定积分在经济中的应用，我们介绍一个目前在世界上广泛采用的衡量一个国家、地区或社会的收入分布情况的指标——基尼指数(Gini index of income concentration)。

基尼指数是基于 Lorenz 曲线的积分。Lorenz 曲线是社会收入分布情况的调查数据回归分析后，拟合成的函数关系的曲线 $y=f(x)$。在 Lorenz 曲线中 x 表示收入等于或低于某一水平的家庭数量在社会中占比例(百分比)；而 y 表示这 x 家庭收入的总和占社会全部收入的百分比。x,y 必须是经过大量调查数据分析得到的。表 5-1 是美国 1997 年家庭收入分布情况。

表 5-1　家庭收入分布情况

收入水平/美元	x	$y=f(x)$
<21 000	0.2	0.04
<36 000	0.4	0.14
<54 000	0.6	0.30
<80 000	0.8	0.53

由表 5-1 可见：占家庭总数 20%的低收入家庭(低于 21 000 美元)的总收入仅占全部社会总收入的 4%；占家庭总数 60%的中、低收入家庭(低于 54 000 美元)的总收入仅占全部社会总收入的 30%；这个表还表示，高收入的 20%家庭的总收入占社会总收入的 47%。显然，收入的分布是不均衡的。如何描述或计算目前的社会分配是否平均？一种方法就是将目前的收入分配与理想的绝对平均的收入分配的差计算出来，这就是基尼指数。理想的绝对平均的分配是什么？每个家庭的收入都是相等的，所以，占家庭总数 20%的家庭的总收入应该占全部社会总收入的 20%；占家庭总数 60%的家庭的总收入应该占全部社会总收入的 60%。因此，绝对平均的分配函数就是：$y=x$；实际收入的分配曲线是 Lorenz 曲线 $y=f(x)$。理想的绝对平均分配与实际收入分配的差是：$x-f(x)$。积分区间是包括全部家庭，即从 0 至 1。

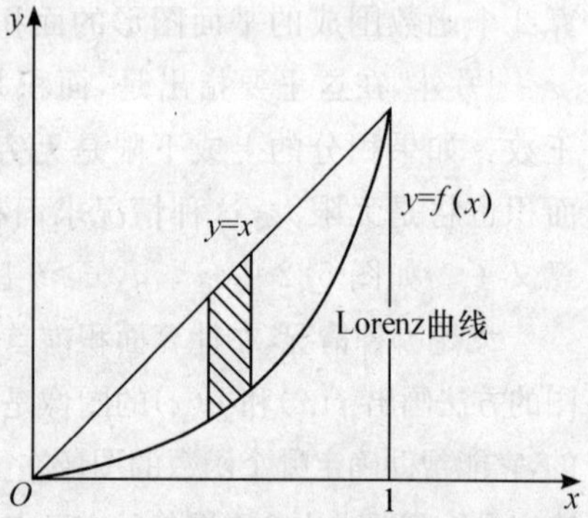

图 5-3

基尼指数定义为：

$$\text{基尼指数}=2\int_0^1[x-f(x)]\mathrm{d}x$$

基尼指数计算公式的前面乘以 2 是使得基尼指数在 0 和 1 以内变化。如果基尼指数为 0 则表示实际分配与理想的绝对平均的分配的差是 0，分配是绝对平均的；而如果基尼指数为 1 则表示实际分配与理想的绝对平均的分配的差最大，分配极不平均，即一个家庭占有全部收入，而其余收入为0。因此，当基尼指数接近于1时，表示分配向极少数人集中。

基尼指数实际上是计算了由 $y=x$ 和 $y=f(x)$ 曲线，在 $x=0$，$x=1$ 间的面积。

第二节 积分在商业和经济领域的应用

Applications in business and economics

本节主要讨论定积分在概率分析，资金流量的未来值，和消费者的节余以及生产者的盈余3个方面的应用。

1. 概率分布函数(Probability density function)

在众多的随机事件中有一类随机事件的结果是在某一区间 $[c,d]$ 内的任意的实数，并且它的取值能够充满整个区间，这种随机变量称为连续随机变量。连续随机变量的例子很多，如人的身高、体重、电灯泡的寿命、电话的通话时间以及乘客等候公共交通车辆的时间等。表5-2为某地区成年人身高随机调查的结果，这是典型的连续随机变量，在[50,220](cm)的区间内，被调查人的身高是连续的随机变量。

表 5-2 某地区成年人身高随机调查的结果

身高 x/cm	<135	140	150	160	170	180	190	200	>205
人数	5	10	40	200	400	210	120	10	5
比例 $f(x)$	0.005	0.01	0.04	0.2	0.4	0.21	0.12	0.01	0.05

随机变量 x 对应的几率 $f(x)$ 称为概率密度分布函数，简称为概率分布函数。已知概率分布函数可以求出随机变量在某个范围的概率。

概率分布函数 $f(x)$ 的特点：

(1)对任意的实数，$f(x)>0$；

(2)在 $(-\infty,+\infty)$ 的区间内 $f(x)$ 图像与 x 轴间的面积等于1，即 $\int_{-\infty}^{+\infty} f(x)\mathrm{d}x = 1$；

(3)如果 $[c,d]$ 是 $(-\infty,+\infty)$ 内的子区间，那么 x 在 $[c,d]$ 间出现的概率为

$$P(c \leqslant x \leqslant d) = \int_c^d f(x)\mathrm{d}x \tag{5-4}$$

也就是说，已知概率分布函数后，可以利用定积分的方法求出事件的概率。

在概率分布函数中一个应用非常广泛的分布函数为正态分布函数(normal probability density function)。正态分布函数的图像是中间大、两头小的钟形，它的数学表达式为

$$f(x)=\frac{1}{\sigma\sqrt{2\pi}}\mathrm{e}^{-(x-\mu)\frac{2}{2\sigma^2}}$$

其中 μ 是它的平均值，σ 是标准方差。

前面我们列出的人的身高、体重的概率分布服从正态分布函数；学生考试成绩的统计结果，机械和电子设备的寿命也都服从正态分布函数。有正态分布函数的表格可以帮助你计算概率。

2. 连续收入流的计算(Continuous income stream)

连续收入流是一种描述收入情况的数学模型。例如，一个人的工资收入由单位定期存入银行，对这个人的银行账户来说，它是一个连续的收入流；家长为孩子将来教育费用，在孩子很小的时候开个存款账户，每月存入一定数量的存款。而银行对存入的资金给于按照连续复利计算利息，这也是连续的收入流。

在连续收入流中研究 2 个问题：如何计算连续收入流中的总收入(total income)；如果收入存入银行，按照复利计算，一定时间后连续收入流的终值(本金＋利息的总和)是多少(future value of a continuous income stream)。

连续收入流中的总收入与存入的是时间长短和每次的存入量有关。存入量就是收入流的变化率(rate of flow)，用函数 $f(t)$ 表示，它是时间的函数。

定义 连续收入流中的总收入 (total income for a continuous income stream)

如果 $f(t)$ 表示连续收入流的流入率，那么，在从 $t=a$ 到 $t=b$ 的期间，连续收入流中的总收入为

$$\text{total income} = \int_a^b f(t)\,dt \tag{5-5}$$

如果，画出收入流的流入率 $f(t)$ 的图像，上述积分实际是 $f(t)$ 与 x 轴间图形的面积。

定义 连续收入流中的终值(future value of a continuous income stream)

如果 $f(t)$ 表示连续收入流的流入率，$0 \leqslant t \leqslant T$，并且，收入又以 r 的复利投资，那么 T 年后，连续收入流中的终值 (FV) 为

$$FV = \int_0^T f(t)e^{r(T-t)}\,dt = e^{rT}\int_0^T f(t)e^{-rt}\,dt \tag{5-6}$$

连续收入流中终值与一次存入 T 年后的复利是不同的。前面我们讨论的复利，都是对一次存入 P 本金，T 年后取出时的以复利方式计算的总资金(本金＋利息)。而连续收入流问题资金不是一次存入，而是不断地投入，到某一时刻结束(如第一笔资金存入后的 5 年)。这样的方式存入，资金存在银行的时间有长有短，所以要分别考虑每笔资金存留在银行内的时间。假设，资金 $f(t)$ 是 t 时刻存入，取出的时间是 T(如第一笔资金存入后的 5 年)，资金存留在银行内的时间为($T-t$)。按照前面的复利分析，到期

后，这笔存款应该增加到 $f(t)\mathrm{e}^{r(T-t)}$。连续收入流的终值，应该是无限多项求和——得到上述定积分公式。

连续收入流存入银行只是一种投资方式，其他类型的投资方式得到的收入与这种分析方法类似。

3. 消费者的节余和生产者的盈余（Consumers' and producers' surplus）

这是积分学在经济领域的应用。下面分别讨论这 2 个问题。

(1)消费者的节余(consumers' surplus)

假设，某种商品的价格-需求关系(price-demand equation)为 $p(x)=D(x)$，它表示了在价格为 p 的情况下消费者的需求量为 x。大家知道：价格-需求方程是一个减函数。也就是这商品的价格升高，需求量下降。假设 $\bar{p}$ 是当前的市场价格，$\bar{x}$ 是在这个价格之下相应的需求量，这就是商品的价格-需求关系方程描述的内容。商品的价格-需求关系方程的曲线为价格-需求关系曲线，如图 5-4 所示。

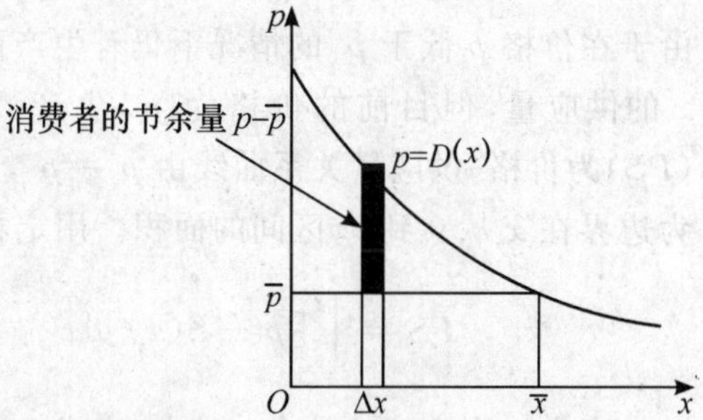

图 5-4

图 5-4 表明：如果价格 p 高于 $\bar{p}$，则需求量 x 将小于 $\bar{x}$，但对于某些消费者，他们愿意在高于 $\bar{p}$ 的价格 p 下购买 x 的商品。对于这些愿意在高于 $\bar{p}$ 的价格 p 下购买的消费者来说，他们节约了开支。

现在我们计算所有愿意付高于 $\bar{p}$ 价格的消费者，他们开支的节余总量。在价格 p 下购买的消费者的节余为 $\Delta CS=(p-\bar{p})\Delta x=(D(x)-\bar{p})\Delta x$，那么，对应于所有高于目前价格愿意购买的消费者节余总量，可以用定积分求得：

$$CS=\int_0^{\bar{x}}[D(x)-\bar{p}]\mathrm{d}x$$

定义 消费者的节余

如果($\bar{x}$, $\bar{p}$)是某种商品的价格-需求关系方程 $p=D(x)$ 的曲线上的一个点，那么，在目前的价格水平 $\bar{p}$，消费者的节余(CS)为

$$CS=\int_0^{\bar{x}}[D(x)-\bar{p}]\mathrm{d}x \tag{5-7}$$

实际上，上述的定积分表示的是由直线 $p=\bar{p}$ 和曲线 $p=D(x)$ 为边界，在 x 从 0 到 $\bar{x}$ 区间的面积。

(2)生产者的盈余 (producers' surplus)

在市场经济的规律下,对于某一商品的生产商来讲,也存在商品的价格-供应量关系(price-supply equation)为

$$p(x)=S(x)$$

它表示了在价格为 p 的情况下生产者的供应的商品量为 x。其特点是价格提高,商品的供应量增加;价格降低,商品的供应量减少,如图 5-5 所示。

如果目前这种商品的价格为 $\bar{p}$,供应量为 $\bar{x}$ 。由于在价格 p 低于 $\bar{p}$ 的情况下仍有生产商愿意提供 x 的供应量,但目前的价格为 $\bar{p}$,生产商的赢余量(PS)为价格-供应量关系曲线由 $p=\bar{p}$, $p=S(x)$ 为边界在 x 从 0 到 $\bar{x}$ 区间的面积。用定积分表示:

$$PS=\int_0^{\bar{x}}[\bar{p}-S(x)]\mathrm{d}x$$

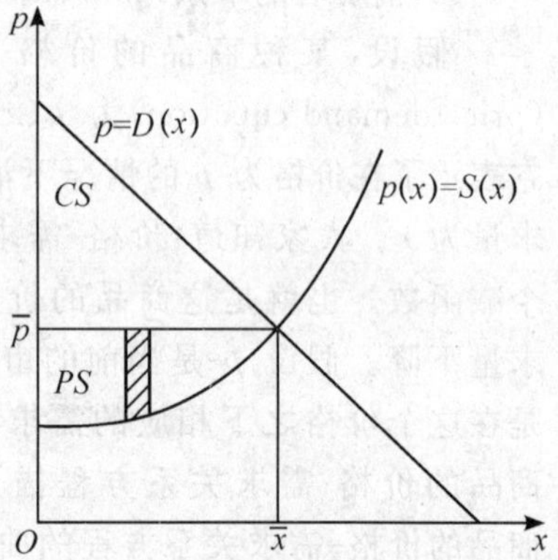

图 5-5

定义 生产商的盈余(producers' surplus)

如果$(\bar{x},\bar{p})$是某种商品的价格-供应量关系方程 $p=S(x)$的曲线上的一个点,那么,在目前的价格水平 $\bar{p}$,生产者的盈余(PS)为

$$PS=\int_0^{\bar{x}}[\bar{p}-S(x)]\mathrm{d}x \tag{5-8}$$

上述分别从消费者和生产商的角度研究了价格-需求和价格-供应的关系。但是,在自由竞争的市场影响下,商品的价格既不会按照消费者的愿望不停地降低,也不会如生产商期望的那样上升,而是维持在一个双方都能接受的水平和满足市场需求的供应量。

因为商品的价格-需求关系方程 $p(x)=D(x)$和价格-供应量关系方程 $p(x)=S(x)$都是关于价格和商品数量的关系,因此,可以找到这 2 个曲线的交叉点,也就是 $D(x)=S(x)$ 的解 $\bar{x}$,称为均衡的数量。这个解对应的价格称为均衡价格 $\bar{p}$ 。所以将 $D(x)=S(x)$,使价格相等,求出对应的均衡的数量,然后无论代入价格-需求关系方程 $p(x)=D(x)$,还是价格-供应量关系方程 $p(x)=S(x)$ 得到的价格是相等的,这就是双方都能接受的均衡价格。

对应于均衡价格 $\bar{p}$ 和均衡数量 $\bar{x}$,利用式 (5-7) 和式 (5-8) 分别计算消费者的节余和生产者的盈余。

因此,这类问题的解题步骤是:首先求出均衡数量,然后求出均衡价格。这样的到了积分的上限,就可以利用积分求出分别计算消费者的节余和生产者的盈余。

第三节 分部积分法

Integration by parts

本节介绍另外一种重要的积分方法：分部积分法。分部积分法是 2 个函数的乘积的求导运算的逆运算的结果。所以从 2 个函数的乘积的求导开始。

如果 $f(x)$和 $g(x)$是可以求导的，那么它们乘积的导数为

$$\frac{d}{dx}[f(x)g(x)]=f(x)g'(x)+g(x)f'(x)$$

将上式的右端的第 2 项移到左边，得到

$$f(x)g'(x)=\frac{d}{dx}[f(x)g(x)]-g(x)f'(x)$$

将上式的两端分别积分，得到

$$\int f(x)g'(x)dx=\int\frac{d}{dx}[f(x)g(x)]dx-\int g(x)f'(x)dx$$

利用积分与微分的互为逆运算的关系，等号右端的第 1 项为 $f(x)g(x)$ ，得到分部积分的公式

$$\int f(x)g'(x)dx=f(x)g(x)-\int g(x)f'(x)dx \tag{5-9}$$

结合函数的微分的概念，如果令 $u=f(x)$，$v=g(x)$，那么

$$du=f'(x)dx,\quad dv=g'(x)dx$$

代入式(5-9)，分部积分的公式的一般表达式为

$$\int udv=uv-\int vdu \tag{5-10}$$

上面的公式称为分部积分的公式。这个公式告诉我们，如果积分 $\int udv$ 计算比较困难，而积分 $\int vdu$ 比较容易计算时，可以利用这个公式将对前者的积分转化为对后者的积分。

分部积分是计算 2 个函数乘积的积分的一个重要工具，应该熟练地掌握和应用。

分部积分的关键是如何选择 u 和 dv，如果选择不当会使得积分更困难。有一个基本的原则，就是选择的 dv 要容易积分得到它的反导数 v(最好用基本的积分函数)。

按照这个原则，对我们这本教科书遇到的积分分 2 种情况：

(1)幂函数与指数函数相乘时，选择指数函数为 dv，幂函数为 u(指数函数容易积分)；

(2)幂函数与对数函数相乘时，选择幂数函数为 dv，对数函数为 u(幂函数比对数函数容易积分)。

(幂函数与幂函数相乘时一般不用分部积分的方法，而是用换元或其他方法)。按照总结的 2 条原则选择 u 和 dv，就能使得积分变得简便。掌握这个基本原则是分部积分的重要前提。

选择 u 的优先顺序为：首先是对数函数 $\ln x$，第二是幂函数 x^p，第三是指数函数 e^x。

分部积分的过程中，有时会重复使用分部积分的方法才能得到结果。这些使用方法在例题中练习。

第四节　积分表的用法

Integration using tables

由于积分在研究中非常广泛地应用于各个行业，因此，前人将常用函数的积分结果以表格的形式给出，称为积分表。积分表在数学手册中可以找到。

积分表中是以 u 为积分变量的不定积分的结果，但积分表没有包括积分常数，使用时要注意。

为方便查找，积分表将函数分成若干类型，例如：关于 $a+bu$，关于 a^2-u^2，关于 $\sqrt{a+bu}$，关于对数函数，关于指数函数……。使用积分表时首先要按照类型查，然后再查具体的函数形式。积分表中除 u 是变量外，其他字母如 $a,b,c,d,\cdots$ 都是常数。在积分表中这些常数通常是一正数，但大多公式中的常数可以是正的也可以是负的，例如：

$$\int \frac{1}{2+3x}\mathrm{d}x \tag{a}$$

$$\int \frac{1}{2-3x}\mathrm{d}x \tag{b}$$

都可以用 $a+bu$ 的公式，只是在使用时，对于(a) $b=3$，而对于(b) $b=-3$。

但 $\sqrt{a^2-u^2}$ 与 $\sqrt{a^2+u^2}$ 则为 2 个不同类型，请分析为什么。

将积分表与换元法联合使用会使积分表功能大大扩展。通常，首先使用换元法将被积函数变换成积分表上的形式，这样就可以使用积分表得到换元后的积分，最后再转换成原来的积分变量。

二、典型例题解析

本章例题分 4 部分：利用定积分求曲线围成的面积，定积分在经济和商业中的应用，分部积分的方法和查表积分的方法。

本章重点练习利用定积分求曲线围成的面积，分部积分的方法。

1. 利用定积分求曲线围成的面积

例 1-1 求曲线 $y=x^2-4$ 与 x 轴围成的图形，当 x 在下列区间的面积：

(1) [2,4]；(2) [−3,0]；(3) [−3,4]。

解：首先作函数的图像，如图 5-6 所示。

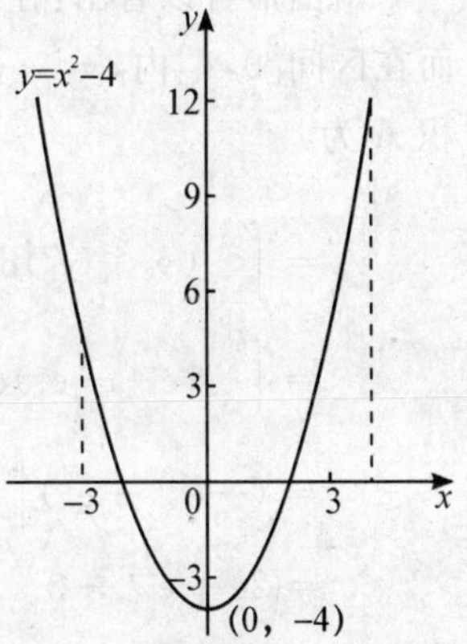

图 5-6

由图形可以看出：在区间[−2,2] y 小于零，其余区间 y 大于零。

(1)对于区间[2,4]，y 大于零，图形的面积 A_1 为

$$A_1=\int_2^4 f(x)\mathrm{d}x=\int_2^4(x^2-4)\mathrm{d}x$$

$$=\left(\frac{x^3}{3}-4x\right)\bigg|_2^4=10\,\frac{2}{3}$$

(2)对于区间[−3,0]，在[−3,−2]内 y 大于零，而在[−2,0]内 y 小于零，所以，积分应该分为 2 段，图像的面积 A_2 为

$$A_2=\int_{-3}^{-2}f(x)\mathrm{d}x+\int_{-2}^{0}-f(x)\mathrm{d}x$$

$$=\int_{-3}^{-2}(x^2-4)\mathrm{d}x-\int_{-2}^{0}(x^2-4)\mathrm{d}x$$

$$=\left(\frac{x^3}{3}-4x\right)\bigg|_{-3}^{-2}-\left(\frac{x^3}{3}-4x\right)\bigg|_{-2}^{0}=7\,\frac{2}{3}$$

(3)对于区间[−3,4]，积分应该分 3 段：在区间[−3,−2] y 大于零，在[−2,2] y

小于零，在[2,4]y 大于零。图形的面积 A_3 为

$$A_3=\int_{-3}^{-2}f(x)\mathrm{d}x+\int_{-2}^{2}-f(x)\mathrm{d}x+\int_{2}^{4}f(x)\mathrm{d}x$$
$$=\left(\frac{x^3}{3}-4x\right)\Big|_{-3}^{-2}-\left(\frac{x^3}{3}-4x\right)\Big|_{-2}^{2}+\left(\frac{x^3}{3}-4x\right)\Big|_{2}^{4}=23\frac{2}{3}$$

另外，也可以利用(1)和(2)的结果再加上没有计入的[0,2]区间的面积。

分析点评：求曲线与 x 轴间的面积问题，首先做出函数的简图是非常重要的，通过这个简图，可以清楚地知道在什么范围图形在 x 轴的上方，什么范围图形在 x 轴的下方，这些信息对应该取正号还是负号很有帮助。

例 1-2 2 个曲线间的图形的面积，给定左、右积分限的情况。求由曲线 $y_1=\mathrm{e}^x$，$y_2=\mathrm{e}^{-x}$ 和直线 $x_1=-1$，$x_2=1$ 围成的图形的面积。

解：首先需要判断这 2 个曲线中哪一个在上方。为此，先作 2 个指数函数的图像，如图 5-7 所示。

由图形可以看出：在区间[-1,0]内，$y_2>y_1$，而在区间[0,1]内，$y_1>y_2$。因此，曲线围成的面积 A 为

$$A=\int_{-1}^{0}(y_2-y_1)\mathrm{d}x+\int_{0}^{1}(y_1-y_2)\mathrm{d}x$$
$$=\int_{-1}^{0}(\mathrm{e}^{-x}-\mathrm{e}^{x})\mathrm{d}x+\int_{0}^{1}(\mathrm{e}^{x}-\mathrm{e}^{-x})\mathrm{d}x$$
$$=(-\mathrm{e}^{-x}-\mathrm{e}^{x})\Big|_{-1}^{0}+(\mathrm{e}^{x}+\mathrm{e}^{-x})\Big|_{0}^{1}$$
$$=2\mathrm{e}+\mathrm{e}^{-1}-3$$

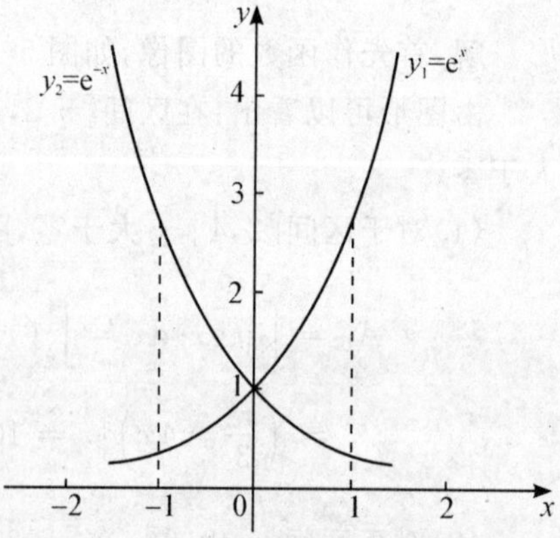

图 5-7

分析点评：求 2 个曲线间的面积必须首先确定哪一个函数的图像在上方，用上方的函数减下方的函数，才能得到正确的结果。画出函数的简图是非常有用的方法。有时，在研究的区间内，函数的图像的相对位置会发生变化，利用图像可以确定对应的区间。

例 1-3 两个曲线间的面积，未知积分限的情况。求由函数 $f(x)=3-x^2$，$g(x)=2x$ 围成的图形的面积。

解：首先作函数的图像，如图 5-8 所示。

由图 5-8 可以看出,图形有 2 个交叉点,在这 2 个交叉点中间,2 个函数围成的面积是有界的;在这 2 个交叉点以外,2 个函数围成的面积无限大。求由函数 $f(x)=3-x^2$,$g(x)=2x$ 围成的图形的面积,是求这个有限的面积(斜线表示)。

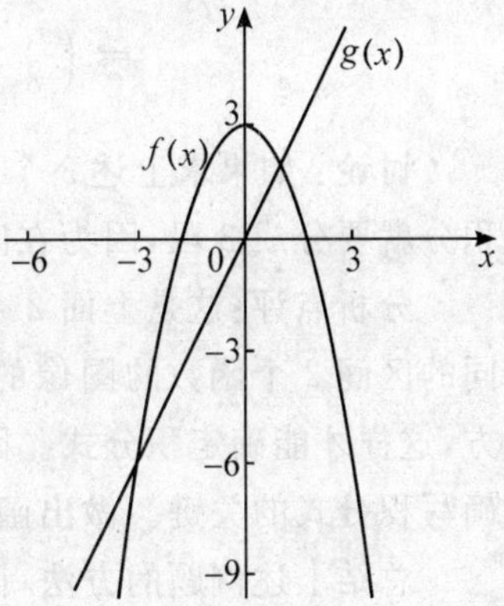

图 5-8

所以要找出交点坐标。在交点 $f(x)=g(x)$,得到

$$3-x^2=2x, x^2+2x-3=0 \Rightarrow (x+3)(x-1)=0$$

解出交点坐标为 $x=-3, x=1$。

另外,由图形知道:在区间$[-3,1]$内 $f(x)>g(x)$。所以,围成的图形的面积为

$$\int_{-3}^{1}(f(x)-g(x))\mathrm{d}x=\int_{-3}^{1}(3-x^2-2x)\mathrm{d}x$$

$$=\left(3x-\frac{x^3}{3}-x^2\right)\Big|_{-3}^{1}=10\,\frac{2}{3}$$

分析点评:这是另一种形式的求 2 个曲线间的面积,这里没有给出积分的区间。我们必须利用图形确定 2 个问题:首先是积分区间,通过图形的交点解方程得到;另一个问题是哪个函数的图形在上方,这要画出函数的图形后才能知道。因此,解决这类问题,正确画出函数的图形是非常重要的一步。

例 1-4　两个曲线间的面积。求由曲线 $f(x)=x^2+2$,$g(x)=2x+2$,直线 $x=-2$,$x=2$围成的图形的面积。

解:先作函数 $f(x)$, $g(x)$ 的图形,如图 5-9 所示。

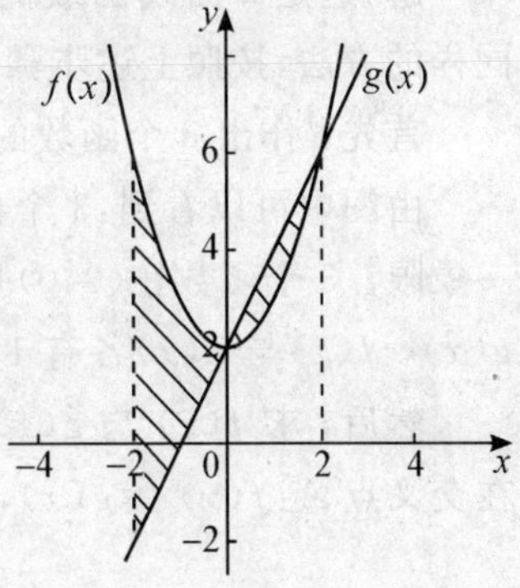

图 5-9

然后求出 2 个图形的交点坐标;令 $f(x)=g(x)$得到

$$x^2+2=2+2x \Rightarrow x^2-2x=0, x(x-2)=0$$

解出交点坐标为 $x=0$, $x=2$。

由图形看出:x 在区间$[-2,0]$内 $f(x)>g(x)$;而 x 在区间$[0,2]$内 $g(x)>f(x)$。因此,所求的面积

$$A=\int_{-2}^{0}(f(x)-g(x))\mathrm{d}x+\int_{0}^{2}(g(x)-f(x))\mathrm{d}x$$

$$=\int_{-2}^{0}(x^2-2x)\mathrm{d}x+\int_{0}^{2}(2x-x^2)\mathrm{d}x$$

$$=\left(\frac{x^3}{3}-x^2\right)\Big|_{-2}^{0}+\left(x^2-\frac{x^3}{3}\right)\Big|_{0}^{2}=8$$

讨论：如果求上述 2 个曲线与另外 2 个直线：$x=-2$，$x=4$ 围成的图形的面积，积分就要分成 3 段，因为在区间[2,4] 内 $f(x)>g(x)$，所以要再增加一段。

分析点评：这是上面 2 个例题的综合：既要求出 2 个函数的交叉点，又要考虑在不同的区间 2 个函数的图像的上下位置变化。必须找出哪个函数的图像在另一个的上方，这样才能确定积分式。因为积分式中是在上方的函数减在下方的函数，这一点是正确写积分式的关键。做出函数的图形就能帮助我们解决这个关键问题。

总结上述例题的方法，得到解曲线下面积问题的基本步骤：

(1)在同一个坐标系中正确做出函数的图像；

(2)没有给出积分区间，或在给定的积分区间内 2 个函数由交叉点的，必须求出 2 个函数交叉点的坐标；

(3)利用函数的图形，确定哪个函数的图形在上方，用图形在上方的函数减另一个函数，写出积分式；

(4)2 个函数往往在交叉点变换上下的相对位置，因此，积分可能在交叉点分段；

(5)一个曲线与 x 轴间的面积是 $g(x)=0$ 的特殊情况。

例 1-5 多个曲线围成的图形的面积。求由 $f(x)=x^2$，$g(x)=2x$，$h(x)=x$ 这 3 个曲线围成的图形的面积。

解：这是 2 曲线围成的图形的面积的扩展，使用同样的方法，按照上述步骤可以解出这个问题。

首先，作出 3 个函数的图形，如图5-10所示。

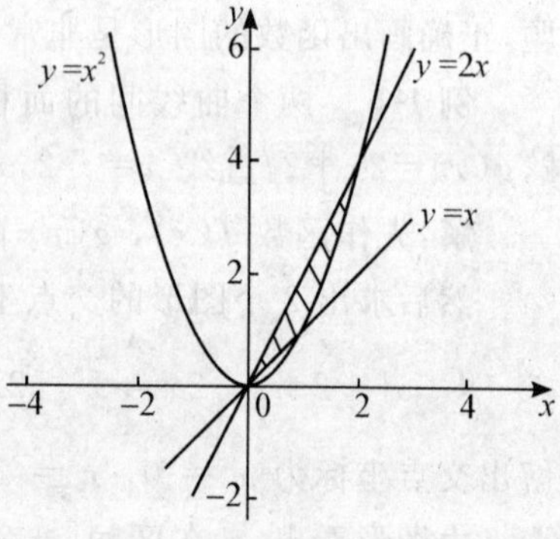

图 5-10

由图中可以看到：3 个函数围成的有限面积在第一象限。3 个函数在(0,0)是公共交点，然后 $f(x)$ 与 $g(x)$，$f(x)$与 $h(x)$各有 1 个交叉点。

然后，求 $f(x)$ 与 $g(x)$，$f(x)$与 $h(x)$的交叉点。

在交叉点 A：$f(x)=g(x)$，即

$$x^2=2x;\quad x^2-2x=0;\quad x=0,\quad x=2$$

将 $x=2$ 代入 $f(x)$或 $g(x)$，得到 A 点坐标：(2, 4)。

在交叉点 B：$f(x)=h(x)$，即

$$x^2=x;\quad x^2-x=0;\quad x=0,\quad x=1$$

将 $x=1$ 代入 $f(x)$或 $h(x)$，得到 B 点坐标：(1, 1)。

这 2 个方程都得到 $x=0$ 的解，这就是 3 个函数的公共交叉点——原点。

最后，由函数图形的相对位置确定积分式。

在区间[0,1]，$g(x)>h(x)$，因此面积积分式为

$$\int_0^1 (g(x)-h(x))\mathrm{d}x = \int_0^1 (2x-x)\mathrm{d}x = \frac{x^2}{2}\bigg|_0^1 = \frac{1}{2}$$

在区间[1,2]，$g(x)>f(x)$，因此面积积分式为

$$\int_1^2 (g(x)-f(x))\mathrm{d}x = \int_1^2 (2x-x^2)\mathrm{d}x = \left(x^2-\frac{x^3}{3}\right)\bigg|_1^2 = \frac{2}{3}$$

总面积为上述 2 项的和：$A=\frac{1}{2}+\frac{2}{3}=1\frac{1}{6}$。

分析点评：利用上面总结的方法，可以求更复杂的一些问题。

2. 定积分在商业和经济领域的应用

例 2-1 概率分布函数的积分。某一地区每户日用水量 x（单位：吨）是连续随机变量，概率分布函数为

$$f(x)=\begin{cases}1.5\mathrm{e}^{-1.5x}, & x\geqslant 0\\ 0, & x<0\end{cases}$$

求：(1)日用水量最多不超过 0.4 吨的概率；

(2)日用水量在 0.3～0.6 吨的概率；

(3)日用水量超过 0.4 吨的概率。

解：

(1)日用水量最多不超过 0.4 吨的概率，由式(5-4)有

$$P(0\leqslant x\leqslant 0.4)=\int_0^{0.4} 1.5\mathrm{e}^{-1.5x}\mathrm{d}x = -\mathrm{e}^{-1.5x}\bigg|_0^{0.4} = -\mathrm{e}^{-0.6}+1=0.45$$

(2)日用水量在 0.3～0.6 吨的概率，由式(5-4)有

$$P(0.3\leqslant x\leqslant 0.6)=\int_{0.3}^{0.6} 1.5\mathrm{e}^{-1.5x}\mathrm{d}x = -\mathrm{e}^{-1.5x}\bigg|_{0.3}^{0.6} = -\mathrm{e}^{-0.9}+\mathrm{e}^{-0.45}=0.23$$

(3)日用水量超过 0.4 吨的概率，是计算从 0.4 开始所有量的概率，积分的上限无限大，给积分计算带来困难。我们可以利用概率分布函数的特点，从另一个角度求它的概率。我们知道在$(-\infty,+\infty)$ 的区间内概率分布函数 $f(x)$图像与 x 轴间的面积等

于1,即$\int_{-\infty}^{+\infty} f(x)\mathrm{d}x = 1$。对这个概率分布函数,可以写成:$\int_{0}^{+\infty} f(x)\mathrm{d}x = 1$。利用积分区间的可加性,我们将积分区间分成2段:$\int_{0}^{\infty} f(x)\mathrm{d}x = 1 = \int_{0}^{0.4} f(x)\mathrm{d}x + \int_{0.4}^{\infty} f(x)\mathrm{d}x$。因此,可以得到

$$\int_{0.4}^{\infty} f(x)\mathrm{d}x = 1 - \int_{0}^{0.4} f(x)\mathrm{d}x = 1 - 0.45 = 0.55$$

这个结果表示,用1减去日用水在0~0.4的概率就是日用水大于0.4的概率。

分析点评:已知概率分布函数后求概率的问题变成了定积分。公式(5-4)是非常有用的。本习题的(3)是一个求某些概率的好方法,应该掌握。

例 2-2 连续收入流的终值。一个投资者需要从2个项目选择其中一个收益好的投资。一是开服装店,它的收入率是12 000;另一个是开电子产品商店,这个的收入率是10 000 $e^{0.05t}$。如果这2个项目的开始投资相同,并且都能按照10%连续复利方式增加,在今后的5年内哪个项目最终收益更好?

解:这时要分析2种不同连续收入流中的终值(FV)的差别。连续收入流中的终值(FV)为式(5-6):

$$FV = \int_{0}^{T} f(t)e^{r(T-t)}\mathrm{d}t = e^{rT}\int_{0}^{T} f(t)e^{-rt}\mathrm{d}t$$

2个项目的收入流不同:$f_1(t) = 12\,000, f_2(t) = 10\,000e^{0.05t}$;$r = 0.1$,相同。分别计算它们的终值。

$$FV_1 = e^{rT}\int_{0}^{T} f_1(t)e^{-rt}\mathrm{d}t = 12\,000e^{0.5}\int_{0}^{5} e^{-0.1t}\mathrm{d}t = -120\,000e^{0.5}\, e^{-0.1t}\Big|_{0}^{5}$$
$$= 120\,000(e^{0.5} - 1) = 77\,850$$

$$FV_2 = e^{rT}\int_{0}^{T} f_2(t)e^{-rt}\mathrm{d}t = 10\,000e^{0.5}\int_{0}^{5} e^{-0.05t}\mathrm{d}t = -200\,000e^{0.5}\, e^{-0.05t}\Big|_{0}^{5}$$
$$= 200\,000(e^{0.5} - e^{0.25}) = 72\,940$$

可见,第1个项目的收入终值高于第2个项目。

分析点评:连续收入流的终值(FV)是定积分在经济上的应用,公式(5-6)是基本的工具。

例 2-3 计算消费者和生产者的盈余。已知价格与需求量的方程 $p = D(x) = 200 - 0.02x$,当前价格水平 $\bar{p} = 120$,求消费者节余 CS。

解：首先利用价格与需求量的方程，求出在当前价格 $\bar{p}=120$ 下的需求量 $\bar{x}$ 。

$$120=200-0.02\bar{x};\bar{x}=4\,000$$

然后，利用式(5-7)定义消费者的节余 $CS=\int_0^{\bar{x}}[D(x)-\bar{p}]\mathrm{d}x$ 计算：

$$CS=\int_0^{\bar{x}}[D(x)-\bar{p}]\mathrm{d}x=\int_0^{4\,000}(200-0.02x-120)\mathrm{d}x$$

$$=\int_0^{4\,000}(80-0.02x)\mathrm{d}x=(80x-0.01x^2)\Big|_0^{4\,000}=160\,000$$

消费者节余为 160 000。

分析点评：计算消费者节余或生产者的盈余利用公式(5-7)和公式(5-8)。在这 2 个公式中有 2 个量是需要确定的：均衡价格 $\bar{p}$ 和均衡量 $\bar{x}$。一般题目给出其中上的一个量，利用价格-需求关系或价格-供应量关系求出另一个量。然后就可以用定积分计算。

例 2-4　计算消费者和生产者的盈余。已知价格与需求量的方程为：$p=D(x)=25-0.004x^2$，价格与供应量的方程为 $p=S(x)=5+0.004x^2$，求消费者和生产者的盈余。

解：首先求均衡量和均衡价格，然后再分别求消费者和生产者的盈余。

求均衡量的方法是使得价格与需求量的方程等于价格与供应量的方程，因为这两个方程都是价格的方程，使之相等意味是消费者和生产者都接受的价格，就是

$$25-0.004x^2=5+0.004x^2$$

得到

$$0.008x^2=20,\bar{x}=50$$

将均衡量代入价格与需求量的方程或价格与供应量的方程中的任一方程，如价格与需求量的方程 $p=D(x)=25-0.004x^2$ 得到均衡价格 $\bar{p}=15$。

计算消费者节余：由式(5-7)得消费者的节余

$$CS=\int_0^{\bar{x}}[D(x)-\bar{p}]\mathrm{d}x=\int_0^{50}[25-0.004x^2-15]\mathrm{d}x$$

$$=\int_0^{50}(10-0.004x^2)\mathrm{d}x=\left(10x-\frac{0.004x^3}{3}\right)\Big|_0^{50}=333$$

计算生产者的盈余：由式(5-8)得消费者的盈余

$$
\begin{aligned}
PS &= \int_0^{\bar{x}} [\bar{p} - S(x)]\mathrm{d}x \\
&= \int_0^{50} [15 - 5 - 0.004x^2]\mathrm{d}x = \int_0^{50} (10 - 0.004x^2)\mathrm{d}x \\
&= \left(10x - \frac{0.004x^3}{3}\right)\Big|_0^{50} = 333
\end{aligned}
$$

分析点评：计算消费者节余和生产者的盈余这类问题的第一步是计算出均衡量和均衡价格。然后代入式(5-7)和式(5-8)，分别计算消费者节余和生产者的盈余。均衡量给出了积分的上限，而均衡价格是计算消费者节余和生产者的盈余必须已知的量。

3. 分部积分法

例 3-1 求下列幂函数与对数函数的积的积分：

(1) $\int \ln x \mathrm{d}x$；(2) $\int x^2 \ln x \mathrm{d}x$；(3) $\int \frac{\ln x}{x^3}\mathrm{d}x$；(4) $\int \sqrt{x}\ln x \mathrm{d}x$。

解：

(1) $\int \ln x \mathrm{d}x$ 由于对数函数 $\ln x$ 的求导比较简单，但它的积分远比求导麻烦，因此，令 $u=\ln x$，$\mathrm{d}v=\mathrm{d}x$，那么，得到

$$\mathrm{d}u=\frac{1}{x}\mathrm{d}x, \quad v=x$$

利用分部积分的公式 $\int u\mathrm{d}v = uv - \int v\mathrm{d}u$ 得到

$$\int \ln x \mathrm{d}x = x \cdot \ln x - \int \frac{1}{x} \cdot x\mathrm{d}x = x \cdot \ln x - x + C$$

检查：
$$(x \cdot \ln x - x + C)' = x\,\frac{1}{x} + \ln x - 1 = \ln x$$

(2) $\int x^2 \ln x \mathrm{d}x$ 这是幂函数与对数函数的积的积分；按照选择 u，$\mathrm{d}v$ 使得容易得到 v 的积分的原则，选择幂函数为 $\mathrm{d}v$，因为对数函数的积分比幂函数困难。即

$$u=\ln x, \quad \mathrm{d}v=x^2\mathrm{d}x$$

得到
$$v=\frac{x^3}{3}$$

利用分部积分公式 $\int u\mathrm{d}v = uv - \int v\mathrm{d}u$ 得到

$$\int x^2\ln x\mathrm{d}x=\frac{x^3}{3}\ln x-\int\frac{x^3}{3}\mathrm{d}(\ln x)=\frac{x^3}{3}\ln x-\int\frac{x^2}{3}\mathrm{d}x=\frac{x^3}{3}\ln x-\frac{x^3}{9}+C$$

检查：$\left(\frac{x^3}{3}\ln x-\frac{x^3}{9}+C\right)'=\frac{x^3}{3}\cdot\frac{1}{x}+x^2\ln x-\frac{x^2}{3}=\frac{x^2}{3}+x^2\ln x-\frac{x^2}{3}=x^2\ln x$

(3) $\int\frac{\ln x}{x^3}\mathrm{d}x$ 这也是幂函数与对数函数的积的积分，只不过要首先写成负幂函数；与上题同样的选择，即

$$u=\ln x,\quad \mathrm{d}v=x^{-3}\mathrm{d}x$$

那么
$$v=-\frac{x^{-2}}{2}$$

利用分部积分公式 $\int u\mathrm{d}v=uv-\int v\mathrm{d}u$ 得到

$$\int\frac{\ln x}{x^3}\mathrm{d}x=-\frac{\ln x}{2x^2}+\int\frac{1}{2x^2}\mathrm{d}(\ln x)=-\frac{\ln x}{2x^2}+\frac{1}{2}\int\frac{1}{x^2}\frac{1}{x}\mathrm{d}x$$
$$=-\frac{\ln x}{2x^2}+\frac{1}{2}\int x^{-3}\mathrm{d}x=-\frac{\ln x}{2x^2}-\frac{1}{4}x^{-2}+C$$

检查：$\left(-\frac{\ln x}{2x^2}-\frac{1}{4}x^{-2}+C\right)'=\frac{\ln x}{x^3}-\frac{1}{2}x^{-3}+\frac{1}{2}x^{-3}=\frac{\ln x}{x^3}$

(4) $\int\sqrt{x}\ln x\mathrm{d}x$ 还是幂函数（分数幂函数）与对数函数的积的积分，仍然选择分数幂函数为 $\mathrm{d}v$，对数函数为 u，即

$$u=\ln x,\quad \mathrm{d}v=\sqrt{x}\mathrm{d}x$$

那么
$$v=\frac{2}{3}x^{\frac{3}{2}},\quad \mathrm{d}u=\frac{1}{x}\mathrm{d}x$$

利用分部积分公式得到

$$\int\sqrt{x}\ln x\mathrm{d}x=\frac{2}{3}x^{\frac{3}{2}}\ln x-\int\frac{2}{3}x^{\frac{3}{2}}\frac{1}{x}\mathrm{d}x=\frac{2}{3}x^{\frac{3}{2}}\ln x-\frac{2}{3}\int x^{\frac{1}{2}}\mathrm{d}x$$
$$=\frac{2}{3}x^{\frac{3}{2}}\ln x-\frac{4}{9}x^{\frac{3}{2}}+C$$

检查：$\left(\frac{2}{3}x^{\frac{3}{2}}\ln x-\frac{4}{9}x^{\frac{3}{2}}+C\right)'=x^{\frac{1}{2}}\ln x+\frac{2}{3}x^{\frac{3}{2}}\cdot\frac{1}{x}-\frac{2}{3}x^{\frac{1}{2}}=\sqrt{x}\ln x$

分析点评：这 4 个题目是幂函数与对数函数的积的积分。由第 1 个题目看出：$\ln x$ 的积分，比较麻烦。所以对涉及对数函数与幂函数的积的时候，一般选择 $u=\ln x$，而积分比较容易的幂函数选择为 $\mathrm{d}v$。即，对这类积分选择 u 和 $\mathrm{d}v$ 的原则是：u 为对数函

数,dv 选幂函数,这是基本的规律,应该牢固地掌握。其他选择使问题变得更困难。

例 3-2 求关于指数函数的不定积分:

(1) $\int (x-1)e^x dx$; (2) $\int te^{-0.2t}dt$; (3) $\int x^3 e^{x^2} dx$; (4) $\int x^2 e^x dx$。

解:

(1) 变成 2 个积分,对第 1 个积分使用分部积分,按照选择 u, dv 使得容易得到 v 的积分的原则,选择指数函数为 dv,因为指数函数的积分很方便,令 $u=x$, $dv=e^x dx$,分部积分得到

$$\int (x-1)e^x dx = \int xe^x dx - \int e^x dx = xe^x - 2\int e^x dx = xe^x - 2e^x + C$$

(2) 这是幂函数与指数函数的积的积分,仍然选择幂函数为 u,指数函数为 dv,即 $dv=e^{-0.2t}dt$, $u=t$;那么,$v=-\frac{1}{0.2}e^{-0.2t}$, $du=dt$。利用分部积分得到

$$\begin{aligned}\int te^{-0.2t}dt &= -\frac{1}{0.2}e^{-0.2t}t - \int\left(-\frac{1}{0.2}e^{-0.2t}\right)dt = -5te^{-0.2t} - \frac{1}{(0.2)(0.2)}e^{-0.2t} \\ &= -5e^{-0.2t}(t+5) + C\end{aligned}$$

注意,在求 v 的时候实际用了换元积分,一般情况下有

$$\int e^{ax}dx \xrightarrow{ax=u,\, dx=\frac{1}{a}du} \int e^u \frac{du}{a} = \frac{1}{a}\int e^u du = \frac{1}{a}e^u + C = \frac{1}{a}e^{ax} + C$$

(3) 这个积分首先要经过换元变成可以用分部积分求解。被积的指数函数如果是 $e^{f(x)}$,而不是 e^x 的情况,应该首先换元,换元时,令 $y=f(x)$,并且其他变量也都用新变量和它的微分表示。令

$$t=x^2,\quad dt=2xdx,\quad \int x^3 e^{x^2}dx = \int x^2 e^{x^2}\frac{2xdx}{2} = \int te^t\frac{dt}{2} = \frac{1}{2}\int te^t dt$$

这时就可以用分部积分了。再令 $u=t$, $dv=e^t dt$,上述积分可以写成

$$\frac{1}{2}\int te^t dt = \frac{1}{2}(te^t - e^t) + C = \frac{1}{2}(x^2 e^{x^2} - e^{x^2}) + C$$

检查: $$\left(\frac{1}{2}(x^2 e^{x^2} - e^{x^2}) + C\right)' = \frac{1}{2}2xe^{x^2} + \frac{1}{2}x^2 2xe^{x^2} - \frac{1}{2}2xe^{x^2} = x^3 e^{x^2}$$

(4) 这是幂函数与指数函数的积的积分;按照选择 u, dv 使得容易得到 v 的积分的

原则，选择指数函数为 dv，幂函数为 u，因为指数函数的积分很方便，即 $dv=e^x dx$，$u=x^2$；那么，$v=e^x$，$du=2xdx$；利用分部积分公式 $\int u dv = uv - \int v du$ 得到

$$\int x^2 e^x dx = x^2 e^x - 2\int e^x x dx \xrightarrow{u = x, dv = e^x dx; du = dx, v = e^x}$$

$$x^2 e^x - 2xe^x + 2\int e^x dx = x^2 e^x - 2xe^x + 2e^x + C$$

注意：这里我们 2 次使用分部积分的方法。

检查：　　$(x^2 e^x - 2xe^x + 2e^x + C)' = 2xe^x + x^2 e^x - 2e^x - 2xe^x + 2e^x = x^2 e^x$

分析点评：这是幂函数与指数函数的积的积分；选择指数函数为 dv，幂函数为 u，因为指数函数的积分很方便。如果幂函数是复合函数，应该首先使用换元法，简化积分公式。另外，如果幂函数的阶数大于 2 需要多次利用分部积分。

例 3-3　求关于对数函数的不定积分：

(1) $\int (t-1)\ln t dt$；　(2) $\int x\ln(1+x)dx$；　(3) $\int \frac{\ln(1+\sqrt{x})}{2\sqrt{x}}dx$；　(4) $\int x(\ln x)^3 dx$。

解：

(1) $\int (t-1)\ln t dt = \int t\ln t dt - \int \ln t dt$，这是多项式函数与对数函数的积，将多项式函数展开得到多个简单的积分。展开后的 2 个积分仍然用分部积分方法，令 $u=\ln t$，其余项为 dv，第 1 个积分式 $dv = tdt$，$v = \frac{1}{2}t^2$，$du=\frac{1}{t}dt$；第 2 式选取 $dv = dt$，$v= t$，$du=\frac{dt}{t}$，得到

$$\begin{aligned}\int (t-1)\ln t dt &= \int t\ln t dt - \int \ln t dt \\ &= \frac{1}{2}\left(t^2\ln t - \int t^2 \frac{dt}{t}\right) - \left(t\ln t - \int t\frac{dt}{t}\right) \\ &= \frac{t^2}{2}\left(\ln t - \frac{1}{2}\right) - t(\ln t - 1) + C\end{aligned}$$

检查：

$$\begin{aligned}&\left[\frac{t^2}{2}\left(\ln t - \frac{1}{2}\right) - t(\ln t - 1) + C\right]' \\ &= \frac{t^2}{2}t + t\left(\ln t - \frac{1}{2}\right) - 1 - (\ln t - 1) = t\ln t - \ln t \\ &= \ln t(t-1)\end{aligned}$$

(2)这是多项式的对数,这时应该利用换元法将它变换成简单函数。令 $y=1+x$,那么 $x=y-1$,$dy=dx$,写成新变量的积分:$\int(y-1)\ln y dy$,这个表达式与例 3-3(1)相同,只是用了不同的变量,利用例 3-3(1)的结果,得到

$$\int x\ln(1+x)dx \xrightarrow{y=1+x} \int(y-1)\ln y dy \xrightarrow{\text{利用例 3-3(1) 的结果}} \frac{y^2}{2}\left(\ln y-\frac{1}{2}\right)-y(\ln y-1)+C$$

再变换回到原来变量

$$\int x\ln(1+x)dx \xrightarrow{y=1+x} \frac{y^2}{2}\left(\ln y-\frac{1}{2}\right)-y(\ln y-1)+C$$
$$=\frac{(x+1)^2}{2}\left[\ln(x+1)-\frac{1}{2}\right]-(x+1)[\ln(x+1)-1]+C$$

检查:$\left\{\frac{(x+1)^2}{2}\left[\ln(x+1)-\frac{1}{2}\right]-(x+1)[\ln(x+1)-1]+C\right\}'$

$$=\frac{(x+1)}{2}+(x+1)\left[\ln(x+1)-\frac{1}{2}\right]-1-\ln(x+1)+1=x\ln(x+1)$$

(3)这个题目与上题类似,为多项式的对数。所以先用换元法将其简化。

令 $t=1+\sqrt{x}$,那么 $dt=-\frac{1}{2\sqrt{x}}dx$,积分变化成对新变量的积分

$$\int\frac{\ln(1+\sqrt{x})}{2\sqrt{x}}dx \xrightarrow{t=1+\sqrt{x}} \int\ln t dt \xrightarrow{u=\ln t,dv=dt;v=t,du=\frac{dt}{t}}$$

$$-t\ln t+t+C \xrightarrow{t=1+\sqrt{x}} -(1+\sqrt{x})\ln(1+\sqrt{x})+\sqrt{x}+C$$

检查: $[-(1+\sqrt{x})\ln(1+\sqrt{x})+\sqrt{x}+C]'$

$$=\frac{1+\sqrt{x}}{1+\sqrt{x}}\frac{1}{2\sqrt{x}}+\frac{\ln(1+\sqrt{x})}{2\sqrt{x}}-\frac{1}{2\sqrt{x}}=\frac{\ln(1+\sqrt{x})}{2\sqrt{x}}$$

(4)对积分 $\int x(\ln x)^3dx$ 使用分部积分,令 $u=(\ln x)^3$,那么 $du=\frac{3}{x}(\ln x)^2dx$;$dv=xdx$,那么 $v=\frac{x^2}{2}$,得到

$$\int x(\ln x)^3dx=\frac{x^2}{2}(\ln x)^3-\frac{3}{2}\int x(\ln x)^2dx$$

再次使用分部积分方法,令 $u=(\ln x)^2$,得到 $du=\frac{2}{x}\ln x dx$;$dv=xdx$,得到$v=\frac{x^2}{2}$,

$\frac{3}{2}\int x(\ln x)^2\mathrm{d}x$ 积分为

$$\int x(\ln x)^2\mathrm{d}x=\frac{x^2}{2}(\ln x)^2-\int x\cdot\ln x\mathrm{d}x$$

对 $\int x\cdot\ln x\mathrm{d}x$ 第 3 次使用分部积分，令 $u=\ln x$，得到 $\mathrm{d}u=\frac{1}{x}\mathrm{d}x$；$\mathrm{d}v=x\mathrm{d}x$，得到 $v=\frac{x^2}{2}$，最后一项的积分结果为

$$\int x\ln x\mathrm{d}x=\frac{x^2}{2}\ln x-\frac{1}{4}x^2+C$$

3 次使用分部积分后得到结果

$$\int x(\ln x)^3\mathrm{d}x=\frac{x^2}{2}(\ln x)^3-\frac{3}{4}x^2(\ln x)^2+\frac{3}{4}x^2\ln x-\frac{3}{8}x^2+C$$

检查：$\left\{\frac{x^2}{2}(\ln x)^3-\frac{3}{4}x^2(\ln x)^2+\frac{3}{4}x^2\ln x-\frac{3}{8}x^2+C\right\}'$

$$=\frac{3x}{2}(\ln x)^2+x(\ln x)^3-\frac{3}{2}x\ln x-\frac{3x}{2}(\ln x)^2+\frac{3}{4}x+\frac{3}{2}x\ln x-\frac{3}{4}x$$

$$=x(\ln x)^3$$

分析点评：对数函数与幂函数积的积分，一般用分部积分的方法，选择原则：u 选对数函数，而幂函数为 $\mathrm{d}v$；如果是多项式的对数，就要考虑首先使用换元法将被积函数简化。因此，换元法和分部积分法的联合使用能简化积分过程。对于复杂的积分结果一定要通过求导检查核对你的结果。

例 3-4 分部积分与定积分，求下列定积分：

(1) $\int_0^1(x+1)e^x\mathrm{d}x$；(2) $\int_1^2\ln\left(\frac{x}{2}\right)\mathrm{d}x$；(3) $\int_1^e\frac{\ln x}{x\sqrt{3+\ln x}}\mathrm{d}x$。

解：

(1) $\int_0^1(x+1)e^x\mathrm{d}x=\int_0^1 xe^x\mathrm{d}x+\int_0^1 e^x\mathrm{d}x=(xe^x-e^x)\Big|_0^1+e^x\Big|_0^1=e$；

(2) $\int_1^2\ln\left(\frac{x}{2}\right)\mathrm{d}x\xrightarrow{u=\ln\left(\frac{x}{2}\right),\mathrm{d}v=\mathrm{d}x}\left[x\ln\left(\frac{x}{2}\right)-x\right]\Big|_1^2=2\ln 1-2-\ln 0.5+1$

$=-0.3069$；

(3) $\int_1^e\frac{\ln x}{x\sqrt{3+\ln x}}\mathrm{d}x=\int_1^e\frac{\ln x}{\sqrt{3+\ln x}}\frac{\mathrm{d}x}{x}$，对这个积分，首先换元。

令 $t=\ln x$，得到 $\mathrm{d}t=\frac{\mathrm{d}x}{x}$；同时变换为新变量的积分上下限，$x=1,t=0$；$x=e,t=$

1。得到关于新变量的积分：

$$\int_1^e \frac{\ln x}{x\sqrt{3+\ln x}}dx=\int_1^e \frac{\ln x}{\sqrt{3+\ln x}}\frac{dx}{x}=\int_0^1 \frac{t}{\sqrt{3+t}}dt$$

再次使用换元法，令根式下的表达式为新变量，即 $u=3+t, du=dt; t=u-3$；再变换为新变量的积分上下限：$t=0, u=3; t=1, u=4$，得到关于又一个新变量的积分：

$$\int_1^e \frac{\ln x}{x\sqrt{3+\ln x}}dx=\int_1^e \frac{\ln x}{\sqrt{3+\ln x}}\frac{dx}{x}=\int_0^1 \frac{t}{\sqrt{3+t}}dt=\int_3^4 \frac{u-3}{\sqrt{u}}du$$

$$=\frac{2}{3}u^{\frac{3}{2}}-6u^{\frac{1}{2}}\Big|_3^4=0.2615$$

分析点评：计算定积分首先要求出一个原函数。所以各种求不定积分的方法都是重要的工具。

4. 查积分表的积分方法

例 4-1 用查积分表的方法求下列积分：（积分表在本书配套教材 Raymond A Barnett 等著《College Mathematics》第 1 055 页）

(1) $\int \frac{1}{(1+2x)^2(3+4x)}dx$； (2) $\int \frac{1}{x^2\sqrt{9-x^2}}dx$； (3) $\int \frac{t^2}{\sqrt{4t^2-9}}dt$；

(4) $\int_{-1}^2 x\sqrt{x^4+1}dx$。

解：

(1) 这个积分与积分表中关于 $(a+bu)(c+du)$ 的公式 18 一致：

$$\int \frac{1}{(a+bu)^2(c+du)}du=\frac{1}{ad-bc}\frac{1}{a+bu}+\frac{d}{(ad-bc)^2}\ln\left|\frac{c+du}{a+bu}\right|$$

其中 $a=1, b=2, c=3, d=4$，代入得到

$$\int \frac{1}{(1+2x)^2(3+4x)}dx=-\frac{1}{2(1+2x)}+\ln\left|\frac{3+4x}{1+2x}\right|+C$$

(2)这个积分与积分表中关于 $\sqrt{a^2-u^2}$ 的公式 30 一致：

$$\int \frac{1}{u^2\sqrt{a^2-u^2}}du=-\frac{\sqrt{a^2-u^2}}{a^2u}$$

其中 $a=3$，代入得到

$$\int \frac{1}{x^2\sqrt{9-x^2}}dx=-\frac{\sqrt{9-x^2}}{9x}+C$$

(3)这个积分与积分表中关于 $\sqrt{u^2-a^2}$ 的公式 44 比较一致：

$$\int \frac{u^2}{\sqrt{u^2-a^2}}du = \frac{1}{2}(u\sqrt{u^2-a^2}+a^2\ln\left|u+\sqrt{u^2-a^2}\right|)$$

但表达式不完全相同。要使用积分表的公式 44，必须首先进行换元，令 $u=2t$，那么 $du=2dt$，$t=\frac{u}{2}$，将原来的积分完全用新变量表示：

$$\int \frac{t^2}{\sqrt{4t^2-9}}dt \xrightarrow{u=2t} \frac{1}{8}\int \frac{u^2}{\sqrt{u^2-9}}du \xrightarrow{a=3} \frac{1}{8}(u\sqrt{u^2-9}+9\ln\left|u+\sqrt{u^2-9}\right|)+C$$

换回到原来的变量得到

$$\int \frac{t^2}{\sqrt{4t^2-9}}dt \xrightarrow{u=2t} \frac{1}{8}\int \frac{u^2}{\sqrt{u^2-9}}du = \frac{1}{8}(u\sqrt{u^2-9}+9\ln\left|u+\sqrt{u^2-9}\right|)+C$$

$$= \frac{1}{8}(2t\sqrt{4t^2-9}+9\ln\left|2t+\sqrt{4t^2-9}\right|)+C$$

(4)首先用不定积分的方法得到原函数。积分表中没有和它直接对应的公式，所以首先换元。令 $u=x^2$，得到，$du=2xdx$；同时变换积分的上下限：$x=-1$，$u=1$；$x=2$，$u=4$，得到新变量的积分：

$$\int_{-1}^{2} x\sqrt{x^4+1}dx \xrightarrow{u=x^2} \frac{1}{2}\int_1^4 \sqrt{u^2+1}du \xrightarrow{\text{公式 }32,\,a=1}$$

$$\frac{1}{2}\left\{\frac{1}{2}\left[u\sqrt{u^2+1}+\ln(u+\sqrt{u^2+1})\right]\Big|_1^4\right\} = 2.140\,1$$

分析点评：积分表是一个非常有用的工具，应该熟悉它的使用。是用积分表时可能会遇到没有完全对应的表格，这时就考虑使用换元法，将被积分函数写成新变量的表达式，往往能找到对应的积分表。

三、自测题及答案

自测题

1. (15 分)Find the area between the graph of $y=x^2-4$ and the x axis over the

interval(0,3).

2. (20 分)Find the area bounded by $y_1=x^2-2x-3$, $y_2=2x-3$.

3. (10 分) The continuous income rate of flow for a vending machine is given by $f(t)=1\,000e^{0.04t}$, where t is time in years since the installation of the machine. Then, the continuous income stream is invested as it is received at 9% compounded continuously. Find the future value (to the nearest dollar) at the end of 5-year period.

4. (10 分)A manufacturer guarantees a product for 1 year. The time to failure of the product after it is sold is given by the probability density function:

$$f(t)=\begin{cases}0.01e^{-0.01t}, & \text{if } t\geqslant 0\\ 0, & t<0\end{cases}$$

where t is time in months.

What is the probability that a buyer chosen at random will have a product failure:

求:(1) During the warranty period?

(2) During the second year after purchase?

5. (15 分)Find the consumers' surplus and the producers' surplus at the equilibrium price level for the given price-demand equation: $p=D(x)=50-0.15x$, and price-supply equation: $p=S(x)=8+0.05x$. (Round all values to the nearest integer)

6. (10 分)Find the indefinite integrals:

(1) $\int x\ln(2x)\,dx$; (2) $\int (x-2)\ln x\,dx$; (3) $\int \frac{\ln x}{\sqrt{x}}dx$

7. (20 分) Find the indefinite integrals:

(1) $\int t^2e^{at}\,dt$; (2) $\int xe^{x-2}\,dx$; (3) $\int x^3e^{x^2}\,dx$

解答

1. x 在(0,3)区间内,求曲线 $y=x^2-4$ 与 x 轴间的面积。

解:

(1)首先作函数的图像,如图 5-11 所示。

(2)求曲线与 x 轴交点：

$$y=x^2-4=0$$

交点为 $x=-2, x=2$

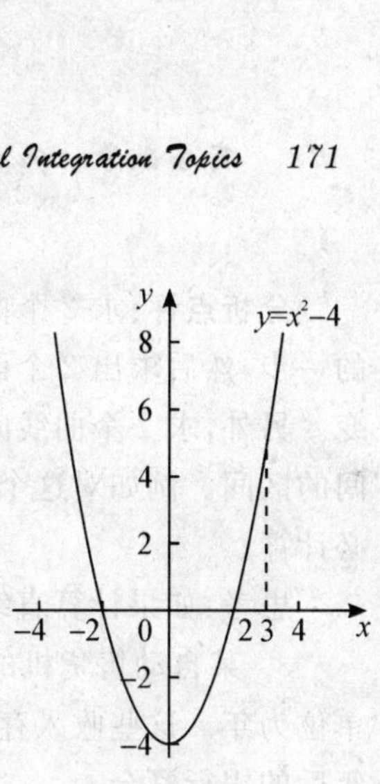

图 5-11

(3)确定图像与 x 轴的相对位置：

x 在区间(0, 2)时曲线在 x 轴下方；

x 在区间(2, 3)时曲线在 x 轴上方；

(4)求面积 A：

$$A=\int_0^2 -(x^2-4)\mathrm{d}x+\int_2^3 (x^2-4)\mathrm{d}x$$

$$=\left(-\frac{x^3}{3}+4x\right)\Big|_0^2+\left(\frac{x^3}{3}-4x\right)\Big|_2^3$$

$$=7.667$$

分析点评:这是求曲线与 x 轴间的面积问题,必须判断曲线与 x 轴的相对位置:是在 x 轴上,还是在 x 轴下。在 x 轴下要加负号,以保证面积是正的。所以画出函数的简图非常必要,然后找出曲线与 x 轴的交点,就能将积分分成几段,分别计算。

2. 求两曲线 $y_1=x^2-2x-3, y_2=2x-3$ 间的面积。

解:这是求 2 个曲线间的图形的面积,没有给出计算的区间,所以首先做简图,然后确定积分区间,再求面积。

(1)首先作函数的图像，如图 5-12 所示。

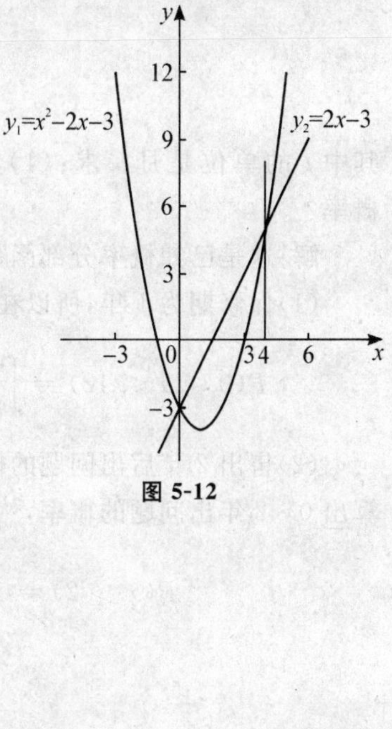

图 5-12

(2)求 2 个曲线的交点：

$$x^2-2x-3=2x-3 \rightarrow x^2-4x=0;\quad x=0, x=4$$

曲线在区间(0,4)的图形的面积是有界,确定了积分区间。

(3)确定 2 个图像的相对位置：在区间 (0, 4)内 $y_2>y_1$。

(4)求面积 A：

$$A=\int_0^4 (y_2-y_1)\mathrm{d}x=\int_0^4 (4x-x^2)\mathrm{d}x$$

$$=\left(2x^2-\frac{x^3}{3}\right)\Big|_0^4=10.6667$$

分析点评:求 2 个曲线间的面积必须明确哪个曲线在上,所以作函数的简图是必要的一步,然后求出 2 个函数的焦点,交点的两侧,函数图像的上下相对位置往往发生改变。另外,求 2 个曲线间的面积只计算 2 个曲线围成的有限的面积,所以往往是交点之间的区间。例如对这个题目,$x>4$ 和 $x<-1$ 区间它们的面积是无限大,没有意义,不必计算。

思考:如果计算直线 $x=0$, $x=5$ 与这 2 个曲线围成的面积,应该如何分积分区间?

3. 某自动售货机的收入为 $f(t)=1\,000e^{0.04t}$,其中 t 是自动售货机安装后的时间,单位为年。这些收入存入银行,银行以 9%的连续复利计算。求这个自动售货机安装 5 年后的银行资金。

解:这是连续收入流的问题。已知收入流的变化率和利率,求终值(FV)。

$$FV = e^{rT}\int_0^T f(t)e^{-rt}\,dt = e^{0.09(5)}\int_0^T 1\,000e^{-0.04t}e^{-0.09t}\,dt = 1\,000e^{0.45}\int_0^T e^{-0.13t}\,dt$$

$$=-\frac{1\,000e^{0.4}}{0.13}e^{-0.13t}\Big|_0^5 = 5\,766.01$$

分析点评:连续收入流的终值计算中要对时间的单位按照公式的规定代入。有些是以年为单位,而有些是以月为单位,一定要看清题目的叙述。终值计算的精度有 2 种情况:一种是精确到元(rounded to the nearest dollar);另一种是给出计算的位数(find answers to two (four)decimal places——指计算到 2 (4) 位小数)。

4. 某产品的保修期为 1 年,这种产品出售后出问题的概率分布函数为:

$$f(t)=\begin{cases}0.01e^{-0.01t}, & t\geqslant 0\\ 0, & t<0\end{cases}$$

其中 t 的单位是月。求:(1)在保修期内出问题的概率?(2)售出 2 年后出问题的概率?

解:这是已知概率分部函数求概率的问题。

(1)保修期为 1 年,所以在保修期出问题的概率为

$$P(0\leqslant x\leqslant 12)=\int_0^{12} 0.01e^{-0.01t}\,dt = -e^{-0.01t}\Big|_0^{12} = 0.113 = 11.3\%$$

(2)售出 2 年后出问题的概率,这个表示了所有大于 2 年的概率。我们可以首先计算出 0~2 年出问题的概率,然后用总概率减去得到。

$$P(x>2)=1-P(0\leqslant x\leqslant 2)=1-\int_0^{24} 0.01e^{-0.01t}\,dt$$

$$= 1 - \left(-e^{-0.01t} \Big|_0^{24} \right) = 0.787 = 78.7\%$$

分析点评：不但能计算随机变量在某个区间的概率，也应该能利用概率分部函数在全部实数域的积分等于 1 的性质$\left(\int_{-\infty}^{+\infty} f(t)\mathrm{d}t = 1\right)$计算随机变量大于某个特定值的概率。

5. 已知价格-需求关系方程为 $p = D(x) = 50 - 0.15x$；价格-供应量关系方程为 $p = S(x) = 8 + 0.05x$。求消费者的节余（CS）和生产者的盈余（PS）（结果近似到接近的整数）。

解：

(1) 首先求均衡量和均衡价格：令 $D(x) = S(x)$，即

$$50 - 0.15x = 8 + 0.05x$$

解这个方程得到均衡量 $\bar{x} = 210$。代入价格-需求关系方程，得到均衡价格：$\bar{p} = 50 - 0.15\bar{x} = 18.5$（也可以代入价格-供应量关系方程，得到同样结果）。

(2) 消费者的节余

$$CS = \int_0^{\bar{x}} [D(x) - \bar{p}]\mathrm{d}x = \int_0^{210} (31.5 - 0.15x)\mathrm{d}x$$

$$= (31.5x - 0.075x^2)\Big|_0^{210} = 3\,308$$

(3)生产者的盈余

$$PS = \int_0^{\bar{x}} [\bar{p} - S(x)]\mathrm{d}x = \int_0^{210} (10.5 - 0.05x)\mathrm{d}x$$

$$= (10.5x - 0.025x^2)\Big|_0^{210} = 1\,103$$

分析点评：题目的步骤非常清晰，希望能掌握这个方法。首先，利用价格相等的原理求出均衡的数量。然后，代入价格方程求出均衡的价格。注意：计算消费者的节余（CS）时是 $D(x) - \bar{p}$；而计算生产者的盈余时是 $\bar{p} - S(x)$，两者不同。

6. 求下列不定积分：

(1) $\int x\ln(2x)\mathrm{d}x$； (2) $\int (x-2)\ln x\mathrm{d}x$； (3) $\int \frac{\ln x}{\sqrt{x}}\mathrm{d}x$。

解：

$$(1) \int x\ln(2x)\mathrm{d}x \xrightarrow[\mathrm{d}u = \frac{1}{x}\mathrm{d}x,\ v = \frac{1}{2}x^2]{u = \ln(2x),\ \mathrm{d}v = x\mathrm{d}x} \frac{x^2\ln(2x)}{2} - \frac{1}{2}\int x\mathrm{d}x = \frac{x^2\ln(2x)}{2} - \frac{1}{4}x^2 + C$$

(2) $\int(x-2)\ln x\mathrm{d}x=\int x\ln x\mathrm{d}x-2\int\ln x\mathrm{d}x$ 这 2 个积分的 u 的选择相同 $u=\ln x$，但 $\mathrm{d}v$ 的选择不同，第 1 式：$\mathrm{d}v=x\mathrm{d}x, v=\frac{1}{2}x^2$；第 2 式：$\mathrm{d}v=\mathrm{d}x, v=x$。分部积分得到

$$\int(x-2)\ln x\mathrm{d}x=\int x\ln x\mathrm{d}x-2\int\ln x\mathrm{d}x=\frac{x^2}{2}\ln x-\frac{1}{2}\int x\mathrm{d}x-2x\ln x+2\int\mathrm{d}x$$

$$=\frac{x^2}{2}\ln x-\frac{x^2}{4}-2x\ln x+2x+C$$

(3) $$\int\frac{\ln x}{\sqrt{x}}\mathrm{d}x\xrightarrow[\mathrm{d}u=\frac{1}{x}\mathrm{d}x,\,v=2x^{1/2}]{u=\ln x,\,\mathrm{d}v=x^{-1/2}\mathrm{d}x}2x^{1/2}\ln x-2\int x^{-1/2}\mathrm{d}x=2x^{1/2}\ln x-4x^{1/2}+C$$

分析点评：这是典型的分部积分的题目：对数函数与幂函数的积的积分。注意 u 和 $\mathrm{d}v$ 的选择规律，选对数函数为 u，幂函数为 $\mathrm{d}v$，这对分部积分是非常重要的。

7. 求下列不定积分：

(1) $\int t^2\mathrm{e}^{at}\mathrm{d}t$；　(2) $\int x\mathrm{e}^{x-2}\mathrm{d}x$；　(3) $\int x^3\mathrm{e}^{x^2}\mathrm{d}x$。

解：

(1)这是幂函数与指数函数的积分。利用分部积分法，应该选择：$u=t^2, \mathrm{d}v=\mathrm{e}^{at}\mathrm{d}t$，那么：$\mathrm{d}u=2t\mathrm{d}t, v=\frac{1}{a}\mathrm{e}^{at}$，积分变成

$$\int t^2\mathrm{e}^{at}\mathrm{d}t=\frac{1}{a}t^2\mathrm{e}^{at}-\frac{2}{a}\int t\mathrm{e}^{at}\mathrm{d}t$$

再使用分部积分，$u=t, \mathrm{d}v=\mathrm{e}^{at}\mathrm{d}t$，那么

$$\mathrm{d}u=\mathrm{d}t,\quad v=\frac{1}{a}\mathrm{e}^{at}$$

得到

$$\int t^2\mathrm{e}^{at}\mathrm{d}t=\frac{1}{a}t^2\mathrm{e}^{at}-\frac{2}{a}\int t\mathrm{e}^{at}\mathrm{d}t=\frac{1}{a}t^2\mathrm{e}^{at}-\frac{2}{a^2}t\mathrm{e}^{at}+\frac{2}{a^2}\int\mathrm{e}^{at}\mathrm{d}t$$

$$=\frac{1}{a}t^2\mathrm{e}^{at}-\frac{2}{a^2}t\mathrm{e}^{at}+\frac{2}{a^2}\mathrm{e}^{at}+C$$

(2)首先使用换元法，令 $t=x-2, x=t+2, \mathrm{d}x=\mathrm{d}t$，积分化成

$$\int x\mathrm{e}^{x-2}\,\mathrm{d}x \to \int (t+2)\mathrm{e}^t\,\mathrm{d}t = \int t\mathrm{e}^t\,\mathrm{d}t + 2\int \mathrm{e}^t\,\mathrm{d}t$$

对第 1 式分部积分，令 $u=t,\mathrm{d}v=\mathrm{e}^t\,\mathrm{d}t$，那么 $\mathrm{d}u=\mathrm{d}t,v=\mathrm{e}^t$，积分变为

$$\int x\mathrm{e}^{x-2}\,\mathrm{d}x \to \int (t+2)\mathrm{e}^t\,\mathrm{d}t = \int t\mathrm{e}^t\,\mathrm{d}t + 2\int \mathrm{e}^t\,\mathrm{d}t = t\mathrm{e}^t - \int \mathrm{e}^t\,\mathrm{d}t + 2\int \mathrm{e}^t\,\mathrm{d}t = t\mathrm{e}^t + \mathrm{e}^t + C$$

变回到原来的自变量：

$$\begin{aligned}\int x\mathrm{e}^{x-2}\,\mathrm{d}x &\to \int (t+2)\mathrm{e}^t\,\mathrm{d}t = \int t\mathrm{e}^t\,\mathrm{d}t + 2\int \mathrm{e}^t\,\mathrm{d}t = t\mathrm{e}^t - \int \mathrm{e}^t\,\mathrm{d}t + 2\int \mathrm{e}^t\,\mathrm{d}t \\ &= t\mathrm{e}^t + \mathrm{e}^t + C = (x-2)\mathrm{e}^{(x-2)} + \mathrm{e}^{(x-2)} + C = \mathrm{e}^{(x-2)}(x-1) + C\end{aligned}$$

(3)对这个积分首先进行换元，令 $x^2=t,\mathrm{d}t=2x\mathrm{d}x$ ，积分转化为

$$\int x^3\mathrm{e}^{x^2}\,\mathrm{d}x \Rightarrow \frac{1}{2}\int t\mathrm{e}^t\,\mathrm{d}t$$

对这个积分再分部积分。令 $u=t,\mathrm{d}v=\mathrm{e}^t\,\mathrm{d}t$ ，那么 $\mathrm{d}u=\mathrm{d}t,v=\mathrm{e}^t$，积分变为

$$\int x^3\mathrm{e}^{x^2}\,\mathrm{d}x \Rightarrow \frac{1}{2}\int t\mathrm{e}^t\,\mathrm{d}t = \frac{1}{2}(t\mathrm{e}^t - \mathrm{e}^t) + C \xrightarrow{t=x^2} \frac{1}{2}\mathrm{e}^{x^2}(x^2-1) + C$$

分析点评：这是分部积分与换元法联合应用的积分的题目：需要首先换元，然后分部积分。另外对指数函数与幂函数的积的积分，注意 u 和 $\mathrm{d}v$ 的选择规律，选幂函数为 u，指数函数为 $\mathrm{d}v$。

建议：这是体现本章要求的测验题，要求读者在 120 分钟内完成。对于积分的结果应该通过微分核对，希望能养成这种习惯。

第六章　多元函数的微积分

Multivariable Calculus

主要内容和概念

典型例题解析

自测题及答案

前面研究微积分时涉及的函数都仅含有一个自变量，这种函数称为一元函数。所以，我们前面学习的是一元函数的微积分问题。这一章我们将已经学习的一元函数的微积分的概念扩展到含有多个自变量的函数，也就是研究多元函数的微积分以及应用。本章主要讨论多元函数，多元函数的偏微分的概念，多元函数的极值和条件极值，最小二乘法和重积分的概念。

本章的重点和难点：偏微分的概念、多元函数的极值和重积分。

一、主要内容和概念

第一节 多元函数
Functions of several variables

函数还可以按照自变量(independent variable)的个数分类。如果函数只有1个自变量,称为一元函数,如 $y=f(x)$;有多于1个自变量的函数称为多元函数。含有2个自变量的函数称为二元函数,如 $z=f(x,y)=2x+3y-5$。

例如,某企业生产2种产品,甲的成本是20元/个,乙的成本是12元/个,固定成本200元/月。如果每月生产甲 x 个,乙 y 个,总成本 C 显然是 x,y 的函数:

$$C(x,y)=200+20x+12y$$

总成本 C 是一个二元函数。

日常生活中多元函数的例子很多,如:

矩形的面积 A 是其长和宽的函数,$A(x,y)=xy$,是二元函数。

圆柱体的体积 V 是其半径和高的函数,$V(r,h)=\pi r^2 h$,是二元函数。

立方体的体积 V 是其长、宽和高的函数,$V(x,y,z)=xyz$,是三元函数。

二元函数的图形需要3个坐标轴表示,2个是自变量(x,y),1个表示因变量(z)。x,y,z 坐标系是一种三维坐标系(three-dimensional coordinate systems),还有其他形式的三维坐标系,如柱坐标系和球坐标等。

第二节 偏导数
Partial derivatives

这里我们讨论多元函数的导数。

1. 偏导数（Partial derivative）

由于多元函数有多个自变量，每一个自变量的变化都会引起函数的变化。所以，我们分别讨论只有某一个自变量有微小的变化，而其他自变量保持不变，这种变化率的极限称为函数对于这个自变量的偏导数。例如，函数 f 对自变量 x 的偏导数（the partial derivative of f with respect to x）表示为

$$f_x = \frac{\partial f}{\partial x}$$

同样，也有 f 对自变量 y 的偏导数（the partial derivative of f with respect to y），表示为

$$f_y = \frac{\partial f}{\partial y}$$

根据上述的定义，我们得到求偏导数的方法：在求对于 x 的偏导数时将其他自变量视为常数，然后按照一元函数求导的方法计算出对 x 的导数就是对于 x 的偏导数。其他类似。

因此，我们前面学的所有求导数的方法都能用于计算偏导数，如积的导数、商的导数、复合函数的链式法则等。

2. 二阶偏导数（Second-order partial derivatives）

一般多元函数的一阶偏导数仍然是一个多元函数，对这个多元函数还可以求它的偏导数，一阶偏导函数的偏导数称为二阶偏导数。对于一个二元函数，它的一阶偏导数一般仍然是二元函数，所以还可以继续求它的偏导数。

二阶偏导数的定义：函数 $z = f(x,y)$ 的二阶偏导数为

$$f_{xx} = f_{xx}(x,y) = \frac{\partial^2 z}{\partial x^2} = \frac{\partial}{\partial x}\left(\frac{\partial z}{\partial x}\right)$$

$$f_{xy} = f_{xy}(x,y) = \frac{\partial^2 z}{\partial x \partial y} = \frac{\partial}{\partial y}\left(\frac{\partial z}{\partial x}\right)$$

$$f_{yx} = f_{yx}(x,y) = \frac{\partial^2 z}{\partial y \partial x} = \frac{\partial}{\partial x}\left(\frac{\partial z}{\partial y}\right)$$

$$f_{yy} = f_{yy}(x,y) = \frac{\partial^2 z}{\partial y \partial y} = \frac{\partial}{\partial y}\left(\frac{\partial z}{\partial y}\right)$$

f_{xy} 和 f_{yx} 又称为混合偏导数，下标表示的是求导的先后顺序。f_{xy} 表示函数 f 先对 x 求偏导，然后再对偏导函数求对 y 的偏导数；而 f_{yx} 则表示函数 f 先对 y 求偏导，然后再对偏导函数求对 x 的偏导数。可以证明：$f_{xy} = f_{yx}$，表示二阶混合偏导数与求偏导的顺序无关。

第三节　多元函数的极大和极小值

Maxima and minima

我们将前面学过的一元函数的极值扩展到多元函数。首先讨论二元函数的局部极值问题。

首先，假设我们这里讨论的多元函数的二阶偏导函数存在，简单地从图形上判断，要求函数的图形没有不连续点（没有断开的点、尖锐的拐角或突然的升高点）。

多元函数局部极值点的定义： x,y 是在以 a,b 为中心的一个小的圆的范围内任意点，如果满足 $f(a,b) \geqslant f(x,y)$，则称 $f(a,b)$ 为局部最大点。

和上述定义类似：如果满足 $f(a,b) \leqslant f(x,y)$，则称 $f(a,b)$ 为局部最小点。

定理 1　局部极值与偏导数

如果函数 $f(x,y)$ 的偏导数 f_x,f_y 在$(a,\ b)$点存在，并都等于零，即

$$f_x(a,b)=0,\quad f_y(a,b)=0 \tag{6-1}$$

则 $f(a,b)$ 为函数的极值点(极大或极小值)。

这里值得指出的是：函数 $f(x,y)$ 的偏导数 f_x,f_y 等于零是函数在这点(a,b)取得极值的必要条件，并不是充分条件。也就是偏导数等于零的点并不一定都是极值点，例如，在图形的鞍点处的偏导数也等于零，但鞍点不是极值点。

满足式(6-1)的点称为函数的临界点(critical points)。函数的极值点在临界点中产生，但并不是每个临界点都是极值点，还要进一步判断。

定理 2　用二阶偏导函数判断函数的局部极值

如果已知：

(1) $z=f(x,y)$；

(2) $f_x(a,b)=0, f_y(a,b)=0$；

(3)在以(a,b)为中心的小的圆内，函数 $f(x,y)$ 的二阶偏导数存在；

(4)令：$A=f_{xx}(a,b), B=f_{xy}(a,b), C=f_{yy}(a,b)$

第 1 种情况：如果 $AC-B^2>0$，且 $A<0$，那么 $f(a,b)$ 是局部最大；

第 2 种情况：如果 $AC-B^2>0$，且 $A>0$，那么 $f(a,b)$ 是局部最小；

第 3 种情况：如果 $AC-B^2<0$，那么 $f(a,b)$ 是函数的鞍点；

第 4 种情况：如果 $AC-B^2=0$ 是二阶偏导数判断失败，可能是极值点，也可能不是极值点，需要另作判断。

定理 2 给出了利用二阶偏导数在临界点的值,判断函数极值的公式。利用这个定理不仅能判断该临界点是否是极值点,而且能判断极值的类型：极大,极小。

利用定理 2 确定函数的极值点的正确步骤：

(1)找到使函数一阶偏导数等于零的所有的点(函数的临界点),可分为 2 步：首先求出函数的所有一阶偏导函数 $f_x(x,y), f_y(x,y), \cdots$;然后解方程

$$f_x(x,y)=0,\quad f_y(x,y)=0,\cdots$$

得到的解就是函数的临界点($x_1,y_1;x_2,y_2;\cdots$)。

(2)计算二阶偏导函数在每一个临界点的值,即

$$A_1=f_{xx}(x_1,y_1), B_1=f_{xy}(x_1,y_1), C_1=f_{yy}(x_1,y_1),\cdots$$
$$A_2=f_{xx}(x_2,y_2), B_2=f_{xy}(x_2,y_2), C_2=f_{yy}(x_2,y_2),\cdots$$

(3)对每一个临界点,分别计算 $AC-B^2$,利用定理 2 确定每个临界点是否为极值点。

函数的极值在经济分析和商业分析中应用非常广泛,例如如何使得成本为最小,利润最大;或使用的材料一定的情况下如何得到最大的体积等。这类问题又被称为优化(optimization)。

第四节 用拉格朗日乘数确定函数的极大值和极小值
Maxima and minima using Lagrange multipliers

拉格朗日乘数的方法主要用于有约束(constraint)的极值问题,称为条件极值。这类问题的约束条件一般是以约束方程的形式给出,也就是要研究满足一定条件的最大值或最小值。这类问题在实际中大量存在,如表面积一定,求体积最大的长方体的尺寸。对这类问题,需要求出满足约束条件(面积一定)的极大值或极小值。拉格朗日乘数的方法是处理这类问题的一种非常有用的方法。

用拉格朗日乘数的方法求条件极值问题的一般格式为：

求函数 $z=f(x,y)$ 满足如下条件的极值

约束条件为：$g(x,y)=0$

解这类问题的方法是首先在 $f(x,y)$ 和 $g(x,y)$ 的基础上构造一个新的函数 F：

$$F(x,y,\lambda)=f(x,y)+\lambda g(x,y)$$

其中 λ 称为拉格朗日乘数,是一个待定的值。然后解新的函数 F 的极值,将条件极值转

换成新的函数 F 的极值。首先讨论二元函数的条件极值。

定理 1　2 个自变量的函数的拉格朗日乘数法

函数 $z=f(x,y)$ 在 $g(x,y)=0$ 条件下的可能的极大值或极小值点就在下列方程组的解中间：

$$F_x(x,y,\lambda)=0$$
$$F_y(x,y,\lambda)=0$$
$$F_\lambda(x,y,\lambda)=0$$

其中 $F(x,y,\lambda)=f(x,y)+\lambda g(x,y)$，可见新函数已经将约束条件包括进去了。

拉格朗日乘数法求极值的关键步骤：

第一步，将实际的问题写成下列的格式：

求函数 $z=f(x,y)$ 的极值

约束条件：$g(x,y)=0$

第二步，构造 F 函数：

$$F(x,y,\lambda)=f(x,y)+\lambda g(x,y)$$

第三步，解下列方程组，求函数 F 的临界点：

$$F_x(x,y,\lambda)=0$$
$$F_y(x,y,\lambda)=0$$
$$F_\lambda(x,y,\lambda)=0$$

第四步，如果 (x_0,y_0,λ_0) 是函数 F 的唯一临界点，则 (x_0,y_0) 是问题的解；

如果函数 F 的临界多于一个，我们需要计算函数 $z=f(x,y)$ 在每一个临界点的函数值，其中最大者为函数 $z=f(x,y)$ 在条件 $g(x,y)=0$ 的极大值，最小者为函数 $z=f(x,y)$ 在条件 $g(x,y)=0$ 的极小值。

定理 2　有 3 个自变量的函数的拉格朗日乘数法

函数 $w=f(x,y,z)$ 在 $g(x,y,z)=0$ 条件下的可能的极大值或极小值点就在下列方程组的解中间：

$$F_x(x,y,z,\lambda)=0$$
$$F_y(x,y,z,\lambda)=0$$
$$F_z(x,y,z,\lambda)=0$$
$$F_\lambda(x,y,z,\lambda)=0$$

其中
$$F(x,y,z,\lambda)=w(x,y,z)+\lambda g(x,y,z)$$

基本的解题步骤与 2 个自变量的相同。

这个方法可以扩展到任意多个自变量的函数的条件极值问题。

拉格朗日乘数法用于条件极值问题，这是它与上面一节的主要差别。解这 2 类极值问题用的方法不同，所以，读者一定要首先分清研究的问题是哪一个类型的问题，然后根据类型选择求解的方法。

第五节　最小二乘法

Method of least squares

回归分析(regression analysis) 是经济分析中常用的一种方法，它是通过最小二乘的原理将一组数据拟合为初等函数。通过回归分析能帮助确定或寻找某些量的相互关系。

回归分析有多种类型，最常用和基本的是线性回归分析(linear regression)。线性回归分析就是确定能“最好地”代表这组数据的直线的方程。这里所谓的最好就是指实际数据与回归的直线间的误差(residual) 的平方和最小。这样回归分析就成为误差的平方和最小值问题。我们可以用偏导数的方法寻找与实际数据的误差的平方的最小的直线方程。得到的直线方程称为最小二乘直线，或回归直线。其原理如图 6-1 所示。

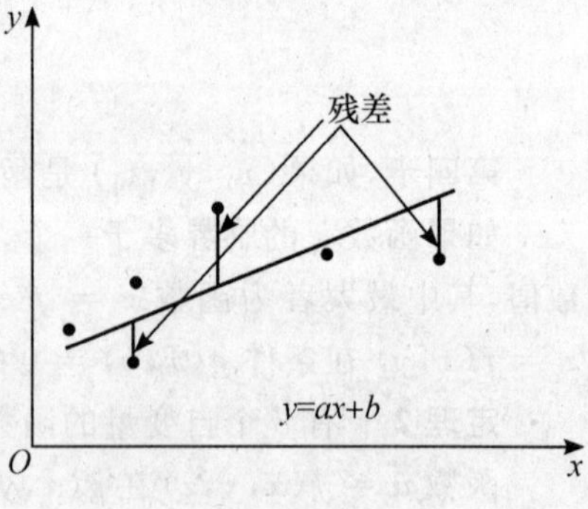

图 6-1

线性回归实际上是确定回归直线的方程的系数 a 和 b，使得误差的平方和最小。满足误差的平方和最小的直线方程的系数 a，b 由下列方法得到。

设有一组数据：(x_1, y_1)，(x_2, y_2)，(x_3, y_3)，…，(x_n, y_n)，我们要寻找满足误差的平方和最小的直线方程 $y = ax + b$ 的系数 a，b。由上图可看出，每一点的误差(residual) 为

$$\text{residual} = y_i - ax_i - b$$

但误差可能有的是正的，有的是负的，所以将每一点的误差取平方，得到

$$(\text{residual})^2 = (y_i - ax_i - b)^2$$

各点误差平方的和显然是与回归直线方程的系数 a，b 有关。各点误差平方的和的

表达式 $F(a,b)$ 为：

$$F(a,b)=\sum_{i=1}^{n}(y_i-ax_i-b)^2$$

式中：a，b 是待确定的系数；x_i，y_i是已知的数据。要使得误差的平方和最小，实际上是求 $F(a,b)$的最小值。我们可以利用第六章第三节中的偏导数等于零为它的极值的原理。因为 $F(a,b)$表示的是 n 个误差的平方和，不可能有极大值。分别计算 $F(a,b)$对 a 和 b 的偏导数

$$\frac{\partial}{\partial a}F(a,b)=F_a(a,b)=2\sum_{i=1}^{n}(y_i-ax_i-b)^2(-x_i)$$

$$=0\rightarrow a\sum_{i=1}^{n}(x_i^2)+b\sum_{i=1}^{n}x_i=\sum_{i=1}^{n}(y_ix_i) \tag{6-2}$$

$$\frac{\partial}{\partial b}F(a,b)=F_b(a,b)=2\sum_{i=1}^{n}(y_i-ax_i-b)^2(-1)$$

$$=0\rightarrow a\sum_{i=1}^{n}x_i+nb=\sum_{i=1}^{n}y_i \tag{6-3}$$

从上述 2 个方程解出 a 和 b ：

$$a=\frac{n\sum_{i=1}^{n}x_iy_i-\sum_{i=1}^{n}x_i\cdot\sum_{i=1}^{n}y_i}{n\left(\sum_{i=1}^{n}x_i^2\right)-\left(\sum_{i=1}^{n}x_i\right)^2} \tag{6-4}$$

$$b=\frac{\sum_{i=1}^{n}y_i-a\sum_{i=1}^{n}x_i}{n} \tag{6-5}$$

使用的时候，先利用公式(6-4)解出系数 a，然后利用式(6-5)解出系数 b。在使用式(6-4)时注意分母中的 2 个求和的差别：第 1 个是先将 x_i平方，然后求 n 个平方的和；第 2 个则是先将 n 个 x_i求和，然后将求和数平方。

为方便计算，一般作成表格的格式。请参考配套教材 Raymond A Barnett 等著《College Mathematics》第 943 页的表 5。

第六节　在矩形域内的二重积分

Double integrals over rectangular regions

这一节讨论多元函数的偏导数的原函数及其应用。

多元函数的不定积分　对于二元函数，我们可以求它对于其中任何一个变量的积分。求多元函数对某一个自变量的积分的过程和求对这个自变量的偏导数是逆运算。例如 $f(x,y)$对 x 的积分，将其他自变量(y)视为不变的常量，仅 x 是自变量，求积分的过程就和前面学过的一元函数的积分过程相同。不同的是积分常数。对一元函数积分常数是一个常数，但对于多元函数，积分常数可能是另一个变量的任意函数。

多元函数的定积分　求多元函数的定积分，我们仍然可以使用微积分学的基本定理：首先求出它的不定积分(得到原函数)，然后使积分常数为零，再计算原函数在积分上下限的差。但要注意，一般情况，对于 x 的定积分是另一变量 y 的函数。所以，如果继续再求对变量 y 的积分，则得到一个实数。

二重积分的定义　二重积分是函数 $f(x,y)$ 在一个矩形域 R 内的积分；R 为积分区间，它定义了 2 个自变量的变化范围：$R=\{(x,y)\mid a\leqslant x\leqslant b,c\leqslant y\leqslant d\}$，函数 $f(x,y)$ 的二重积分表示为

$$\iint_R f(x,y)\mathrm{d}A=\int_a^b\left[\int_c^d f(x,y)\mathrm{d}y\right]\mathrm{d}x=\int_c^d\left[\int_a^b f(x,y)\mathrm{d}x\right]\mathrm{d}y$$

如同一元函数在某个区间的平均值类似，我们可以利用重积分计算二元函数在某个矩形区间的平均值。

二元函数 $f(x,\ y)$在某个矩形区间 R，$R=\{(x,y)\mid a\leqslant x\leqslant b,c\leqslant y\leqslant d\}$的平均值为

$$\frac{1}{(b-a)(d-c)}\iint_R f(x,y)\mathrm{d}A \qquad (6\text{-}6)$$

利用二重积分求体积　与一元函数的积分求面积的过程类似，二元函数的二重积分可以用于求曲面下的实体的体积。

如果在矩形区间 $R=\{(x,y)\mid a\leqslant x\leqslant b,c\leqslant y\leqslant d\}$内，且 $f(x,y)>0$；那么，在 R

域与曲面 $f(x,y)$ 间的柱状体的体积为

$$V=\iint_R f(x,y)\mathrm{d}A \tag{6-7}$$

二、典型例题解析

本章例题分5个部分：多元函数的偏导数，利用偏导数求多元函数的极值，条件极值的拉格朗日乘数方法，最小二乘法和重积分。

1. 多元函数的偏导数

例 1-1 已知 $f(x,y)=5+3x^3y-x^2y^2+4xy^3+y^4$，求：

(1) $\dfrac{\partial f}{\partial x}$；(2) $\dfrac{\partial f}{\partial y}$；(3) $f_x(1,2)$；(4) $f_y(1,2)$。

解：

(1) $\dfrac{\partial}{\partial x}(5+3x^3y-x^2y^2+4xy^3+y^4)=9x^2y-2xy^2+4y^3$；

(2) $\dfrac{\partial}{\partial y}(5+3x^3y-x^2y^2+4xy^3+y^4)=3x^3-2x^2y+12xy^2+4y^3$；

(3) $f_x(1,2)=(9x^2y-2xy^2+4y^3)\Big|_{x=1,y=2}=42$；

(4) $f_y(1,2)=(3x^3-2x^2y+12xy^2+4y^3)\Big|_{x=1,y=2}=79$。

分析点评：对一个变量求偏导数的时候，将另一个变量视为常数，例如，上式对 x 求偏导数时，y 被视为常数，所以 y^4 的导数为0。而对 y 求偏导数时，x 被视为常数，所以 $3x^3y$ 的导数为 $3x^3$。

例 1-2 已知 $f(x,y)=5+3x^3y-x^2y^2+4xy^3+y^4$，求：

(1) $\dfrac{\partial^2 f}{\partial x^2}$；(2) $\dfrac{\partial^2 f}{\partial x\partial y}$；(3) $\dfrac{\partial^2 f}{\partial y\partial x}$；(4) $\dfrac{\partial^2 f}{\partial y^2}$；(5) $f_{xx}(1,2)$；(6) $f_{xy}(1,2)$；(7) $f_{yy}(1,2)$。

解：

(1) $\dfrac{\partial^2 f}{\partial x^2}=\dfrac{\partial f_x}{\partial x}=\dfrac{\partial}{\partial x}(9x^2y-2xy^2+4y^3)=18xy-2y^2$；

(2) $\frac{\partial^2 f}{\partial x\partial y}=\frac{\partial}{\partial y}\left(\frac{\partial f}{\partial x}\right)=\frac{\partial}{\partial y}(9x^2y-2xy^2+4y^3)=9x^2-4xy+12y^2$；

(3) $\frac{\partial^2 \mathrm{f}}{\partial y\partial x}=\frac{\partial}{\partial x}\left(\frac{\partial f}{\partial y}\right)=\frac{\partial}{\partial x}(3x^3-2x^2y+12xy^2+4y^3)=9x^2-4xy+12y^2$；

(4) $\frac{\partial^2 f}{\partial y^2}=\frac{\partial}{\partial y}\left(\frac{\partial f}{\partial y}\right)=\frac{\partial}{\partial y}(3x^3-2x^2y+12xy^2+4y^3)=-2x^2+24xy+12y^2$；

(5) $f_{xx}(1,2)=\frac{\partial^2 f}{\partial x^2}\Big|_{x=1,y=2}=(18xy-2y^2)\Big|_{x=1,y=2}=28$；

(6) $f_{xy}(1,2)=(9x^2-4xy+12y^2)\Big|_{x=1,y=2}=49$；

(7) $f_{yy}(1,2)=(-2x^2+24xy+12y^2)\Big|_{x=1,y=2}=94$。

分析点评：二阶偏导数中的混合偏导数与求导的先后没有关系，$f_{xy}=f_{yx}$。

例 1-3　已知 $z=3x^2\mathrm{e}^y+4y^3\ln x$，求：(1) z_x；(2) z_y；(3) z_{xx}；(4) z_{xy}；(5) z_{yx}；(6) z_{yy}。

解：

(1) $z_x=6x\mathrm{e}^y+\frac{4y^3}{x}$；

(2) $z_y=3x^2\mathrm{e}^y+12y^2\ln x$；

(3) $z_{xx}=6\mathrm{e}^y-\frac{4y^3}{x^2}$；

(4) $z_{xy}=6x\mathrm{e}^y+\frac{12y^2}{x}$；

(5) $z_{yx}=6x\mathrm{e}^y+\frac{12y^2}{x}$；

(6) $z_{yy}=3x^2\mathrm{e}^y+24y\ln x$。

分析点评：一元函数的基本求导数的法则（如对数函数、指数函数的法则）都可以用于多元函数的偏导数计算。

例 1-4　已知 $z=\mathrm{e}^{4y^2-3x^2}$，求：(1) z_x；(2) z_y；(3) z_{xx}；(4) z_{xy}；(5) z_{yy}。

解：这是一个多元的复合函数，注意复合函数的链式法则用于多元函数。

(1) $z_x=\mathrm{e}^{4y^2-3x^2}\cdot\frac{\partial(4y^2-3x^2)}{\partial x}=-6x\mathrm{e}^{4y^2-3x^2}$；

(2) $z_y=\mathrm{e}^{4y^2-3x^2}\cdot\frac{\partial(4y^2-3x^2)}{\partial y}=8y\mathrm{e}^{4y^2-3x^2}$；

(3) $z_{xx}=\frac{\partial}{\partial x}(-6x\mathrm{e}^{4y^2-3x^2})=-6\mathrm{e}^{4y^2-3x^2}+36x^2\mathrm{e}^{4y^2-3x^2}=6\mathrm{e}^{4y^2-3x^2}(6x^2-1)$；

(4) $z_{xy}=\frac{\partial}{\partial y}(-6x\mathrm{e}^{4y^2-3x^2})=-48xy\mathrm{e}^{4y^2-3x^2}$；

(5) $z_{yy}=\dfrac{\partial(8ye^{4y^2-3x^2})}{\partial y}=8e^{4y^2-3x^2}+64y^2e^{4y^2-3x^2}=8e^{4y^2-3x^2}(1+8y^2)$。

分析点评:对于多元的复合函数求偏导时,要正确使用复合函数求导的链式法则。对于指数函数,一般可以写成:$f(x,y)=e^{u(x,y)}$,$\dfrac{\partial f}{\partial x}=e^u\cdot\dfrac{\partial u}{\partial x}$;$\dfrac{\partial f}{\partial y}=e^u\cdot\dfrac{\partial u}{\partial y}$。如果是其他类型的函数,第一步按照一元函数求导的方法进行,第二步是求偏导数的过程。

例 1-5 已知 $z=\ln(x^4-3xy-2y^2)$,求:(1) z_x;(2) z_y;(3) z_{xx}。

解:这也是多元复合函数的求导,和上题的不同是它的主函数是对数函数。设 $u=x^4-3xy-2y^2$,函数写成为 $z=\ln u$,$u=x^4-3xy-2y^2$。

(1) $z_x=\dfrac{\partial z}{\partial u}\dfrac{\partial u}{\partial x}=\dfrac{1}{u}(4x^3-3y)=\dfrac{4x^3-3y}{x^4-3xy-2y^2}$;

(2) $z_y=\dfrac{\partial z}{\partial u}\dfrac{\partial u}{\partial y}=\dfrac{1}{u}(-3x-4y)=-\dfrac{3x+4y}{x^4-3xy-2y^2}$;

(3) $z_{xx}=\dfrac{\partial}{\partial x}\left(\dfrac{4x^3-3y}{x^4-3xy-2y^2}\right)=\dfrac{12x^2(x^4-3xy-2y^2)-(4x^3-3y)^2}{(x^4-3xy-2y^2)^2}$。

分析点评:这个题目与上一题类似,不再重复。要提醒的是:在求二阶偏导数的时候要注意 2 个函数商的导数的公式。

2. 多元函数的极值

例 2-1 利用极值判断的二阶偏导数方法(第二定理),求下列函数的极值:

(1) $f(x,y)=x^2+y^2+2x+6y-4$; (2) $f(x,y)=2x^2-xy+y^2+x-5y+8$;

(3) $f(x,y)=x^3+y^2-6xy$。

解:

(1)第一步,求函数的临界点(critical points):

$$f_x=2x+2=0,\quad x=-1$$
$$f_y=2y+6=0,\quad y=-3$$

函数唯一的临界点$(-1,-3)$。

第二步,计算二阶偏导数在临界点的值:

$$A=f_{xx}(-1,-3),\quad B=f_{xy}(-1,-3),\quad C=f_{yy}(-1,-3)$$
$$f_{xx}=2, A=2$$
$$f_{xy}=0, B=0$$
$$f_{yy}=2, C=2$$

第三步,计算 $AC-B^2$,判断极值的类型:

$$AC - B^2 = 4 > 0\text{,并且 } A > 0$$

$f(-1,-3)$ 为局部最小值。

分析点评:用二阶偏导数判断极值的类型首先需要求出函数的临界点(一阶偏导数等于0的点);然后分别计算二阶偏导数在该点的值;最后利用 $AC-B^2$ 的正、负和 A 的正、负总和判断。本题目给出了必要的步骤,要求读者熟练地运用。

(2)第一步,求函数的临界点(critical points):

$$f_x = 2x - y + 1 = 0$$
$$f_y = 2y - x - 5 = 0$$

解上述方程组,得到函数唯一的临界点(1,3)。

第二步,计算二阶偏导数在临界点的值:

$$f_{xx} = 2,\quad A = 2$$
$$f_{xy} = -1,\quad B = -1$$
$$f_{yy} = 2,\quad C = 2$$

第三步,计算 $AC - B^2$,判断极值的类型:

$$AC - B^2 = 3 > 0,\quad \text{并且 } A > 0$$

$f(1,3)$ 为局部最小值。

(3)第一步,求函数的临界点(critical points):

$$f_x = 3x^2 - 6y = 0$$
$$f_y = 2y - 6x = 0$$

解上述方程组,得到函数有2个临界点:(0,0)和(6,18)。

第二步,计算二阶偏导数在每个临界点的值:

$$f_{xx} = 6x;\quad A_1 = f_{xx}(0,0) = 0;\quad A_2 = f_{xx}(6,18) = 36$$
$$f_{xy} = -6, B_1 = B_2 = -6$$
$$f_{yy} = 2, C_1 = C_2 = 2$$

第三步,计算 $AC - B^2$,判断每个临界点的极值类型:

$A_1C_1 - B_1^2 = 0$,所以 $f(0,0)$ 为鞍点。

$A_2C_2 - B_2^2 = 36 > 0$,并且 $A > 0$,所以 $f(6,18)$ 为局部最小值。

分析点评：如果函数有多个临界点，要分别计算每个临界点的二阶偏导数值，然后判断函数在各个临界点的极值特点。

注意：并不是所有的临界点都是极值点，有的临界点可能是鞍点，有的可能是极大值，还有的可能是极小值点。

例 2-2 假设某工厂生产两种产品，数量（以千计）分别为 x,y，其利润为

$$P(x,y)=-66x^2+132xy-99y^2+132x-66y-19$$

求使得利润最大的 x,y 的产量以及最大利润。

解：利用二阶偏导数的判断方法，可以确定函数的极大值。

第一步，求函数的临界点（critical points）：

$$P_x=-132x+132y+132=0$$
$$P_y=132x-198y-66=0$$

解上述方程组，得到函数的临界点(2,1)。

第二步，计算二阶偏导数在临界点的值：

$$P_{xx}=-132,\quad A=-132$$
$$P_{xy}=132,\quad B=132$$
$$p_{yy}=-198,\quad C=198$$

第三步，计算 $AC-B^2$，判断极值的类型：

$AC-B^2=8\,712>0$，并且 $A<0$，所以 $P(2,1)$ 为局部最大值。

第四步，计算极大值：

$$P(2,1)=80，为最大利润$$

分析点评：仅用一阶偏导数可以得到极值点，但不能确定是否极大值。因此，需要用二阶偏导数的判别法。

例 2-3 某商店销售两个品牌的彩色胶卷，A 胶卷的成本是 2 元 / 个；B 胶卷的成本是 3 元 / 个。A 胶卷的需求量 x 价格 p；B 胶卷的需求量 y 价格 q。这两种胶卷的价格-需求关系方程分别为：

对于 A：$x=75-40p+25q$

对于 B：$y=80+20p-30q$

求：(1)当价格分别为 $p=4,q=5$；和 $p=4,q=4$ 的需求量 x，y；

(2)为了得到最大的利润，商店应该如何对每种胶卷定价？计算最大利润。

解:

(1)将价格 $p=4, q=5$ 代入方程,得到 $x_1=40; y_1=10$;

价格 $p=4, q=4$ 代入方程,得到 $x_2=15; y_2=40$。

(2)利润(profit) 是收益(revenue) 和成本(cost) 的差,即

$$P(x,y)=R(x,y)-C(x,y) \tag{a}$$

收益是价格与销售量的积,即

$$R(x,y)=xp+yq$$

将价格与需求量的关系代入,得到收益与价格的关系:

$$\begin{aligned} R(p,q) &= xp+yq=(75-40p+25q)p+(80+20p-30q)q^2 \\ &= 75p+80q+45pq-40p^2-30q^2 \end{aligned} \tag{b}$$

成本的方程为 $C(x,y)=2x+3y$,写成价格的函数:

$$C(p,q)=2(75-40p+25q)+3(80+20p-30q)=390-20p-40q \tag{c}$$

将式(b)、式(c)代入式(a),得到利润与价格的关系:

$$P(p,q)=95p+120q+45pq-40p^2-30q^2-390 \tag{d}$$

求使得利润最大的价格 p,q。

第一步,求函数的临界点:

$$\frac{\partial P}{\partial p}=95+45q-80p=0$$

$$\frac{\partial P}{\partial q}=120+45p-60q=0$$

解上述方程组,得到 $p=4, q=5$,这是利润函数的临界点。

第二步,计算二阶偏导数在临界点的值:

$$P_{pp}=-80,\quad A=-80$$

$$P_{pq}=45,\quad B=45$$

$$P_{qq}=-60,\quad C=-60$$

第三步,计算 $AC-B^2$,判断极值的类型:

$AC-B^2=2\,775>0$,并且 $A<0$,所以 $P(4,5)$ 为局部最大值。

第四步,计算极大值:

A，B 胶卷价格分别为 4 元和 5 元。
最大利润为 $P(4,5)=100$。

分析点评： 这是一个比较完整的应用题目，涉及到多方面的知识。由于题目需要求的是得到最大利润的价格，所以必须将利润写成价格的函数。这就要求将收益和成本都写成价格的函数。要求读者掌握本题目的分析方法。

例 2-4 矩形无盖的盒子中间有 2 个隔板，分为 4 个相等的小空间，如图 6-2 所示，如果要求体积为 72 m^3，长、宽、高各多少时使用的材料最少？

解： 设长、宽、高分别为 x、y、z，如图 6-2 所示，则其体积为

$$V=xyz=72 \tag{a}$$

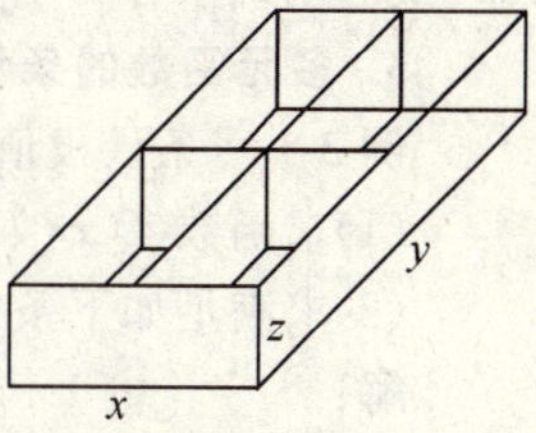

图 6-2

盒子所需要的材料面积为 A，则

$$A=3xz+3yz+xy \tag{b}$$

使用的材料最少就是求 A 的极小值。

利用二元函数的极值公式求解，需要将 A 表示为二元函数。由式(a) 得到

$$z=\frac{72}{xy} \tag{c}$$

将式(c) 代入式(b) 得到

$$A=\frac{216}{y}+\frac{216}{x}+xy \tag{d}$$

第一步，求函数的临界点：

$$\frac{\partial A}{\partial x}=-\frac{216}{x^2}+y=0$$

$$\frac{\partial A}{\partial y}=-\frac{216}{y^2}+x=0$$

解上述方程组，得到 $x=6$，$y=6$—— 面积函数的唯一临界点。
第二步，计算二阶偏导数在临界点的值：

$$A_{xx}=\frac{432}{x^3};\quad A=A_{xx}(6,6)=2$$

$$A_{xy}=1;\quad B=A_{xy}(6,6)=1$$

$$A_{yy}=\frac{432}{y^3};\quad C=A_{yy}(6,6)=2$$

第三步，计算 $AC-B^2$，判断极值的类型：

$AC-B^2=3>0$，并且 $A>0$，所以 $A(6,6)$ 为局部极小值。

代入式(c)，得到 $z=2$。

所以，使用材料最少的盒子的几何尺寸为：$6\times6\times2$。

分析点评：对于实际问题重要的是如何建立问题的数学表达式 —— 数学模型。建立数学模型的一般步骤是：首先确定描述实际问题的变量；然后建立变量与已知量的关系；最后明确求什么函数的极值。

3. 多元函数的条件极值

例 3-1 条件极值：

(1)求函数 $f(x,y)=x^2+y^2$ 的极值，约束条件为 $3x+4y=25$；

(2)求满足如下条件的 2 个数：它们的差是 10，面积最小。

解：

(1) 第一步，明确问题：

$$\text{极值}: f(x,y)=x^2+y^2$$

$$\text{约束条件}: g(x,y)=3x+4y-25=0$$

第二步，构造 F 函数：

$$F(x,y,\lambda)=f(x,y)+\lambda g(x,y)=x^2+y^2+\lambda(3x+4y-25)$$

第三步，解一阶偏导数组成的方程组，求 F 的临界点：

$$F_x=2x+3\lambda=0, x=-1.5\lambda \quad \text{(a)}$$

$$F_y=2y+4\lambda=0, y=-2\lambda \quad \text{(b)}$$

$$F_\lambda=3x+4y-25=0 \quad \text{(c)}$$

将式(a) 和式(b) 代入式(c) 得到

$$-4.5\lambda-8\lambda=25, \lambda=-2$$

代回到式(a) 和式(b) 得到 F 的临界点：$(3,4,-2)$。

(2)第一步，明确问题：

$$\text{极小值}: f(x,y)=xy$$

$$\text{约束条件}: g(x,y)=x-y-10=0$$

第二步，构造 F 函数：

$$F(x,y,\lambda)=f(x,y)+\lambda g(x,y)=xy+\lambda(x-y-10)$$

第三步，解一阶偏导数组成的方程组，求 F 的临界点：

$$F_x=y+\lambda=0, y=-\lambda$$

$$F_y=x-\lambda=0, x=\lambda$$

$$F_{\lambda} = x - y - 10 = 0, 2\lambda = 10, \lambda = 5$$

因为(5，－5)是唯一的临界点，所以－25是积的最小值。

分析点评：由于函数的极值一定是在 F 的临界点产生，所以求出 F 的临界点非常重要。如果 F 有多个临界，需要比较临界点处的函数值确定是极大还是极小值。另外，条件极值问题的解题步骤非常系统，一定要按照这个步骤解题。

例 3-2 如果某工厂每月的人工和材料的预算是60美元，x 为预算的人工费用，而 y 为材料的预算，则其产出为

$$N(x,y) = 4xy - 8x$$

求：使得产出最大的人工和材料的预算是什么？最大产出是多少？

解：这是条件极值的问题，按照条件极值的解题步骤。

第一步，明确问题：

极大值：$N(x,y) = 4xy - 8x$

约束条件：$g(x,y) = x + y - 60 = 0$

第二步，构造 F 函数：

$$F(x,y,\lambda) = f(x,y) + \lambda g(x,y) = 4xy - 8x + \lambda(x + y - 60)$$

第三步，解一阶偏导数组成的方程组，求 F 的临点：

$$F_x = 4y - 8 + \lambda = 0, \quad y = 2 - \frac{\lambda}{4}$$

$$F_y = 4x + \lambda = 0, \quad x = -\frac{\lambda}{4}$$

$$F_{\lambda} = x + y - 60 = 0$$

将 x, y 值代入得到：

$$\frac{-\lambda}{4} + \frac{-\lambda}{4} + 2 = 60, \quad \lambda = -116$$

得到：$x = 29,\ y = 31$

因为(29,31)是 F 的唯一的临界点，所以产出的极大值为

$$N(29,31) = 4 \times 29 \times 31 - 8 \times 29 = 3\,364$$

例 3-3 产出率(Productivity—Cobb-Douglas production function)。如果某产品的 Cobb-Douglas 产出函数为 $N(x,y) = 10x^{0.6}y^{0.4}$，$x$ 为人工的数量，y 单位的资金。如果每个人工的费用30美元，每个单位资金的费用为60美元。求：如果总预算为300 000美元，如何分配这个总预算可以获得最大的生产率？

解：这也是条件极值问题，解题步骤与上题相同。

第一步,明确问题:

$$\text{极大值}: N(x,y) = 10x^{0.6}y^{0.4}$$

$$\text{约束条件}: g(x,y) = 30x + 60y - 300\,000 = 0$$

第二步,构造 F 函数:

$$F(x,y,\lambda) = f(x,y) + \lambda g(x,y) = 10x^{0.6}y^{0.4} + \lambda(30x + 60y - 300\,000)$$

第三步,解一阶偏导数组成的方程组,求 F 的临界点:

$$F_x = 6x^{-0.4}y^{0.4} + 30\lambda = 0, \lambda = -\frac{1}{5}x^{-0.4}y^{0.4}$$

$$F_y = 4x^{0.6}y^{-0.6} + 60\lambda = 0, \lambda = -\frac{1}{15}x^{0.6}y^{-0.6}$$

上两式得到的 λ 必须相等,即

$$\frac{1}{5}x^{-0.4}y^{0.4} = \frac{1}{15}x^{0.6}y^{-0.6} \rightarrow x = 3y$$

$$F_\lambda = 30x + 60y - 300\,000 = 0$$

将 x,y 关系代入得到:

$$90y + 60y = 300\,000, \quad y = 2\,000$$

得到:
$$x = 6\,000, \quad y = 2\,000$$

因为(6 000,2 000)是唯一的临界点,所以产出的极大值为

$$N(6\,000,2\,000) = 10\,(6\,000)^{0.6}\,(2\,000)^{0.4} = 38\,658.4$$

分析点评:生产率是一种衡量多种生产要素组合的效率的指标。Cobb-Douglas production function 是常用的生产率的数学模型。希望读者掌握这类问题的分析方法。

例 3-4 最大体积问题。邮寄公司对长方形包装盒提出了如下的限制:外形的长和它的周长(girth)的和不超过 120 in。求在这个限制内使得体积最大的长、宽和高的尺寸。

解:设包装盒的长、宽和高分别为 y,x,z,如图6-3 所示。

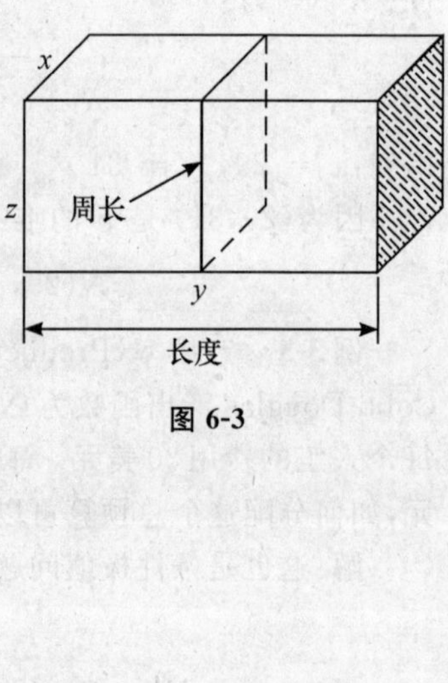

图 6-3

第一步,明确问题:

$$\text{求最大体积}: V = xyz$$

$$\text{约束条件}: y + 2z + 2x = 120$$

第二步,构造 F 函数:

$$F(x,y,\lambda) = f(x,y) + \lambda g(x,y) = xyz + \lambda(2x + y + 2z - 120)$$

第三步，解一阶偏导数组成的方程组，求 F 的临界点：

$$F_x = yz + 2\lambda = 0,\quad yz = -2\lambda,\quad y = \frac{-2\lambda}{z} \tag{a}$$

$$F_y = xz + \lambda = 0,\quad xz = -\lambda \tag{b}$$

$$F_z = xy + 2\lambda = 0,\quad xy = -2\lambda \tag{c}$$

由式(a)、式(c) 得到 $x = z$，代入式(b) 得到

$$x^2 = -\lambda, x = \sqrt{-\lambda}, z = \sqrt{-\lambda} \tag{d}$$

代入式(a) 得到

$$y = 2\sqrt{-\lambda} \tag{e}$$

由对 λ 的偏导数得到　$F_\lambda = 2x + y + 2z - 120 = 0$　(f)

将式(d)、式(e) 代入式(f)，得到

$$2\sqrt{-\lambda} + 2\sqrt{-\lambda} + 2\sqrt{-\lambda} = 120,\ \sqrt{-\lambda} = 20$$

将结果回代入式(d)、式(e) 得到

$$x = 20,\ y = 40,\ z = 20$$

因为(20,40, 20,400) 是 F 的唯一的临界点，所以体积的最大值为 $20 \times 20 \times 40 = 16\,000\ (\text{in}^3)$。

分析点评：这是一个三元函数的极值问题，解题的方法和步骤与二元函数的极值相类似，只是多了一个偏导数，它是二元函数极值的推广。这个方法还可以推广到四元函数、五元函数等。拉格朗日乘数法是个普遍的方法。

例 3-5　最大面积问题。在一个现有护栏的基础上修建 3 个相同大小的家畜围栏。如果仅有的围栏材料是 400 in 长。求使得面积最大的 x, y 的尺寸(图 6-4)。

解：设长边为 y，短边 x，如图 6-4 所示。$4x + y$ 为将使用的材料的长度：400 in。面积为 $A = xy$。这也是有约束条件的极值问题，按照步骤解题。

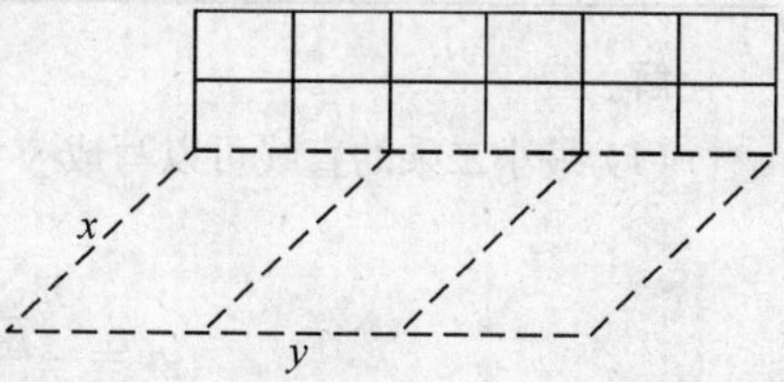

图 6-4

第一步，明确问题：

求最大面积：$A = xy$

约束条件：$4x + y = 400$

第二步，构造 F 函数：

$$F(x,y,\lambda)=f(x,y)+\lambda g(x,y)=xy+\lambda(4x+y-400)$$

第三步，解一阶偏导数组成的方程组，求 F 的临界点：

$$F_x=y+4\lambda=0,y=-4\lambda \quad \text{(a)}$$

$$F_y=x+\lambda=0,x=-\lambda \quad \text{(b)}$$

$$F_\lambda=4x+y-400=0 \quad \text{(c)}$$

将式(a)、式(b)代入式(c)，得到

$$4\lambda+4\lambda=-400,\lambda=-50$$

代入式(a)和式(b)，得到　　$x=50,\ y=200$

因为(50,200)是 F 的唯一的临界点，所以面积的极大值为

$$A_{\max}=1\,000\ \text{in}^2$$

分析点评：拉格朗日乘数法是求条件极值的重要方法，又非常广泛的应用，要求读者熟练掌握解题的基本步骤，按照步骤进行。这种方法可以用于多元函数的条件极值(如二元函数、三元函数、四元函数……)。在解题的基本步骤中，第一步明确问题是非常重要的。也就是要求读者能建立起数学方程和约束方程，这要通过练习和总结逐渐提高。

4. 最小二乘法

例 4-1　确定下列数据的最小二乘直线：

(1)

x	−5	0	5	10	15
y	60	50	30	20	15

(2)

x	2	6	10	14	18
y	−4	0	8	12	14

解：

(1) 最小二乘的直线可以写成 $y=ax+b$，系数 a，b 的计算按照式(6-4)和式(6-5)：

$$a=\frac{n\sum_{i=1}^{n}x_iy_i-\sum_{i=1}^{n}x_i\cdot\sum_{i=1}^{n}y_i}{n\left(\sum_{i=1}^{n}x_i^2\right)-\left(\sum_{i=1}^{n}x_i\right)^2} \quad \text{(a)}$$

$$b=\frac{\sum_{i=1}^{n} y_i-a\sum_{i=1}^{n} x_i}{n} \tag{b}$$

第一步，首先计算 a，为方便，作如下表格：

	x_k	y_k	$x_k y_k$	x_k^2
	-5	60	-300	25
	0	50	0	0
	5	30	150	25
	10	20	200	100
	15	15	225	225
Total:	25	175	275	375

由表格得到：

$$\sum x_k=25,\quad \sum y_k=175,\quad \sum x_k y_k=275,\quad \sum x_k^2=375$$

第二步，代入式(a) 得到

$$a=\frac{n\sum_{i=1}^{n} x_i y_i-\sum_{i=1}^{n} x_i\cdot\sum_{i=1}^{n} y_i}{n\left(\sum_{i=1}^{n} x_i^2\right)-\left(\sum_{i=1}^{n} x_i\right)^2}=\frac{5(275)-25(175)}{5(375)-(25)^2}=-2.5$$

第三步，代入式(b)得到

$$b=\frac{\sum_{i=1}^{n} y_i-a\sum_{i=1}^{n} x_i}{n}=\frac{175+2.5(25)}{5}=37.5$$

由以上得到最小二乘直线的方程为 $y=-2.5x+37.5$。

(2)第一步，作如下表格，首先计算 a：

	x_k	y_k	$x_k y_k$	x_k^2
	2	-4	-8	4
	6	0	0	36
	10	8	80	100
	14	12	168	196
	18	14	252	324
Total:	50	30	492	660

由表格得到：

$$\sum x_k = 50, \sum y_k = 30, \sum x_k y_k = 492, \sum x_k^2 = 660$$

第二步，代入式(a) 得到

$$a = \frac{n\sum_{i=1}^{n} x_i y_i - \sum_{i=1}^{n} x_i \cdot \sum_{i=1}^{n} y_i}{n\left(\sum_{i=1}^{n} x_i^2\right) - \left(\sum_{i=1}^{n} x_i\right)^2} = \frac{5(492) - 50(30)}{5(660) - (50)^2} = 1.2$$

第三步，代入式(b)得到

$$b = \frac{\sum_{i=1}^{n} y_i - a\sum_{i=1}^{n} x_i}{n} = \frac{30 - 1.2(50)}{5} = -6$$

由以上得到，最小二乘直线的方程为

$$y = 1.2x - 6$$

分析点评：求给定数据的最小二乘直线的方程应用非常广泛，尤其在商业和经济活动的分析中。当数据量不是太大或初次使用这个方法的时候，建议使用列表的方法。列表法步骤清晰，使用方便。目前，有很多计算机软件可以进行回归分析，甚至非线性回归分析，但其原理是相同的，就是求与实际数据的误差的平方和最小的函数。

例 4-2 下表为某种商品的价格(x) 与销售量(y) 的数据：

x	−5	0	5	10	15
y	60	50	30	20	15

利用最小二乘法确定：

(1)价格-需求关系的线性方程；

(2)如果每个的成本为 3 美元，欲取的最大利润的价格应该是多少？

解：

(1)对给定的数据回归分析得到价格-需求关系的线性方程 $y = ax + b$，系数 a，b 的计算按照式(6-4)和式(6-5)。按照上题类似的步骤求解。

第一步，作如下表格，首先计算 a：

	x_k	y_k	$x_k y_k$	x_k^2
	4.0	4.2	16.8	16
	4.5	3.5	15.75	20.25
	5.0	2.7	13.5	25.0
	5.5	1.5	8.25	30.25
	6.0	0.7	4.2	36
Total:	25	12.6	58.5	127.5

由表格得到

$$\sum x_k = 25, \quad \sum y_k = 12.6$$

$$\sum x_k y_k = 58.5, \quad \sum x_k^2 = 127.5$$

第二步，代入式(6-4)得到

$$a = \frac{n\sum_{i=1}^{n} x_i y_i - \sum_{i=1}^{n} x_i \cdot \sum_{i=1}^{n} y_i}{n\left(\sum_{i=1}^{n} x_i^2\right) - \left(\sum_{i=1}^{n} x_i\right)^2} = \frac{5(58.5) - 25(12.6)}{5(127.5) - (25)^2} = -1.68$$

第三步，代入式(6-5)得到

$$b = \frac{\sum_{i=1}^{n} y_i - a\sum_{i=1}^{n} x_i}{n} = \frac{12.6 + 1.68(25)}{5} = 10.92$$

由以上得到，最小二乘直线的方程为

$$y = -1.68x + 10.92$$

这就是价格 x 与需求 y 的关系方程。

(2)将收益、成本和利润方程都写成价格 x 的函数，然后可以求使得利润最大的价格。

收益为价格与需求量的积，即

$$R(x) = xy = -1.68x^2 + 10.92x$$

成本方程为

$$C(x) = 3y = -5.04x + 32.76$$

利润方程为

$$P(x) = R(x) - C(x) = -1.68x^2 + 15.96x - 32.76$$

一阶导数等于 0 的点是它的极值点(注意这是一元函数的极值问题),即

$$P'(x)=-3.36x+15.96=0, x=4.75$$

所以,价格为 4.75 美元时,可以得到最大利润。

分析点评:这是一个比较综合的应用题,首先要利用回归方法求出价格与需求量的方程;然后使得到成本和利润的方程。由于题目是求取得最大利润的价格,所以这些方程要表示成价格的函数,然后对价格求导数,求得利润的极值。有的问题是求取得利润最大的需求量,这时要将需求量作为自变量,收益、成本和利润要表示为需求量的函数。因此,读者一定要搞清楚问题,然后建立所需要的方程。

5. 二重积分

例 5-1 计算下列的积分:

(1) $\int(4xy+12x^2y^3)\mathrm{d}y$;　　(2) $\int(4xy+12x^2y^3)\mathrm{d}x$;

(3) $\int_0^1(4xy+12x^2y^3)\mathrm{d}y$;　　(4) $\int_0^3(4xy+12x^2y^3)\mathrm{d}x$。

解:

(1) $\int(4xy+12x^2y^3)\mathrm{d}y=2xy^2+3x^2y^4+C(x)$。

检查:$\frac{\partial}{\partial y}(2xy^2+3x^2y^4+C(x))=4xy+12x^2y^3$。

(2) $\int(4xy+12x^2y^3)\mathrm{d}x=2x^2y+4x^3y^3+C(y)$。

检查:$\frac{\partial}{\partial x}(2x^2y+4x^3y^3+C(y))=4xy+12x^2y^3$。

(3) $\int_0^1(4xy+12x^2y^3)\mathrm{d}y=(2xy^2+3x^2y^4)\Big|_0^1=2x+3x^2$。

(4) $\int_0^3(4xy+12x^2y^3)\mathrm{d}x=(2x^2y+4x^3y^3)\Big|_0^3=18y+108y^3$。

分析点评:多元函数对其中一个自变量的不定积分实际上与一元函数的不定积分相同,因为与求偏导数过程类似,其他自变量都认为是常数,这样就成为了一元函数的不定积分问题。不同的是,一元积分的积分常数,变成为其他自变量的任意函数。

另外,多元函数对某一自变量的定积分的结果一般不是实数,而是另一个自变量的函数。如果函数 $f(x,y)$,对 x 的定积分得到是 y 的函数;而对 y 的定积分,得到的是 x 的函数。

例 5-2　计算下列的积分：

(1) $\int \frac{x}{\sqrt{y+x^2}}\mathrm{d}x$；　(2) $\int \frac{x}{\sqrt{y+x^2}}\mathrm{d}y$。

解：

(1) $\int \frac{x}{\sqrt{y+x^2}}\mathrm{d}x \xrightarrow{u=y+x^2,\text{这里 } y \text{ 是常数},\mathrm{d}u=2x\mathrm{d}x} \frac{1}{2}\int \frac{1}{\sqrt{u}}\mathrm{d}u = u^{\frac{1}{2}} + C(y)$

$= (y+x^2)^{\frac{1}{2}} + C(y)$。

检查：$\frac{\partial}{\partial x}[(y+x^2)^{\frac{1}{2}} + C(y)] = \left(\frac{1}{2}\right)(y+x^2)^{-\frac{1}{2}}(2x) = (y+x^2)^{-\frac{1}{2}}$。

(2) $\int \frac{x}{\sqrt{y+x^2}}\mathrm{d}y = x\int \frac{1}{\sqrt{y+x^2}}\mathrm{d}y \xrightarrow{u=y+x^2,\text{这里 } x \text{ 是常数},\mathrm{d}u=\mathrm{d}y} x\int \frac{\mathrm{d}u}{\sqrt{u}}$

$= 2xu^{\frac{1}{2}} + C(x) = 2x(y+x^2)^{\frac{1}{2}} + C(x)$。

检查：$\frac{\partial}{\partial y}[2x(y+x^2)^{\frac{1}{2}} + C(x)] = \left(\frac{1}{2}\right)(2x)(y+x^2)^{-\frac{1}{2}} = x(y+x^2)^{-\frac{1}{2}}$。

分析点评：在计算偏导数的原函数的时候，我们将其视为一元函数的积分过程，一元函数的各种积分方法，如换元法和分部积分等都可以使用。

例 5-3　求下列二重积分：

(1) $\iint\limits_R (2x-y)\mathrm{d}A, R=\{x,y \mid -1 \leqslant x \leqslant 5, 2 \leqslant y \leqslant 4\}$；

(2) $\iint\limits_R x\mathrm{e}^y\mathrm{d}A, R=\{x,y \mid -2 \leqslant x \leqslant 3, 0 \leqslant y \leqslant 2\}$。

解：

(1) $\iint\limits_R (2x-y)\mathrm{d}A, R=\{x,y \mid -1 \leqslant x \leqslant 5, 2 \leqslant y \leqslant 4\}$

$= \int_{-1}^{5}\left[\int_2^4 (2x-y)\mathrm{d}y\right]\mathrm{d}x = \int_{-1}^{5}\left[\left(2xy-\frac{y^2}{2}\right)\Big|_{y=2}^{4}\right]\mathrm{d}x$

$= \int_{-1}^{5}(4x-6)\mathrm{d}x = (2x^2-6x)\Big|_{-1}^{5} = 12$。

也可以改变积分的先后顺序，得到同样结果：

原式 $= \int_2^4\left[\int_{-1}^{5}(2x-y)\mathrm{d}x\right]\mathrm{d}y = \int_2^4\left[(x^2-xy)\Big|_{x=-1}^{5}\right]\mathrm{d}y$

$= \int_2^4 (24-6y)\mathrm{d}y = (24y-3y^2)\Big|_2^4 = 12$。

(2) $\iint_R x\mathrm{e}^y \mathrm{d}A,\ R=\{x,y \mid -2\leqslant x\leqslant 3, 0\leqslant y\leqslant 2\}$

$$=\int_0^2\left[\int_{-2}^3 x\mathrm{e}^y\mathrm{d}x\right]\mathrm{d}y=\int_0^2 \mathrm{e}^y\left(\frac{x^2}{2}\bigg|_{x=-2}^{x=3}\right)\mathrm{d}y=2.5\int_0^2 \mathrm{e}^y\mathrm{d}y$$

$$=(2.5\mathrm{e}^y)\bigg|_0^2=2.5(\mathrm{e}^2-1)=15.97。$$

读者可以改变积分顺序，检查是否得到相同的结果。

分析点评：二重积分的计算与一元函数的积分相同，因为对一个自变量积分时，其他自变量被视为常数，所以，只有一个是积分变量。二重积分的结果与积分的顺序无关。利用这个特点可以选择积分顺序使得积分过程简单、方便。见例 6-20。

例 5-4 二重积分，注意选择积分顺序，有一个顺序使得积分简单，另一个使得积分过程复杂。

(1) $\iint_R xy\mathrm{e}^{x^2y}\mathrm{d}A, R=\{(x,y)\mid 0\leqslant x\leqslant 1, 1\leqslant y\leqslant 2\}$；

(2) $\iint_R \frac{y-2xy^2}{1-x^2}\mathrm{d}A, R=\{(x,y)\mid 0\leqslant x\leqslant 0.5, -1\leqslant y\leqslant 1\}$。

解：

(1) 如果先对 y 积分则要用分部积分的方法，且比较繁琐。应该首先对 x 积分，用换元法。令 $u=x^2y, \mathrm{d}u=2xy\mathrm{d}x$，得到

$$\iint_R xy\mathrm{e}^{x^2y}\mathrm{d}A=\int_1^2\left[\int_0^1 xy\mathrm{e}^{x^2y}\mathrm{d}x\right]\mathrm{d}y=\int_1^2\left[\int_0^1 \frac{1}{2}\mathrm{e}^{x^2y}\mathrm{d}(x^2y)\right]\mathrm{d}y$$

$$=\frac{1}{2}\int_1^2(\mathrm{e}^{x^2y})\bigg|_0^1\mathrm{d}y=\frac{1}{2}\int_1^2(\mathrm{e}^y-1)\mathrm{d}y$$

$$=\frac{1}{2}(\mathrm{e}^y-y)\bigg|_1^2=3.6708$$

(2) 这个积分应该首先对 y 积分，然后再对 x 积分。

$$\iint_R \frac{y-2xy^2}{1-x^2}\mathrm{d}A=\int_0^{0.5}\left[\int_{-1}^1 \frac{y-2xy^2}{1-x^2}\mathrm{d}y\right]\mathrm{d}x=\int_0^{0.5}\frac{1}{1-x^2}\left[\int_{-1}^1(y-2xy^2)\mathrm{d}y\right]\mathrm{d}x$$

$$=\int_0^{0.5}\frac{1}{1-x^2}\left(\frac{y^2}{2}-\frac{2xy^3}{3}\right)\bigg|_{-1}^1\mathrm{d}x=-\int_0^1\frac{4x}{3(1-x^2)}\mathrm{d}x$$

$$\xrightarrow{u=1-x^2,\mathrm{d}u=-2x\mathrm{d}x;\,x=0,u=1;\,x=0.5,u=0.75}\int_1^{0.75}\frac{2\mathrm{d}u}{3u}$$

$$=-\frac{2}{3}\ln u\bigg|_{0.75}^1=-0.1918$$

分析点评:二重积分的结果与积分顺序无关,但积分的顺序对积分过程的难、易不同。建议读者选择另一个积分顺序完成这两个题目,比较难易的差别。

例 5-5　计算下列函数在给定区间的平均值:

$$f(x,y)=(x+y)^2;\quad R=\{x,y\mid -1\leqslant x\leqslant 2,1\leqslant y\leqslant 4\}$$

解:函数在给定区间的平均值由式(6-6)计算。

$$\begin{aligned}
\bar{f}(x,y) &= \frac{1}{(b-a)(d-c)}\iint_R f(x,y)\mathrm{d}A \\
&= \frac{1}{(2+1)(4-1)}\int_{-1}^{2}\left[\int_1^4 (x+y)^2\mathrm{d}y\right]\mathrm{d}x \\
&= \frac{1}{9}\int_{-1}^{2}\left[\int_1^4 (x^2+2xy+y^2)\mathrm{d}y\right]\mathrm{d}x \\
&= \frac{1}{9}\int_{-1}^{2}\left(x^2y+xy^2+\frac{y^3}{3}\Big|_{y=1}^{y=4}\right)\mathrm{d}x \\
&= \frac{1}{9}\int_{-1}^{2}(3x^2+15x+21)\mathrm{d}x \\
&= \frac{1}{9}\left(x^3+\frac{15}{2}x^2+21x\right)\Big|_{-1}^{2} = 10.5
\end{aligned}$$

函数在 $R=\{x,y\mid -1\leqslant x\leqslant 2,1\leqslant y\leqslant 4\}$ 域内的平均值是 10.5。

例 5-6　计算体积

$$f(x,y)=1+x+y;\quad R=\{x,y\mid 0\leqslant x\leqslant 1,0\leqslant y\leqslant 2\}$$

解:利用重积分求体积的式(6-7):$V=\iint_R f(x,y)\mathrm{d}A$,得到

$$\begin{aligned}
V &= \iint_R f(x,y)\mathrm{d}A = \int_0^1\left[\int_0^2 (1+x+y)\mathrm{d}y\right]\mathrm{d}x \\
&= \int_0^1\left[\left(y+xy+\frac{y^2}{2}\right)\Big|_{y=0}^{y=2}\right]\mathrm{d}x = \int_0^1 (4+2x)\mathrm{d}x = 5
\end{aligned}$$

所以,$f(x,y)$在 R 域内的体积是 5。

分析点评:例 6-21 和例 6-22 也是重积分的应用。要求读者理解这两个常用的公式,能正确的使用。

三、自测题及答案

自测题

1. For $f(x,y)=-4x^2+4xy-3y^2+4x+10y+81$, find $f_x(2,3)$, $f_y(2,3)$, $f_{xx}(2,3)$, $f_{xy}(2,3)$.

2. For $f(x,y)=e^{x^2+2y}$, find f_x, f_y, f_{xx}, f_{yy}.

3. Evaluate: (1) $\int_0^2 \frac{x}{\sqrt{y+x^2}}dx$; (2) $\int_1^5 \frac{x}{\sqrt{y+x^2}}dy$.

4. Evaluate: (1) $\int_1^e \frac{\ln x}{xy}dx$; (2) $\int_1^{e^2} \frac{\ln x}{xy}dy$.

5. Find all critical points and test for extrema of

$$f(x,y)=x^3-12x+y^2-6y+3$$

6. If $f(x,y)=x^2+y^2$, and $g(x,y)=2x+6y-10$, Find the critical points of $F(x,y,\lambda)=f(x,y)+\lambda g(x,y)$.

7. Find the least squares line for the data in the table:

x	2	4	6	8
y	12	10	7	3

8. Find the average value of $f(x,y)=x^{\frac{2}{3}}y^{\frac{1}{2}}$, over the rectangle

$$R=\{(x,y)\mid -4\leqslant x\leqslant 4, 0\leqslant y\leqslant 16\}$$

9. Find the volume of the solid under the graph of $z=3x^2+y^2$ over the rectangle

$$R=\{(x,y)\mid 0\leqslant x\leqslant 1, -1\leqslant y\leqslant 1\}$$

10. A rectangular box with no top and two intersecting partitions is to be built from 108 square inches of cardboard (see the figure 6-5). Find the dimensions that will maximize the volume.

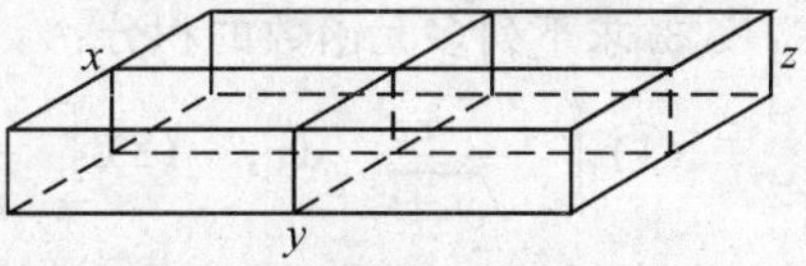

图 6-5

解答

1. 求函数 $f(x,y)=-4x^2+4xy-3y^2+4x+10y+81$ 的偏导数值 $f_x(2,3)$，$f_y(2,3)$，$f_{xx}(2,3)$，$f_{xy}(2,3)$。

解：

$$f(x,y)=-4x^2+4xy-3y^2+4x+10y+81$$

$$f_x(2,3)=(-8x+4y+4)\Big|_{(2,3)}=0$$

$$f_y(2,3)=(4x-6y+10)\Big|_{(2,3)}=0$$

$$f_{xx}(2,3)=(-8)\Big|_{(2,3)}=-8$$

$$f_{xy}(2,3)=(4)\Big|_{(2,3)}=4$$

分析点评：多元函数的偏导数一般仍然是一个多元函数，所以要求偏导数在某一点的值，首先求出偏导数，然后将给出这一点的坐标代入。求偏导数时将其他自变量视为常数(不变的量)，这样就变成为仅含有以各自变量的函数，用前面学习的方法求导数。

2. 求函数 $f(x,y)=e^{x^2+2y}$ 的偏导数值，f_x，f_y，f_{xx}，f_{yy}。

解：这是复合函数的偏导数问题，令 $u=x^2+2y$，函数变成 e^u。

$$f_x=e^u\frac{\partial u}{\partial x}=2xe^{x^2+2y}$$

$$f_y=e^u\frac{\partial u}{\partial y}=2e^{x^2+2y}$$

$$f_{xx}=\frac{\partial}{\partial x}(2xe^{x^2+2y})=2e^{x^2+2y}+4x^2e^{x^2+2y}=2e^{x^2+2y}(1+2x^2)$$

$$f_{yy}=\frac{\partial}{\partial y}(2e^{x^2+2y})=4e^{x^2+2y}$$

分析点评：对于复杂的多元函数可以用一元函数的复合函数的方法，引入一个中间变量，这个中间变量可能是个多元函数(如上面题目的 u)，要注意对这个中间变量求偏导数。

3. 求下列多元函数的积分：

(1) $\int_0^2 \frac{x}{\sqrt{y+x^2}}\mathrm{d}x$； (2) $\int_1^5 \frac{x}{\sqrt{y+x^2}}\mathrm{d}y$。

解：将另一个变量视为常数，就成为一元函数的积分。

(1)是对变量 x 的积分，所以可以将 y 视为常数。经过换元 $u=y+x^2$，计算新变量的上下积分限，注意与 y 有关。

$$\int_0^2 \frac{x}{\sqrt{y+x^2}}\mathrm{d}x \xrightarrow{y+x^2=u,\mathrm{d}x=2x\mathrm{d}x,x=0,u=y;x=2,u=4+y} \frac{1}{2}\int_y^{4+y}\frac{1}{\sqrt{u}}\mathrm{d}u = u^{\frac{1}{2}}\Big|_y^{4+y} = \sqrt{4+y}-\sqrt{y}$$

(2) 这次是对 y 的积分，x 被视为常数，所以，分子的 x 可以移到积分号外。其他与(1) 类似。

$$\int_1^5 \frac{x}{\sqrt{y+x^2}}\mathrm{d}y \xrightarrow{u=y+x^2,\mathrm{d}u=\mathrm{d}y,y=1,u=1+x^2;y=5,u=5+x^2} x\int_{1+x^2}^{5+x^2}\frac{1}{\sqrt{u}}\mathrm{d}u = 2xu^{\frac{1}{2}}\Big|_{1+x^2}^{5+x^2} = 2x(\sqrt{5+x^2}-\sqrt{1+x^2})$$

分析点评：多元函数积分时实际上是一元函数的积分。因为当对自变量 y 积分时，另一个自变量 x 被视为常数；同样，当对自变量 x 积分时，另一个自变量 y 被视为常数。所以，每次都仅有一个自变量，我们可以用学习的积分方法完成积分运算。

4. 求下列多元函数的积分：

(1) $\int_1^{\mathrm{e}} \frac{\ln x}{xy}\mathrm{d}x$； (2) $\int_1^{\mathrm{e}^2} \frac{\ln x}{xy}\mathrm{d}y$。

解：与上题类似，使用换元法。

(1) $$\int_1^{\mathrm{e}} \frac{\ln x}{xy}\mathrm{d}x \xrightarrow{u=\ln x,\mathrm{d}u=\frac{1}{x}\mathrm{d}x;x=1,u=0;x=\mathrm{e},u=1} \frac{1}{y}\int_0^1 u\mathrm{d}u = \frac{1}{2y}u^2\Big|_0^1 = \frac{1}{2y}$$

(2) $$\int_1^{\mathrm{e}^2} \frac{\ln x}{xy}\mathrm{d}y = \frac{\ln x}{x}\int_1^{\mathrm{e}^2}\frac{1}{y}\mathrm{d}y = \frac{\ln x}{x}\ln|y|\Big|_1^{\mathrm{e}^2} = \frac{2\ln x}{x}$$

分析点评：多元函数对某一个自变量积分是一元函数的积分问题，可以用换元，分部积分等方法。

5. 找出函数 $f(x,y)=x^3-12x+y^2-6y+3$ 的所有临界点，并检验它们的极值特性。

解：按照求多元函数极值的步骤。

第一步，求函数的临界点：

$$f_x=3x^2-12=0,x^2=4,x=-2,x=2$$
$$f_y=2y-6=0,y=3$$

函数的临界点是$(-2,3)$和$(2,3)$。

第二步，分别计算二阶偏导数在每个临界点的值：

$$f_{xx}=6x;\quad f_{xy}=0;\quad f_{yy}=2;\quad A=f_{xx}(a,b),B=f_{xy}(a,b),C=f_{yy}(a,b)$$

在临界点$(-2,3)$，$A_1=-12,B_1=0,C_1=2$；

在临界点$(2,3)$，$A_2=12,B_2=0,C_2=2$；

第三步，计算 $AC-B^2$，判断极值的类型：

在临界点$(-2,3)$，$A_1C_1-B_1^2=-24<0$，临界点$(-2,3)$为鞍点；

在临界点$(2,3)$，$A_2C_2-B_2^2=24>0$，并且 $A_2>0$。

所以临界点$(2,3)$是极小值点。

分析点评：多元函数的极值点一定是临界点，但所有的临界点不一定都是极值点。所以，要用二阶偏导数的判别公式再对每个临界点进行分析。读者一定要注意按照解题的步骤进行，这是掌握新方法的关键。

6. 求函数 $F(x,y,\lambda)=f(x,y)+\lambda g(x,y)$ 在约束条件 $f(x,y)=x^2+y^2$ 和 $g(x,y)=2x+6y-10$ 下的条件极值。

解：按照条件极值的解题步骤。

第一步，构造 F 函数：

$$F(x,y,\lambda)=f(x,y)+\lambda g(x,y)=x^2+y^2+\lambda(2x+6y-10)$$

第二步，解一阶偏导数组成的方程组，求 F 的临界点：

$$F_x=2x+2\lambda=0,\quad x=-\lambda \tag{a}$$
$$F_y=2y+6\lambda=0,\quad y=-3\lambda \tag{b}$$
$$F_\lambda=2x+6y-10=0 \tag{c}$$

将式(a)和式(b)代入式(c)得到

$$-2\lambda-18\lambda=10,\quad \lambda=-0.5$$

代回到式(a)和式(b)，得到 F 的临界点：$(0.5,1.5,-0.5)$。

所以，(0.5, 1.5) 是函数 $f(x,y)=x^2+y^2$，且 $g(x,y)=2x+6y-10$ 的极小值。

分析点评：多元函数的极值分为条件极值和非条件极值。非条件极值就是上面的题目的问题，一般称为极值问题。而条件极值是附带有限定条件或约束方程的问题。这两种问题的解题方法不同，因此，首先要判断是那一类极值问题。条件极值通用的方法是**拉格朗日乘数法**(Lagrange multiplier)。这种方法是将极值方程和条件方程组合成为一个新的 F 函数，求新的 F 函数的极值。通过新的 F 函数将条件极值转化成一般的极值问题。解这类问题一定要掌握它的方法和步骤。

7. 确定下列数据的最小二乘直线方程：

x	2	4	6	8
y	12	10	7	3

解：按照步骤，列表求出所需要的结果。

第一步，作如下表格，首先计算 a：

x_k	y_k	$x_k y_k$	x_k^2
2	12	24	4
4	10	40	16
6	7	42	36
8	3	24	64
Total: 20	32	130	120

由表格得到

$$\sum x_i = 20, \sum y_i = 32, \sum x_i y_i = 130, \sum x_i^2 = 120$$

第二步，代入式(6-4) 得到

$$a = \frac{n\sum_{i=1}^{n} x_i y_i - \sum_{i=1}^{n} x_i \cdot \sum_{i=1}^{n} y_i}{n\left(\sum_{i=1}^{n} x_i^2\right) - \left(\sum_{i=1}^{n} x_i\right)^2} = \frac{4(130)-20(32)}{4(120)-(20)^2} = -1.5$$

第三步，代入式(6-5)得到

$$b = \frac{\sum_{i=1}^{n} y_i - a\sum_{i=1}^{n} x_i}{n} = \frac{32+1.5(20)}{4} = 15.5$$

由以上得到它的最小二乘直线的方程为

$$y = -1.5x + 15.5$$

分析点评:线性的最小二乘法的解题步骤通过一个表体现,所以要掌握这个方法。

8. 计算函数 $f(x,y)=x^{\frac{2}{3}}y^{\frac{1}{2}}$ 在下列区间的平均值:

$$R=\{(x,y)\mid -4\leqslant x\leqslant 4, 0\leqslant y\leqslant 16\}$$

解:利用计算平均值的公式有

$$\bar{f}(x,y) = \frac{1}{(b-a)(d-c)}\iint_R f(x,y)\mathrm{d}A = \frac{1}{8\times 16}\int_{-4}^{4}\left[\int_0^{16} x^{\frac{2}{3}}y^{\frac{1}{2}}\mathrm{d}y\right]\mathrm{d}x$$

$$= \frac{1}{192}\int_{-4}^{4} x^{\frac{2}{3}}\left[y^{\frac{3}{2}}\right]\Big|_0^{16}\mathrm{d}x = \frac{64}{192}\int_{-4}^{4} x^{\frac{2}{3}}\mathrm{d}x = \frac{1}{5}x^{\frac{5}{3}}\Big|_{-4}^{4} = 4.0317$$

分析点评:多元函数的重积分的一个重要应用是求函数的平均值。按照这个公式计算,可以看出,平均值与区间关系很大。计算重积分时是分别对每一个自变量积分。尽管积分的结果与积分次序没有关系,但合适的积分次序可能使积分简便,希望读者注意。

9. 计算曲面 $z=3x^2+y^2$ 在区间 $R=\{(x,y)\mid 0\leqslant x\leqslant 1, -1\leqslant y\leqslant 1\}$ 的体积。

解:体积是函数的二重积分,按照公式得到:

$$V = \int_0^1\left[\int_{-1}^{1}(3x^2+y^2)\mathrm{d}y\right]\mathrm{d}x = \int_0^1\left(3x^2y+\frac{y^3}{3}\right)\Big|_{-1}^{1}\mathrm{d}x$$

$$= \int_0^1\left(6x^2+\frac{2}{3}\right)\mathrm{d}x = \left(2x^3+\frac{2x}{3}\right)\Big|_0^1 = \frac{8}{3}$$

分析点评:多元函数的重积分的另一个重要应用是求不规则形状的体积。这是给出的曲面下的体积的计算公式。

10. 用 108 in^2 的材料做 1 个无盖但各有 1 个纵、横交叉板,将盒子分割为 4 份的盒子,什么几何尺寸使得盒子的体积最大?

解:这是个条件极值问题。使用的材料的面积为 108,使得体积最大。条件极值的应用题解题步骤:

第一步,明确问题:设长、宽、高分别为 x, y, z, 则

体积:　　$V = xyz$

使用的材料的面积:　　$xy + 3xz + 3yz = 108$

第二步,构造 F 函数:

$$F(x,y,\lambda)=f(x,y)+\lambda g(x,y)=xyz+\lambda(xy+3xz+3yz-108)$$

第三步，解一阶偏导数组成的方程组，求 F 的临界：

$$F_x=yz+\lambda(y+3z)=0,\quad yz+3z\lambda+y\lambda=0 \tag{a}$$

$$F_y=xz+\lambda(x+3z)=0,\quad xz+3z\lambda+x\lambda=0 \tag{b}$$

$$F_z=xy+\lambda(3x+3y)=0,\quad xy+3x\lambda+3y\lambda=0 \tag{c}$$

$$F_\lambda=3xz+3yz+xy-108=0 \tag{d}$$

将式(a)、式(b)和式(c)分别乘以 x,y,z 得到

$$xyz+3xz\lambda+xy\lambda=0 \tag{e}$$

$$xyz+3yz\lambda+xy\lambda=0 \tag{f}$$

$$xyz+3xz\lambda+3yz\lambda=0 \tag{g}$$

式(e)－式(f)，得到 $3z(x-y)=0,\ x=y$ (h)

式(f)－式(g)，得到 $3xz-xy=0,\ y=3z$ (k)

将 $x=y,\ y=3z$，代入式(d)，得到

$$x^2+x^2+x^2=108,\quad x^2=36,\quad x=6$$

代回到式(h)和式(g)得到 $y=6,\ z=2$；

代回到式(a)，得到 $\lambda=-\dfrac{y}{6}=-1$；

F 的临界：$(6,6,2,\ -1)$；

所以(6,6,2)对应体积的极大值。

分析点评：这是由 3 个自变量的条件极值的应用题。解题的方法是相同的，但求解联立方程的难度增加了很多。

建议：这套测验题除第 10 题外都是基本要求，读者应该在 120 分钟内完成。

模拟试题及解答

Samples of Examinations and Answers

为了帮助同学们自己检查学习的效果，这里给出了本课程的期中考试和期末考试的模拟试题各2套，其中各1套给出了解答。我们将答案和模拟题分开是希望同学们不要急于核对答案，而是坚持自己做完，认真检查后再与答案核对。这些题目全用英语给出，希望同学们能逐渐适应实际的考试格式。题目的难易程度和类型基本上代表了课程的要求。

期中考试模拟试题 1

Midterm Examination 1（for 120 minutes)

SHORT ANSWER（5 points each).

Write the word or phrase that best completes each statement or answers the question:

(1) Find $\frac{d}{dx}(x^2+12x+5)$.

(2) Determine where the function $f(x)=\frac{5x}{2x-3}$ is discontinuous.

(3) Let $f(x)=\frac{x^2-3x-10}{x+2}$, find $\lim\limits_{x\to-2}f(x)$.

(4) Find $\frac{dy}{dt}$ for $y=\ln(1-t)$.

(5) Find $f'(t)$ if $f(t)=0.4t(5t^2+1)$ and simplify.

(6) Find the absolute maximum value of $f(x)=3x^2-x^3$ on $[0,\infty]$.

(7) Use the first derivative test to determine the local extrema, if any, for the function:

$$f(x)=x^3+3x^2-24x+6$$

(8) Find derivative for $f(x)=(x^2+1)e^{-x}$ and simplify.

MULTIPLE CHOICE (5 points each).

Choose the one alternative that best completes the statement or answers the question:

(9) Find: $\lim\limits_{x\to -1}\dfrac{6x+5}{5x-6}$.

(A) $\dfrac{1}{11}$; (B) $-\dfrac{1}{11}$; (C) -11; (D) 1.

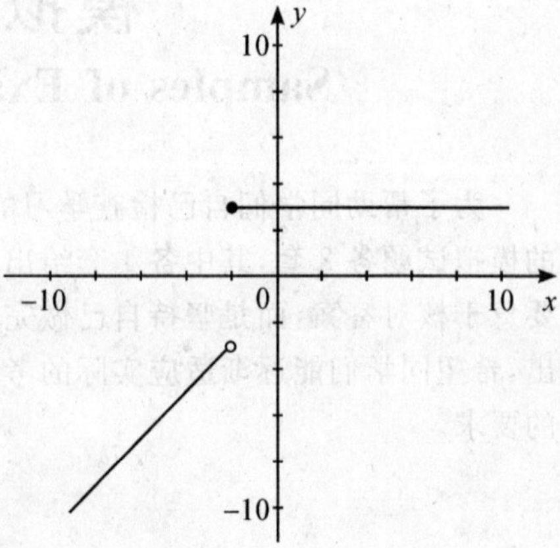

(10) Use the graph to estimate $\lim\limits_{x\to 2^-} f(x)$

(A) 0; (B) 3; (C) -3; (D) -10.

(11) Find: $\lim\limits_{h\to 0}\dfrac{f(7+h)-f(7)}{h}$ for $f(x)=-x+1$

(A) 1; (B) 0; (C) -1; (D) does not exist.

(12) Find: $\lim\limits_{x\to 3}\left(\dfrac{x^2-9}{x-3}+\sqrt{x^2+7}\right)$.

(13) Find: $\dfrac{d}{dx}\left(\dfrac{4}{x^4}-4\sqrt[5]{x}\right)$.

(14) Find the values of x where the tangent line is horizontal for the graph of $f(x)=\dfrac{4x^2}{x+2}$.

(A) $x=-2$; (B) $x=0$, $x=-4$;

(C) $x=-2$, $x=0$, $x=-4$; (D) $x=0$, $x=-2$.

(15) A company manufactures and sells x pocket calculators per week. If the weekly cost and price-demand equations are given by:

$$C(x)=8\,000+5x$$

$$p=14-\frac{x}{4\,000},\quad 0\leqslant x\leqslant 25\,000$$

Find the production level that maximizes profit.

(A) 8 000 pocket calculators per week; (B) 18 000 pocket calculators per week;

(C) 14 000 pocket calculators per week; (D) 2 000 pocket calculators per week.

(16) Determine the interval(s) over which $f(x)=(x+3)^3$ is concave upward.

(A) $(-3,\infty)$; (B) $(-\infty,3)$; (C) $(-\infty,\infty)$; (D) $(-\infty,-3)$.

(17)Find the equation of the tangent line at $x = 2$ for $f(x) = 4 + x - 2x^2 - 3x^3$. Write the answer in the form $y = mx + b$.

(A)$y = -47x + 68$; (B)$y = -39x + 52$;

(C)$y = -43x + 60$; (D)$y = -43x + 48$.

(18)Let $f(x)$ be a function with critical values at $x = -5, -1, 1$ and 3, Use the sign chart for $f'(x)$ given below and the first derivative test to find all local extrema of $f(x)$

+++++0-----ND-----0-----0++++++

-5 -1 1 3

(A)Local max: $f(-5)$; (B)Local max: $f(-5)$, local min: $f(3)$;

(C)Local min: $f(-1)$; (D)Local max: $f(1)$, local min: $f(-1)$。

(19)The price-demand equation for a certain item is $p = 14 - \frac{x}{1\,000}$ and the cost equation is $C(x) = 7\,000 + 4x$. Find the marginal profit at a production level of 3 000 and interpret the result.

(A) \$16; at the 3 000 level of production, profit will increase by approximately \$16 for each unit increase in production.

(B) \$14; at the 3 000 level of production, profit will increase by approximately \$14 for each unit increase in production.

(C) \$7; at the 3 000 level of production, profit will increase by approximately \$7 for each unit increase in production.

(D) \$4; at the 3 000 level of production, profit will increase by approximately \$4 for each unit increase in production.

(20) A rancher wants to build a fence to enclose an 1 800 square meter rectangular field for cattle. The fence along one side is to be made of heavy-duty material that costs \$15 per meter. The material along the remaining three sides costs only \$5 per meter. Find the dimensions and total cost of fencing for the field that is least expensive to fence.

(A) 42.43 meters by 42.43 meters; \$1 200.

(B)90 meters by 20 meters (with one shorter side using the more expensive fencing); \$1 200.

(C) 90 meters by 20 meters (with one shorter side using the more expensive fencing); \$1 600.

(D)30 meters by 60 meters (with one shorter side using the more expensive fencing); \$1 200.

Answers (for reference)

(1)**Solution**: Use the power rule and basic Differentiation Properties

$$\frac{d}{dx}(x^2+12x+5)=2x+12$$

(2)**Solution**: $f(x)$ is a rational function, so it is discontinuous just when $2x-3=0$, so $f(x)$ is not ontinuous at

$$x=\frac{3}{2}$$

(3)**Solution**:

$$f(x)=\frac{x^2-3x-10}{x+2}=\frac{(x-5)(x+2)}{x+2}=x-5$$

$$\lim_{x\to-2}f(x)=\lim_{x\to-2}(x-5)=-7$$

(4)**Solution**:

$$\frac{dy}{dt}=\frac{d\ln(1-t)}{dt}=\frac{1}{1-t}\cdot\frac{d(-t)}{dt}=\frac{-1}{1-t}$$

(5)**Solution**:

$$\begin{aligned}f'(t)&=(0.4t)'(5t^2+1)+0.4t(5t^2+1)'\\&=0.4\times(5t^2+1)+0.4t\times10t\\&=6t^2+0.4\end{aligned}$$

(6)**Solution**:

$$f'(x)=6x-3x^2=3x(2-x)$$

So $x=0$ and $x=2$ are the critical values of $f(x)$ on the interval $[0,\infty)$

$$f''(x)=6-6x$$

$f''(2)=-6<0$, so the absolute maximum value of $f(x)$ occurs at $x=2$, the absolute maximum value of $f(x)$ is $f(2)=4$.

(7)**Solution**:

$$f'(x)=3x^2+6x-24=3(x+4)(x-2)$$

The partition numbers of $f'(x)$ are $x=-4$ and $x=2$, so we construct the sign chart of $f'(x)$ as follow:

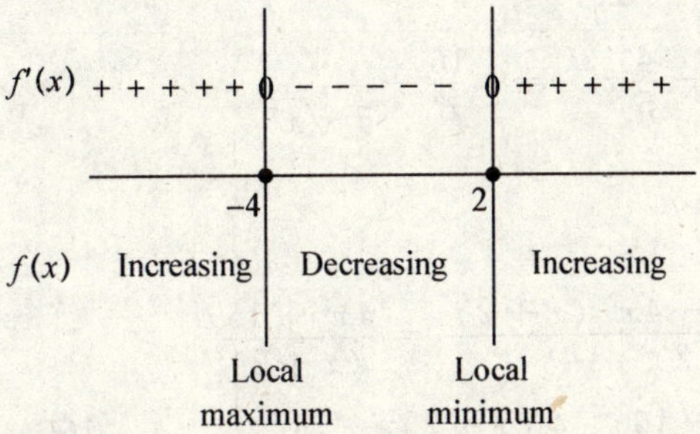

Test Numbers

x	$f'(x)$
-5	21(+)
0	-24(−)
3	21(+)

From the chart we can know the local maximum occurs at $x=-4$, and the local minimum occurs at $x=2$.

(8)**Solution**:

$$\begin{aligned} f'(x) &= (x^2+1)'e^{-x}+(x^2+1)(e^{-x})' \\ &= 2xe^{-x}+(x^2+1)(-e^{-x}) \\ &= 2xe^{-x} \quad x^2e^{-x} \quad e^{-x} \\ &= e^{-x}(2x-x^2-1) \end{aligned}$$

(9)**Solution**:

$$\lim_{x\to-1}\frac{6x+5}{5x-6}=\frac{6(-1)+5}{5(-1)-6}=\frac{1}{11}$$

(10)**Solution**:

x approachs -2 from the left, based on the graph, we can easily know $\lim\limits_{x\to-2^-}f(x)=-3$.

(11)**Solution**:

$$\lim_{h\to0}\frac{f(7+h)-f(7)}{h}=\lim_{h\to0}\frac{-7-h+1+7-1}{h}=\lim_{h\to0}\frac{-h}{h}=\lim_{h\to0}(-1)=-1$$

(12)**Solution**:

$$\lim_{x\to3}\left(\frac{x^2-9}{x-3}+\sqrt{x^2+7}\right)=\lim_{x\to3}\left(\frac{(x+3)(x-3)}{x-3}+\sqrt{x^2+7}\right)$$

$$= \lim_{x \to 3} (x + 3 + \sqrt{x^2 + 7})$$

$$= 3 + 3 + \sqrt{3^2 + 7} = 10$$

(13)**Solution**:

$$\frac{\mathrm{d}}{\mathrm{d}x}\left(\frac{4}{x^4} - 4\sqrt[5]{x}\right) = 4\frac{\mathrm{d}x^{-4}}{\mathrm{d}x} - 4\frac{\mathrm{d}x^{\frac{1}{5}}}{\mathrm{d}x} = 4 \times (-4)x^{(-4-1)} - 4 \times \frac{1}{5}x^{(\frac{1}{5}-1)}$$

$$= -16x^{-5} - \frac{4}{5}x^{-\frac{4}{5}} = -\frac{16}{x^5} - \frac{4}{5\sqrt[5]{x^4}}$$

(14)**Solution**:

$$f'(x) = \frac{(4x^2)'(x+2) - 4x^2(x+2)'}{(x+2)^2} = \frac{4x^2 + 16x}{(x+2)^2}$$

$$= \frac{4x^2 + 16x + 16 - 16}{(x+2)^2} = \frac{4(x+2)^2 - 16}{(x+2)^2} = 4 - \frac{16}{(x+2)^2}$$

The tangent line is horizontal for the graph of $f(x)$ means that $f'(x) = 4 - \frac{16}{(x+2)^2} = 0$, so $x = 0$ and $x = -4$.

(15)**Solution**:

Profit = Revenue − Cost

$$P(x) = R(x) - C(x)$$

$$= \left(14 - \frac{x}{4\,000}\right)x - 8\,000 - 5x$$

$$= 9x - \frac{x^2}{4\,000} - 8\,000, \quad 0 \leqslant x \leqslant 25\,000$$

$$P'(x) = 9 - \frac{x}{2\,000} = 0$$

$x = 18\,000$ is the only critical value on the interval $(0, 25\,000)$

$P''(x) = -\frac{1}{2\,000} < 0$ for all x, so $P(18\,000)$ is the absolute maximum profit.

Answer B is right.

(16)**Solution**:

$$f'(x) = 3(x+3)^2$$

$$f''(x) = 6\ (x+3)$$

$f(x) = (x+3)^3$ is concave upward while $f''\ (x) = 6\ (x+3) > 0, x > -3$.
So answer A is right.

(17)**Solution**:

$$\text{when } x = 2, f\ (2) = 4+2-8-24 = -26$$

$$f'\ (x) = 1-4x-9x^2$$

$$f'\ (2) = 1-8-36 = -43$$

The equation of the tangent line is:

$$y+26 = -43\ (x-2)$$

$$y = -43x+60$$

(18)**Solution**:

On the interval $(-\infty, -5)$, $f'(x) > 0$, $f(x)$ is increasing; on the interval $(-5, 3)$ $f'(x) < 0$, $f(x)$ is decreasing; On the interval $(3, \infty)$, $f'(x) > 0$, $f(x)$ is increasing.

So $f(x)$ is from increasing to decreasing at $x = -5$, $f(-5)$ is the local maximum; $f(x)$ is from decreasing to increasing at $x = 3$, $f(3)$ is the local minimum. Answer B is right.

(19)**Solution**:

$$\text{Profit} = \text{Revenue} - \text{Cost}$$

$$P(x) = R\ (x) - C\ (x)$$

$$= \left(14 - \frac{x}{1\,000}\right)x - (7\,000 + 4x)$$

$$= 10x - \frac{x^2}{1\,000} - 7\,000$$

marginal profit $\quad P'(x) = 10 - \dfrac{x}{500}$

$$P'(3\,000) = 10 - \frac{3\,000}{500} = \$4$$

So at the 3 000 level of production, profit will increase by approximately \$4 for each unit increase in production. Answer D is right.

(20)**Solution**:

First we construct the sketch map as follow:

let x and y represents the dimensions.

The area of the field is $A = xy = 1\,800$.

The cost of the fence is $C = 15x + 5x + 5y + 5y = 20x + 10y$.

Minimum $C = 20x + 10y$ when $xy = 1\,800$.

$$y = \frac{1\,800}{x}$$

x and y are the rectangular dimensions, so $x > 0, y > 0$.

$$C = 20x + 10y = 20x + \frac{18\,000}{x}$$

Minimum $C(x) = 20x + \frac{18\,000}{x}$ while $x > 0$.

$C(x)$ is continuous on the interval $(0, \infty)$.

$$C'(x) = 20 - \frac{18\,000}{x^2} = 0 \qquad C''(x) = \frac{18\,000}{x^4}$$

$x = 30$ is the only critical value of $C(x)$, and $C''(30) = \frac{18\,000}{30^4} = \frac{1}{45} > 0$.

So $C(30) = 1\,200$ is the absolute minimum of $C(x)$ on the interval $(0, \infty)$.

$$y = \frac{1\,800}{x} = 60$$

The option D is right.

期中考试模拟试题 2

Midterm Examination 2（for 120 minutes）

(1) Find：$\lim\limits_{x \to -4} \dfrac{x^2-16}{x+4}$.

(2) Determine where the function $H(x)=\dfrac{x^2-7}{x^2+x-6}$ is continuous.

(3) Solve the inequality and express the answer in interval notation：$\dfrac{x^2-4x}{x+5}>0$.

(4) Find：$\dfrac{\mathrm{d}}{\mathrm{d}x}\left(\dfrac{4}{x^4}-5\sqrt[3]{x}\right)$.

(5) Find the equation of the tangent line at $x=2$ for $f(x)=4+x-2x^2-3x^3$. Write the answer in the form $y=mx+b$.

(6) Find $\dfrac{\mathrm{d}}{\mathrm{d}v}\left(6v^{0.7}-v^{5.8}\right)$.

(7) Find $\dfrac{\mathrm{d}y}{\mathrm{d}x}$ for $y=\dfrac{-5x^3-5x^2+3}{-5x^4+2}$. Do not simplify.

(8) Find the derivative of the function $f(x)=\dfrac{2x-7}{3x-2}$ at $x=2$.

(9) Find：$\dfrac{\mathrm{d}}{\mathrm{d}x}\left(\sqrt[8]{8x^7-10}\right)$.

(10) Find f' for $f(x)=(8x-9)^{-4}$.

(11) A company is planning to manufacture a new blender. After conducting extensive market surveys, the research department estimates a weekly demand of 600 blenders at a price of \$50 per blender and a weekly demand of 800 blenders at a price of \$40 per blender. Assuming the demand equation is linear, use the research department's estimates to find the revenue equation in terms of the demand x.

(12) Determine the interval(s) where $f(x)=\dfrac{x^2}{x-3}$ is decreasing.

(13) Given $f(x)=x+\dfrac{16}{x}, x<0$, find the values of x corresponding to local maxima and local minima.

(14) Determine the interval(s) over which $f(x)=(x+3)^3$ is concave upward.

(15) The critical values of $f(x)$ are $x = -3$ and $x = 1$. Use the sign chart for $f''(x)$ given below to find the x-value of the local minima of $f(x)$.

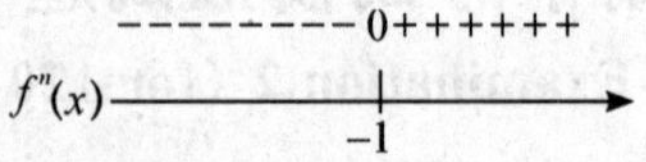

(16) A company estimates that it will sell $N(t)$ hair dryers after spending \$ t thousands on advertising as given by:

$$N(t) = -3t^3 + 450t^2 - 21\,600t + 1\,100, \quad 40 \leqslant t \leqslant 60$$

For which values of t is the rate of sales $N'(t)$ increasing?

(17) Find horizontal asymptotes, if any, for $f(x) = \dfrac{2x^2 - 2}{4x^3 - 3}$.

(18) Sketch the graph of $f(x) = \dfrac{2x^2 + 5x - 3}{x^2 - 9}$. Include sketch of all asymptotes.

(19) Find the absolute maximum and minimum values of $f(x) = 9x^3 - 54x^2 + 81x + 13$ on the interval $[-6, 2]$.

(20) A fence is to be built to enclose a rectangular area adjacent to a building. The building, 60 feet long, will be used as part of the fencing on one side of the area (see figure below). Find the dimensions that will enclose the largest area if 360 feet of fencing material is used.

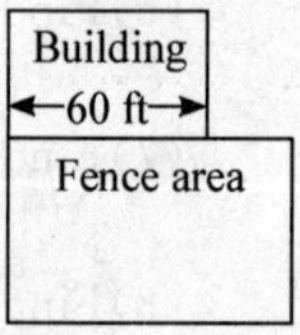

(21) A company manufactures and sells x pocket calculators per week. If the weekly cost and demand equations are given by:

$$C(x) = 8\,000 + 5x$$

$$p = 14 - \frac{x}{4\,000}, \quad 0 \leqslant x \leqslant 25\,000$$

Find the production level that maximizes profit.

(22) A 60 room hotel is filled to capacity every night at a rate of \$ 40 per room. The management wants to determine if a rate increase would increase their profit. They are not interested in a rate decrease. Suppose management determines that for each \$ 2 increase in the nightly rate, five fewer rooms will be rented. If each rented room costs \$ 8 a day to service, how much should the management charge per room to maximize profit?

(23) Given $f(x) = 3 - e^x$ for what values of x is:

(A) $f(x)$ increasing; (B) $f(x)$ decreasing;

(C) the graph of $f(x)$ concave upward;

(D) the graph of $f(x)$ concave downward;

(24) Find $f'(x)$ for $f(x) = 8e^x + 4\ln(x^3)$;

(25) Find $f'(x)$ for $f(x) = x^2\ln(7x)$.

期末考试模拟试题 1

Final Examination 1（for 120 minutes）

Write the word or phrase that best completes each statement or answers the questions (5 points each):

(1) Determine where the function $H(x) = \dfrac{x^2+7}{x^2+x-6}$ is continuous.

(2) Find $f'(x)$ if $f(x) = 5 + 0.5x - x^3$.

(3) Find $\dfrac{dy}{dx}$ for $y = \ln(1-x)$.

(4) Evaluate the integration of $\int_1^3 (2x-3)\,dx$.

(5) Use the first derivative test to determine the local extrema, if any, for the function:

$$f(x) = x^3 + 1.5x^2 - 36x + 6$$

(6) Find the absolute maximum value of $f(x) = x^3 - 6x^2 + 1$.

(7) Find derivative for $f(x) = (x^2+1)e^{-x}$ and simplify.

(8) Find the indefinite integral of $\int e^{7x+4}\,dx$.

(9) Find the indefinite integral of $\int \dfrac{x}{\sqrt{x-3}}\,dx$.

(10) Find the indefinite integral of $\int x^2 \ln x\,dx$.

(11) Find the integral of $\int x^2 e^x\,dx$.

(12) Find the definite integral $\int_{-2}^{-1} \dfrac{x^2+1}{x}\,dx$.

(13) Find the area (to three decimal places) bounded by $f(x)=5-x^2$ and $q(x)=2-2x$.

(14) The US Bureau of the Census to produce the Lorenz curves for distribution of income in the United States in 1962 and in 1972:

$$f(x)=0.3x+0.7x^2,\ \text{Lorenz curve for 1962}$$

$$g(x)=0.5x+0.5x^2\text{, Lorenz curve for 1972}$$

Find the Gini index of income concentration for each Lorenz curve and interpret the results.

(15) Find the consumers' surplus at a price level of $\bar{p}=\$7$ for the price-demand equation

$$p=D(x)=25-0.4x$$

(16) Find the total income produced by a continuous income stream in the first 3 years if the rate of flow is $f(t)=400e^{0.05t}$.

(17) Find $\frac{dy}{dx}$, given the equation $y^3+3x^2y-x^2+2=0$.

(18) Find the amount A in an account (to the nearest dollar) after 5 years if $\frac{dA}{dt}=rA$, $A(0)=800$ and $A(10)=1\,800$.

(19) A factory discharges pollutants into a large river at a rate that is estimated by a water quality control agency to be $P'(t)=t\sqrt{1+t^2}$ for $0\leqslant t\leqslant 5$ where $P(t)$ is the total number of tons of pollutants discharged into the river after t years of operation. What quantity of pollutants will be discharged into the river from the end of the third year to the end of the fifth year? (Round to two decimal places.)

(20) Radioactive carbon-14 has a continuous compound rate of decay of $r=-0.000\,124$. Estimate the age of a skull uncovered at an archaeological site if 6% of the original amount of carbon-14 is still present. (Compute answer to the nearest year.)

Answers (for reference):

(1) **Solution:**

$H(x)=\frac{x^2+7}{x^2+x-6}=\frac{x^2+7}{(x+3)(x-2)}$ is a rational function, so $H(x)$ is not continuous just at $x=-3$ and $x=2$, so the continuous intervals of $H(x)$ is $(-\infty,-3)\cup(-3,2)\cup(2,\infty)$

(2) **Solution 1:**

Use the four-step approach.

First: find $f(x+h)$

$$\begin{aligned}f(x+h)&=5+0.5(x+h)-(x+h)^3\\&=5+0.5x+0.5h-x^3-3xh^2-3hx^2-h^3\end{aligned}$$

Second: find $f(x+h)-f(x)$

$$f(x+h)-f(x)=5+0.5x+0.5h-x^3-3xh^2-3hx^2-h^3-5-0.5x+x^3$$
$$=0.5h-3hx^2-3xh^2-h^3$$

Third: find $\frac{f(x+h)-f(x)}{h}$

$$\frac{f(x+h)-f(x)}{h}=\frac{0.5h-3hx^2-3xh^2-h^3}{h}$$
$$=0.5-3x^2-3xh-h^2 \quad h\neq 0$$

Fourth: find $f'(x)=\lim\limits_{h\to 0}\frac{f(x+h)-f(x)}{h}$

$$f'(x)=\lim_{h\to 0}\frac{f(x+h)-f(x)}{h}=\lim_{h\to 0}(0.5-3x^2-3xh-h^2)=0.5-3x^2$$

So $\qquad f'(x)=0.5-3x^2$

Solution 2:

Use the power rule and basic Differentiation Properties

$$f'(x)=0+0.5x^0-3x^2=0.5-3x^2$$

(3) **Solution:**

Use the derivative formula of $\ln x$:

$$\frac{dy}{dx}=\frac{1}{1-x}\cdot\frac{d(-x)}{dx}=\frac{-1}{1-x}$$

(4) **Solution:**

$$\int_1^3(2x-3)dx=\int_1^3 2x dx-\int_1^3 3dx=[x^2]_1^3-[3x]_1^3$$
$$=3^2-1-9+3$$
$$=2$$

(5) **Solution:**

$$f'(x)=3x^2+3x-36=3(x+4)(x-3)$$

The partition numbers of $f'(x)$ are $x=-4$ and $x=3$, the sign chart of $f'(x)$ is:

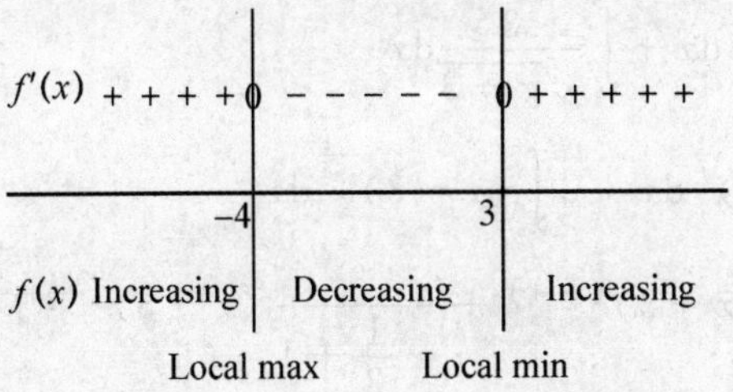

x	$f'(x)$
-5	24(+)
0	-36(−)
4	24(+)

From the chart we can know the local maximum occurs at $x=-4$, and the local minimum occurs at $x=3$.

(6)**Solution**:

$f(x)$ is continuous for all x.

$f'(x)=3x^2-12x=3x(x-4)$, so $x=0$ and $x=4$ are the critical values of $f(x)$.

$f''(x)=6x-12$

Since $f''(0)=-12<0$ and $f''(4)=12>0$, so the absolute maximum value of $f(x)$ occurs at $x=0$, the absolute maximum value is $f(0)=1$.

(7)**Solution**:

$$\begin{aligned} f'(x)&=(x^2+1)'e^{-x}+(x^2+1)(e^{-x})' \\ &=2xe^{-x}+(x^2+1)e^{-x}(-x)' \\ &=2xe^{-x}-(x^2+1)e^{-x} \\ &=e^{-x}(2x-x^2-1) \end{aligned}$$

(8)**Solution**:

$$\begin{aligned} \int e^{7x+4}\,dx &= \int e^{7x}e^{4}\,dx = \frac{1}{7}e^{4}\int e^{7x}\,d(7x) \\ &= \frac{1}{7}e^{4}e^{7x}+c \\ &= \frac{1}{7}e^{7x+4}+c \end{aligned}$$

(9)**Solution**:

$$\int \frac{x}{\sqrt{x-3}}\,dx = \int \frac{x-3+3}{\sqrt{x-3}}\,dx$$

$$=\int \sqrt{x-3}\,dx+\int \frac{3}{\sqrt{x-3}}dx$$

$$=\int (x-3)^{\frac{1}{2}}\,dx+3\int (x-3)^{-\frac{1}{2}}\,dx$$

$$=\frac{1}{\frac{1}{2}+1}(x-3)^{(\frac{1}{2}+1)}+\frac{3}{-\frac{1}{2}+1}(x-3)^{(-\frac{1}{2}+1)}+C$$

$$=\frac{2}{3}(x-3)^{\frac{3}{2}}+6(x-3)^{\frac{1}{2}}+C$$

(10)**Solution**:

$$\int x^2\ln x\,dx=\frac{1}{3}\int \ln x\,dx^3=\frac{1}{3}x^3\ln x-\frac{1}{3}\int x^3\,d\ln x$$

$$=\frac{1}{3}x^3\ln x-\frac{1}{3}\int x^2\,dx$$

$$=\frac{x^3}{3}\ln x-\frac{x^3}{9}+C$$

(11)**Solution**:

$$\int x^2e^x\,dx=\int x^2\,de^x=x^2e^x-\int e^x\,dx^2=x^2e^x-2\int xe^x\,dx$$

$$\int xe^x\,dx=\int x\,de^x=xe^x-\int e^x\,dx=xe^x-e^x$$

$$\int x^2e^x\,dx=x^2e^x-2\int xe^x\,dx$$

$$=x^2e^x-2(xe^x-e^x)+C$$

$$=e^x(x^2-2x+2)+C$$

(12)**Solution**:

$$\int_{-2}^{-1}\frac{x^2+1}{x}dx=\int_{-2}^{-1}x\,dx+\int_{-2}^{-1}\frac{1}{x}dx=\frac{1}{2}[x^2]_{-2}^{-1}+[\ln|x|]_{-2}^{-1}$$

$$=\frac{1}{2}(1-4)+(0-\ln 2)=-\frac{3}{2}-\ln 2=-2.193$$

(13)**Solution**:

Construct the graph as follow:

The intersections of $f(x)$ and $q(x)$ are $(-1,4)$ and $(3,-4)$.

The area bounded by $f(x)=5-x^2$ and $q(x)=2-2x$.

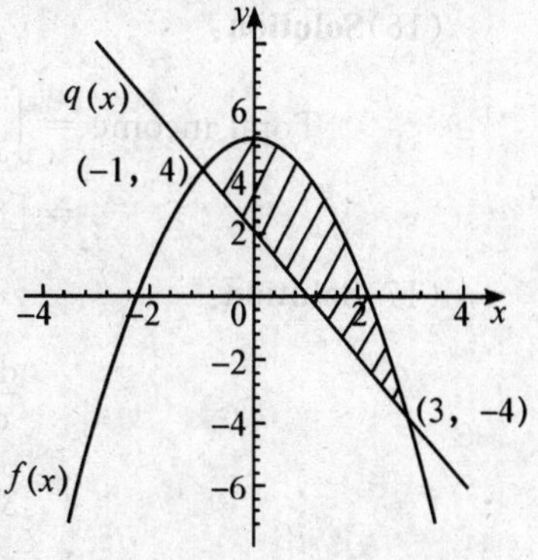

Figure for problem 13

$$\int_{-1}^{3}[f(x)-q(x)]\mathrm{d}x=\int_{-1}^{3}(5-x^2-2+2x)\mathrm{d}x$$
$$=\int_{-1}^{3}(3-x^2+2x)\mathrm{d}x$$
$$=\left[3x-\frac{x^3}{3}+x^2\right]_{-1}^{3}$$
$$=11-\frac{1}{3}$$
$$=10\frac{2}{3}$$
$$\approx 10.667$$

(14)**Solution**:

The Gini index in 1962 is:

$$2\int_0^1[x-f(x)]=2\int_0^1[x-0.3x-0.7x^2]\mathrm{d}x=\frac{7}{5}\left(\frac{1}{2}x^2-\frac{x^3}{3}\right)_0^1$$
$$=\frac{7}{30}=0.233$$

The Gini index in 1972 is:

$$2\int_0^1[x-f(x)]=2\int_0^1[x-0.5x-0.5x^2]\mathrm{d}x=\left(\frac{1}{2}x^2-\frac{1}{3}x^3\right)_0^1$$
$$=\left(\frac{1}{2}-\frac{1}{3}\right)=\frac{1}{6}=0.167$$

Since the Gini index decreased from 1962 to 1972, the income is more equally distributed in 1972 the in 1962.

(15)**Solution**:

At $\bar{p}=7, 7=25-0.4x, \bar{x}=45$.

The consumer surplus:

$$CS=\int_0^{\bar{x}}[D(x)-\bar{p}]\mathrm{d}x=\int_0^{45}(25-0.4x-7)\mathrm{d}x=[18x-0.2x^2]_0^{45}=405$$

(16)**Solution**:

$$\text{Total income} = \int_0^t f(t)\,\mathrm{d}t = \int_0^3 400\mathrm{e}^{0.05t}\,\mathrm{d}t$$
$$= [8\,000\mathrm{e}^{0.05t}]_0^3 = 8\,000[\mathrm{e}^{0.05(3)} - \mathrm{e}^{0.05(0)}] = 1\,295$$

(17)**Solution**:

$$\frac{\mathrm{d}y^3}{\mathrm{d}x} + 3\left(2xy + x^2\frac{\mathrm{d}y}{\mathrm{d}x}\right) - 2x = 0$$

$$3y^2\frac{\mathrm{d}y}{\mathrm{d}x} + 6xy + 3x^2\frac{\mathrm{d}y}{\mathrm{d}x} - 2x = 0$$

$$3\,(y^2 + x^2)\frac{\mathrm{d}y}{\mathrm{d}x} = 2x\,(1 - 3y)$$

$$\frac{\mathrm{d}y}{\mathrm{d}x} = \frac{2x\,(1-3y)}{3\,(y^2+x^2)}$$

(18) **Solution**:

Since $\frac{\mathrm{d}A}{\mathrm{d}t}=rA$,$A=A(0)\mathrm{e}^{rt}=800\mathrm{e}^{rt}$.

From $A(10)=1\,800$,$1\,800=800\mathrm{e}^{r(10)}$,$r=0.081$.

So $A=800\mathrm{e}^{0.081t}$,$A(5)=800\mathrm{e}^{0.081(5)}=1\,200$.

(19)**Solution**:

Find the indefinite integral of $P'(t)=t\sqrt{1+t^2}$.

$$P(t) = \int t\sqrt{1+t^2}\,\mathrm{d}t$$
$$= \frac{1}{2}\int\sqrt{1+t^2}\,\mathrm{d}\,(1+t^2)$$
$$= \frac{1}{2}\times\frac{(1+t^2)^{\frac{3}{2}}}{\frac{1}{2}+1}$$

$$= \frac{1}{3}\,(1+t^2)^{\frac{3}{2}}$$

$$P(5)=\frac{1}{3}(1+5^2)^{\frac{3}{2}}=\frac{1}{3}\times 26^{\frac{3}{2}}$$

$$P(3)=\frac{1}{3}(1+3^2)^{\frac{3}{2}}=\frac{1}{3}\times 10^{\frac{3}{2}}$$

$$P(5)-P\,(3)=\frac{1}{3}(26^{\frac{3}{2}}-10^{\frac{3}{2}})=33.65(\text{tons})$$

(20)**Solution**:

Because Radioactive carbon-14 has a continuous compound rate of decay of $r=-0.000\,124$, we can use the formula $A=Pe^{rt}$, in this situation, $A=6\%P$.

$$6\%P=Pe^{-0.000\,124t}$$

$$0.06=e^{-0.000\,124t}$$

$$\ln 0.06=-0.000\,124t$$

$$t=22\,689\text{(years)}$$

期末考试模拟试题 2

Final Examination 2（for 90 minutes）

（Question 1～14, 2 points each, 15～17, 4 points each; total 40 points）

(1) Find the limit $\lim\limits_{x\to 2} f(x)$, $f(x)=\dfrac{x-2}{x^2-2x}$.

(2) Find $\dfrac{\mathrm{d}}{\mathrm{d}x}\left(\dfrac{3x^2}{x-1}\right)$.

(3) Find $\dfrac{\mathrm{d}y}{\mathrm{d}x}$ for $y=\ln(1-x)$ and $y=\mathrm{e}^{-x}$.

(4) For $y^2-xy-6=0$, find $\dfrac{\mathrm{d}y}{\mathrm{d}x}$.

(5) Determine the local extrema for the function: $f(x)=x^3+3x^2-24x+10$.

(6) Find the intervals where $f(x)$ is increasing and where it is decreasing for $f(x)=x^3-18x^2$.

(7) Given $x=f(p)=950-2p-0.1p^2$, whether the demand is elastic, inelastic or has unit elasticity when $p=70$?

(8) Find the indefinite integral of $\int (x-\sqrt{x})\mathrm{d}x$.

(9) Find the indefinite integral of $\int \dfrac{t^2}{(t^3-2)^5}\mathrm{d}t$.

(10) Find the indefinite integral of $\int \dfrac{(\ln x)^3}{x}\mathrm{d}x$.

(11) Find the indefinite integral of $\int x^2\mathrm{e}^x\mathrm{d}x$.

(12) Find the definite integral $\int_1^2 (2x^{-2}-3)\mathrm{d}x$.

(13) Find the area bounded by $y=3x^2$ and $y=12$.

(14) Find the consumers' surplus at a price level of $\bar{p}=\$150$ for the price-demand equation

$$p=D(x)=400-0.05x$$

(15) The US Bureau of the Census to produce the Lorenz curves for distribution

of income in the United States in 1933 and in 1945:

$$f(x)=x^{2.6}, \text{ Lorenz curve for 1933}$$

$$g(x)=x^{1.8}, \text{ Lorenz curve for 1945}$$

Find the Gini index of income concentration for each Lorenz curve and interpret the results.

(16) A rock is thrown into a still pond and causes a circular ripple. If the radius of the ripple is increasing at 2 feet per second, how fast is the area changing when the radius is 10 feet? [$\pi=3.14$] (two decimal place)

(17) The marginal price dp/dx at x units of demand per week is proportional to the price p. there is no weekly demand at a price of \$100 per unit [$p(0)=100$], and there is a weekly demand of 5 units at a price of \$77.88 per unit [$p(5)=77.88$].

(A) Find the price-demand equation.

(B) At a demand of 10 units per week, what is the price?

图书在版编目(CIP)数据

商务数学/焦群英,祁力钧,马廷玺编.—北京:中国农业大学出版社,2008.3
国际学院本科教学系列丛书
ISBN 978-7-81117-421-2

Ⅰ.商… Ⅱ.①焦…②祁…③马… Ⅲ.经济数学-高等学校-教学参考资料 Ⅳ.F224.0

中国版本图书馆 CIP 数据核字(2008)第 008517 号

书　　名 Guidance for Business Mathematics
商务数学
作　　者 中国农业大学国际学院　组编
焦群英　祁力钧　马廷玺　编

策划编辑 童　云　　**责任编辑** 张苏明
封面设计 郑　川　　**责任校对** 王晓凤　陈　莹
出版发行 中国农业大学出版社
社　　址 北京市海淀区圆明园西路 2 号　　**邮政编码** 100193
电　　话 发行部 010-62731190,2620　　读者服务部 010-62732336
编辑部 010-62732617,2618　　出　版　部 010-62733440
网　　址 http://www.cau.edu.cn/caup　　**e-mail** cbsszs @ cau.edu.en
经　　销 新华书店
印　　刷 北京鑫丰华彩印有限公司
版　　次 2008 年 3 月第 1 版　2010 年 9 月第 2 次印刷
规　　格 787×1 092　16 开本　15.5 印张　280 千字
印　　数 2 001～3 000
定　　价 26.00 元